中国古代文献学

主　编　万　刚
副主编　李红浪
　　　　李　星
　　　　费育曼

内 容 简 介

中国古代文献学是近七八年来高等院校文科类学生所开设的一门专业课，本教材共分八章，基本涵盖了中国古代文献学方面的知识要点，诸如文献的源流、特征，文献的积聚与散失、古籍制度、分类、校勘、收藏等。作者在编写过程中，既注意了文献学基础理论的阐述，又注意基础知识的介绍。同时，又尽量突出其指导性、实用性和可读性。因此，本教材既可作为高等院校文科类学生的专业课教材，也可作为喜好古代文献学的自学者的自学参考书。

图书在版编目（CIP）数据

中国古代文献学/万刚主编．—北京：北京大学出版社，2007.12
ISBN 978-7-301-12983-8
Ⅰ.中… Ⅱ.万… Ⅲ.古文献学－中国－高等学校－教材 Ⅳ.G256.1

中国版本图书馆 CIP 数据核字（2007）第 192103 号

书　　　名：	中国古代文献学
著作责任者：	万 刚 主编
责 任 编 辑：	吴坤娟
标 准 书 号：	ISBN 978-7-301-12983-8/H·1889
出 版 者：	北京大学出版社
地　　　址：	北京市海淀区成府路 205 号 100871
电　　　话：	邮购部 62752015　发行部 62750672　编辑部 62765013　出版部 62754962
网　　　址：	http://www.pup.cn
电子信箱：	xxjs@pup.pku.edu.cn
印 刷 者：	世界知识印刷厂
发 行 者：	北京大学出版社
经 销 者：	新华书店
	787 毫米×980 毫米　16 开本　10.5 印张　227 千字
	2007 年 12 月第 1 版　2010 年 6 月第 2 次印刷
定　　　价：	24.00 元

未经许可，不得以任何方式复制或抄袭本书之部分或全部内容。
版权所有，侵权必究
举报电话：010－62752024；电子信箱：fd@pup.pku.edu.cn

前　言

《中国古代文献学》这门课，从我校中文系 98 级开始开设，至今已有近 10 个年头。10 年来都是由我主讲，据学生反映，学完这门课程后，扩大了视野，丰富了知识。我国古今学者都很重视目录、版本及校勘等知识对读书的指导作用，视之为"门径"。清代王鸣盛说："目录之学，学中第一紧要事，必从此问途，方能得其门而入。"近人余嘉锡先生说："治学之士，无不先窥目录之学，以为津逮，较其他学术，尤为重要。"他们都从自身治学的经验，认识到文献学知识的重要性。因为它有"辨章学术，考镜源流"的作用。它不但告诉读者古籍制度和版式行款等知识，而且还给读者指示出：如何选书来读，什么书该读、什么书不该读，什么书该精读、什么书该泛读，一书有几家注释，何家注释为优、何家为劣，应汲取什么、摒弃什么，什么版本为优、什么版本为劣，作家生平事迹、学术思想，历史上对该人该书的评价如何，等等。弄清这些方面的问题，就会通晓某一学术流派的渊源，以及某一书的学术价值和历史地位，省去许多探讨之劳，收到事半功倍的效果。

鉴于目前古代文献学这类书籍较少，学生上课没有合适的教材，笔者参照了国内一些大学有关文献学的资料，并结合学生的实际，在内容方面不断改进和逐渐丰富，编写了这本书稿，目的是从学生的学习要求和实际水平出发，大小由之，使每个人各有所得，但由于本人知识水平有限，其中难免存在这样或那样的错误，殷切希望得到各方面专家的指正帮助，笔者将在今后的教学中努力补充提高，使之更臻完善。

参与本书编写、校勘的还有李红浪、李星、费育曼、何玉霞、陈显军老师，此外，北京大学出版社吴坤娟老师为本书的出版作了非常悉心的校勘和指导，谨此致以深深的谢意！本书的出版获江西科技师范学院教材出版基金资助。

万　刚
2007 年 2 月

目 录

第一章 绪论 1
  一、文献的定义 1
  二、文献的特征 2
  三、偏重中国古代典籍 2
  四、学习文献知识是为了读古书 3
  五、民族文献的种类 3

第二章 文献积聚与散失 8
  一、历代文献积聚概况 8
  二、现存古典文献数量 9
  三、文献散失 10

第三章 我国古籍制度 13
  一、书籍的兴起 13
  二、简策制度 16
  三、卷轴制度 20
  四、册页制度 23

第四章 古籍的分类 26
  一、目录的产生 27
  二、我国目录学发展的概况 28
  三、系统目录的建成 31
  四、史志目录的创立 34
  五、中古时期四分法目录的建立 44
  六、清代官修目录：《四库全书》、《四库全书总目提要》 52
  七、私家藏书目录 67
  八、小说目录 87
  九、丛书目录 92
  十、类书目录 96
  十一、常见目录一览表 102
  十二、目录读书 104

第五章	古籍的版本	107
	一、版本与目录的关系	107
	二、古书版本发展概况	108
	三、几种书本名称	116
	四、版本款识	117
	五、怎样鉴别版本	118
	六、版本鉴定中应注意的问题	122
	七、记载的版本的书目	123
第六章	古书的校勘	125
	一、什么是校勘	125
	二、古书为什么必须校勘	126
	三、校书的依据	128
	四、怎样进行校书	130
第七章	古典文献的收藏与阅读	132
	一、历朝古典文献的收藏和官、私藏书	132
	二、古典文献的典藏	139
	三、古典文献的阅读	143
第八章	主要诗文集版本举要	151
	一、《诗经》	151
	二、《孟子》	152
	三、《墨子》	153
	四、《曹子建集》	153
	五、《史记》	154
	六、《陶渊明集》	155
	七、《谢康乐集》	156
	八、《谢宣城集》	157
	九、《乐府诗集》	157
	十、《遗山先生文集》	158
	十一、《关汉卿戏曲集》	159

第一章 绪 论

学生学习《中国古代文献学》这门课，可以扩大他们的视野，丰富他们的知识，我国古今学者都很重视文献、重视目录、版本及校勘等知识对读书的指导作用，视之为"门径"。清代王鸣盛说："目录之学，学中第一紧要事，必从此问途，方能得其门而入。"近代余嘉锡先生说："治学之士，无不先窥目录之学，以为津逮，较其他学术，尤为重要。"他们都从自身的治学经验，认识到有关文献学知识的重要性。因为它有"辨章学术，考镜源流"的作用。它不但告诉读者以书籍制度和版式行款等知识，而且还给读者提示出：如何选书来读，什么书该读、什么书不该读、什么书该精读、什么书该泛读，一书有几家注释，何家注释为优、何家为劣，应汲取什么、摒弃什么，什么版本为优、什么版本为劣，某一版本出版者为谁、出版地何处、收集在什么丛书中、如何找到这本书，作者生平事迹、学术思想，历史上对该人该书的评价如何等。弄清这些方面的问题就会通晓某一学术流派的渊源，以及某一书的学术价值和历史地位，省去许多探讨之劳，步其捷径，就会收到事半功倍的效果。

我们祖先为我们留下了大量优秀的文化古籍。历代文史学家、目录版本学家费了不少力气来整理这些古籍，编辑提要、分目归类，推阐大义，使人即类求书，因书究学，知识趋于系统化。余嘉锡说："目录即学术史也。"郭沫若说："历代史书多有文志，虽仅其目录，但据此也可考察当时的文化发展情况的一斑。"可见古今学者都把文献学看成是文学史或文化史的基石，文献知识的重要意义也在此。

一、文献的定义

中国是世界文明古国之一，有着悠久的、内容丰富的历史。早在四千年前的夏代社会就已跨进了文明的历史，两千年前的中国就已成为一个统一的多民族国家。长期以来，我国各族人民在社会生活实践中创造出辉煌灿烂的文化。浩如烟海的古典文献是我国古代文化遗产中的重要组成部分。

"文献"一词最早见于《论语•八佾》篇："子曰：夏礼，吾能言之，杞不足征也；殷礼，吾能言之，宋不足征也。文献不足故也。"这句话的意思是：孔子说，夏朝的礼仪，我能说出来，但它的后代杞国不足以作证；殷朝的礼仪，我能说出来，但它的后代宋国不足以作证。这是他们的历史文件和贤者不够的缘故，若有足够的文件和贤者我就可以引来作证了。孔子在这里提的"文献"作何解释呢？魏时何晏在《论语集解》中解释说："文，国君文章；献，贤才。"宋代朱熹解释说："文，典籍；献，贤也。"他二人的解释相近，说的都是国家的文物典籍和国君的才干表现。意思说杞宋两国虽然都是夏殷两朝的后代，但是两国衰落了，他们的文物典籍和国君的才干，都不足以为夏殷时礼仪的证明，孔子所说的"文献"和我们今天所理解的文献的意义，还有一定的距离。我们今天所说的"文"，是文字和文物的意思；"献"有"进"的意思，进即是贡献，所以说：文献，即是以文字记载的东西对人类社会有所贡献而已。宋末元初史学家马端临在《文献通考》序言里说："所谓文，就是把当时臣僚的奏疏和言论记载，摘取了来，献呢？是把自己研究的心得记载下来，这样的书籍便是文献。"凡叙事，则本之经史而参之以历代会要，以及百家传记之书，信而有证者从之，乖异传疑者不录，所谓文也；凡论事，则先取当时臣僚之奏疏，次及近代诸儒之评论，以至名流之燕谈，稗官之纪录，凡一话一言，可以订典故之得失，证史传之是非者，则采而录之，所谓献也。"（一是书本记载，一是人们口传议论）他就是根据这种精神，写成《文献通考》一书的，这样看来，我们可以说，凡是文字记载的史实书籍就是文献。

后来，"文献"的概念有了变化，单指历史文件而言。而现在的图书、情报工作中，文献一词的含义很广，通常泛指一切记录知识的印刷型与非印刷型的出版物，诸如图书、期刊、报纸与特种文献。我们所说的古典记载，一般指"五四"运动以前雕版，活字版和手抄的古籍文献，同时包括文书、卷册、碑铭、拓本等。自我国于1873年在汉口创刊《昭文日报》开始近代铅字印刷，凡是近代铅印出版物以外的文字材料，均属于古典文献的范畴之内，古典文献包括文学文献、史学文献、哲学宗教文献、政法文献、方志文献、科技文献，以及其他特种文献。

我们弄清楚文献的概念，进而便会理解文献的概念。凡是以文字记载的史实书籍就是文献，那么研究这种书籍的学问就是文献学了。

二、文献的特征

文献是人类知识和经验的记录，它具备两个特征。
1．外部特征：题目、作者、篇幅等；
2．内容特征：主要内容，基本观点等。

题目、作者等基本上是属于目录学的范畴，而就书籍的主要内容加以介绍、提示和评论等，也是目录学所担负的任务，篇幅长短、刻工、印刷上的精粗美恶，内容上字句上的确切与否，又属于版本和校勘上的问题。由此可见，文献学，既包括书籍制度，又包括目录、版本、校勘等，而目录、版本、校勘又是互相依存、互相联系的，但它们之中又以目录为核心。

三、偏重中国古代典籍

文献，是人类文化发展到一定阶段的产物，并随着人类文化文明的进步而不断发展。

它记录着人类从事社会实践的全部史实和经验，并为后世获得知识、发展科学文化提供了条件。中国古典文献是古代人类精神的宝库，是中华民族祖先文明发展史的物质见证。

中国古典文献，号称汗牛充栋，它的卷帙浩繁，内容丰富，绚丽多彩在人类文化史上占有重要地位。中国古典文献内容极其广泛，包括政治、经济、民族、语言、文学、艺术、史学、哲学、法学、外事、科技、农学、医药、方志、民俗以及宗教经典，等等。

文献学的范畴如此广泛，是否要把所有的书籍，不分文理，不分古今都加以介绍呢？并且都加以分类、排比、提要和考校呢？当然不是的，事实上也不会有那么庞杂的文献学。我们谈文献学只是就某一专业的文献谈谈而已。我国古代学者在治理文献学上，也多偏重在古代典籍方面。孔子编订六经可以说是最早的文献工作。《史记·孔子世家》中说，古诗据说有三千余篇，孔子删订为305篇。所以我们今天所探讨、重视的主要是古代文献学。

四、学习文献知识是为了读古书

我国是一个历史悠久文化发达的国家，古籍浩如烟海、汗牛充栋。由传说中的三坟五典到经史子集；从佛经道藏到金石碑帖，可以说是包罗万象，丰富得很，今天现存的古籍究竟有多少，对这个问题很难做出精确的答复，大略的估计，在十万种左右。古籍这个名词显然是指书籍著作的时代划期而言，但怎样的划法，也有着各种不同的意见，一般的说法是断自辛亥革命为止，当然也不是绝对的，辛亥以后的著作，凡是与古籍有关的，也应以古籍来对待。

历史年代这样漫长久远，著作相当丰富。就以春秋战国时的书籍来说，我们今天所见到的便不要说了，没有见到的如《墨子》一书所引的周之春秋，齐之春秋。《墨子》又说："孔子如周，得百二十国宝书。"可见我们未曾到的书还是相当多的。

五、民族文献的种类

我国是一个统一的多民族国家，我国少数民族对祖国历史和文化的发展起了极为重要的作用。在不同的历史时期形成的各种少数民族古文字及丰富多彩的民族文献，不仅促进了本民族历史文化的发展，同时也为我国光彩夺目的历史文化宝库添了重要内容。中国古典文献除了汉文文献外，还有佉卢文、突厥文、回鹘文、焉耆-龟兹文、八思巴文、彝文、纳西文、老傣文、蒙古文西夏文、女真文、满文等，反映了我国多民族国家的特点。以下介绍几种主要的民族文献。

1. 藏文文献

藏文属于古老拼音文学的一种，有着悠久的历史。据藏族史书记载，藏文是七世纪时由图弥三菩札参照梵文字体创造的。此后用之记载有关藏族的历史文献，包括经卷、文学、史传、天文历算、藏医以及因名学等。公元九世纪的古藏历史文献，已于敦煌石室发现，约五千余卷。原件于1908年被动运海外，分藏于英、法等国。文献记述主要内容：①吐蕃大事纪年：起公元641年，终764年。逐年记事，举凡会盟、征战、猎狩、封赐、继立、婚姻、通聘、赋敛等大事。②吐蕃赞普传记长编及大论位序表。多为古老传说，轶闻掌故，弥足珍贵。

藏文文献多属写本，我见到最早的藏文刻本是明永乐九年（1411年）年刻本，文献价值极高。传世藏文文献数量很多，目录尚难作出确切统计。明代成书的札贡巴、丹巴若杰的《安都政教记》中，即列举英雄格萨尔的事迹贯穿，构成一部完整宏伟的文学作品；史传提供了有关古代藏族社会、历史、语言、民俗等多方面的丰富资料，是研究古代藏族的重要参考文献。

据了解，目录西藏地区保存有大量藏文文献，仅原西藏地方政府的档案资料就有三百万件之多，还有堆放在布达拉宫28间房子里的两万多部经书。这些浩如烟海的藏文资料，是研究西藏历史、宗教、科学和文化的大宝库。从一部分已经整理出来的资料看，其中有反映西藏与历代中央政府的关系，说明西藏自古就是中国领土的文献；有帝国主义侵略西藏和西藏三大领主叛国投敌，分裂祖国的罪行记录；有西藏人民抵御外侮，维护祖国统一的斗争史料，还有对研究喇嘛教育珍贵价值的大藏经和手抄贝叶经等图书，以及新近发现的西藏历史上的地震资料30多条。这些文献大都是古藏文，译释整理难度较大，有的从未整理。1978年以来，已成立自治区历史文献资料整理领导小组，抽调和聘请懂得古藏文的人员参加这项工作，争取早日把积存的各种藏文资料整理出来。

2. 焉耆-龟兹文献

旧称"吐火罗文"，20世纪初发现于新疆库车、焉耆和吐鲁蕃等地，是一种古老的民族文字，用的是印度的婆罗米字母斜体，所记录的语言属于印欧语系Centum语组。有甲乙两种方言：甲方言主要使用于焉耆-高昌（今吐鲁蕃）一带，乙方言则限于古龟兹（今库车）地区。因此，过去又有人分别称为"甲种吐火罗语"、"乙种吐火罗语"。

已发现的焉耆-龟兹文献，内容十分丰富。宗教文献以佛教文献为主，目前已刊布或已编目者有《法句经》、《佛所行赞》、《一百五十赞颂》、《福力太子因缘经》等。文献作品内容也很广泛，有剧本、诗歌、故事等。《弥勒会见记剧本》长达二十七幕，用焉耆文写成，每章前都标出地点出场人物及演唱曲调，后来被译成了回鹘文。经有关学者研究，认为它是我国现存最早的一个古代剧本。此外，还有字书、公文、帐册、医术、占卜、历史语言等，对研究新疆地区历史颇多参考价值。

焉耆-龟兹文献，绝大部分被各国探险考古人员运往国外，分藏于柏林、巴黎、圣彼德堡、伦敦、新德里、东京等地。早在1921年德国刊布了《吐火罗语残卷A》两卷本，1952年根据托马斯遗稿整理出版了《吐火罗语残卷B》，是研究甲乙方言的宝贵原始资料。我国学者冯承钧的《吐火罗语考》、季羡林的《吐火罗的发现与考释及其在中印文化交流中的作用》对焉耆-龟兹文献研究贡献很大。

3. 回鹘文献

新疆维吾尔族，在历史上称为回纥或回鹘。他们创制的回鹘文渊源于粟特文，是古代维族在采用阿拉伯字母文字以前使用最广的一种文字。它在历史上曾为不同信仰的维族所用，也用于一般世俗文献，如信札、契据等，元代用于木刻书中，一直使用到14、15世纪。而在甘肃洒朱附近发现的木刻回鹘文《金刚明经》则刻于17世纪（康熙26年）。除回鹘文外，维族自公元7到15世纪还用突厥文、摩民文、婆罗米文以及粟特文、藏文、叙利亚文等不同古文字记录和保存了一部分有关社会历史、经济、文学、医学、天文学、语言学和宗教等方面的文献。从公元10世纪下半期起，伊斯兰教传入新疆后，出于宗教偏见，各种属于非伊斯兰教的古代新疆维族文献，虽遭致大规模经营的毁坏，所以现存的维族各种文献已为数不多了。

维族各种古文字文献，大体有历史文献，如《雀林碑》、《阙特勤碑》等铭文；有各种文契，如买卖奴隶、土地、借贷与遗产分配等；文学作品有民歌拘、挽歌、赞美歌、宗教诗歌等；宗教文献有佛教经典、摩民教教义、忏悔词等；此外还有字书、历法、医学、古卜、文书、信札等。文献数量虽不多，但对研究维族历史文化都十分重要。

4. 西夏文献

据《辽史》记载，西夏赵德明时"制蕃书十二卷，又制文字……"。重熙五年（1036年）赵元昊继承父位，命野利仁荣搜集、整理西夏文字，使其规模化"演绎之成十二卷，字体方正类八分，而画颇重复"，作为国书，"教国人纪中用蕃书，而译《孝经》、《尔雅》、《四官杂学》为蕃语"，流流大量经卷文书。至正五年（1345年）元朝建造的居庸关六体文碑中有西夏文，长期无人辨认研究。1895年法国人德利亚地肯定之为"西夏国书"。1908年俄国人柯兹洛夫在我国内蒙古额济纳族黑水城址盗掘一座古墓，劫走数以千计的各种文物资料，其中有《文海》、《音同》等，俄国人开始以此研究西夏文献。我国学者在研究西夏文献方面也汲取了不少成绩，1919年罗福成研究出版了《西夏译莲花经考释》、《西夏国书书籍》。之后，还有一些学者发表了西夏文献研究专著，1932年，《国立北平图书馆馆刊》载有《西夏文专员》。

西夏文字形成后，西夏统治者大力推行，虽在我国西北地区流行二百余年。当时西夏与各王朝、地方政权的往来公文，都使用西夏文，用此文字写作的文学、语言、法律、医学及著作，曾广为流传，还用西夏文译释了汉、藏、回鹘文大量典籍和佛经。西夏文献国内收藏，除大量佛经外，有珍贵的文书资料，如《瓜州审判记录》。此外，还有大量的碑文、石刻、题记以及印、牌、钱币等。英国、日本、苏联收藏的西夏文献也相当可观。柯兹洛夫在黑城所获的一批西夏文献，现藏于俄罗斯科学院东方学研究所圣彼德堡分所。1963年，苏联出版了这批文献的考定书目《西夏文写本和刊本》，收录文献405种，其中佛经占345种，世俗著作60种，这批世俗文献的主要内容十分广泛。

5. 契丹文献

我国古代少数民族契丹族创造有契丹文字，据《收史全要》记载："辽太祖（872—926

年)多用汉人,教以隶书之半增损之,制契丹字数千,以代刻木之约。"

契丹文字分大、小两种,大字是辽太祖耶律阿保机于神册五年(920年)在突吕不和鲁不古等人的赞助下创制;小字为太祖弟耶律迭剌所造,据说是受回鹘文的影响,在改进大字的基础上创造的,比大字"数少而该贯",称"小简字",约成于公元925年前后。两种文字并用于辽、金时代,至金章宗明昌二年(1191年)下令停用,其后渐变,在东北地区行使二百七十余年。据《辽史》记载,曾用契丹字翻译了不少汉文书籍,但这些书籍皆已失传。

已发现的契丹文献资料,主要有墓志、摩崖与洞穴墨书以及镜、钱、印章等。举其要者有辽太祖祖陵残碑,辽兴宗及仁懿皇后四哀册,故太师铭石记等。

6. 蒙文文献

蒙古文字是在回鹘文字母的基础上创制的,已有七、八百年的历史了。据1979年《全国蒙文古旧图书资料联合目录》著录,在国内六十家图书馆中,收藏新中国成立前国内出版或抄写的蒙文图书资料约一千五百余种,总计七千余册。内容包括哲学、宗教迷信、政治、法律、军事、经济、教育、语文文字、文学艺术、历史、地理、天文、医学、金石拓片以及期刊等十五类,材料十分丰富,为研究蒙族的历史与现状提供了可靠的依据。

现存最早的蒙古文献是13世纪20年代的石碑铭文。在蒙古文献中,《蒙古秘史》值得特别介绍。此书成书于窝阔台汗十二年(1240年),用畏吾儿字母写成的《蒙古秘史》。撰者不明,已佚。本书主要内容记载成吉思汗至窝阔台汗时代社会历史情况,起于成吉思汗22代前的远祖孛儿贴赤那,止于窝阔台汗十二年,前后约计五百余年。一方面阐述了蒙古社会民族结构及其生活情况;另一方面对蒙古国家制度形成作了生动描绘,成为一部珍贵史书。同时,又是一部文学名著。

明洪武时期(1368—1398年),编修《华夷译语》时,为解决语言隔阂问题,曾经组织人力译释"秘史",有蒙文的汉字音读,旁注汉文训释,别具特点。

永乐年间(1403—1424年)收藏于《永乐大典》,名为《元朝秘史》,作十二卷,凡二百八十二节。此后本书逐渐流传于世引起人们普遍重视。在收藏蒙文文献集中的蒙古历史研究中,有一部《阿剌坦汗传》,是传世仅有的抄写孤本,极为珍贵,对研究蒙古族的历史很有参考价值。

我国对现存蒙文文献已开始进行系统整理,据报道蒙古族历史上第一部大型丛书《蒙古文献丛书》已开始编辑。这套丛书是8省区蒙古语文领导小组委托内蒙师范学院负责编辑的。"丛书"将包括自古代至1947年内蒙古自治区成立,凡用蒙古语言写作的有关蒙古族政治、经济、军事、文化、科学等方面的历史文献著作,都进行搜集,校勘、编辑出版。这对保护蒙古族的文化遗产,开展有关蒙族的政治、经济、历史、文学、语言等方面的科学研究工作,促进蒙古族科学文化事业发展,将发挥重要作用。

7. 女真文献

女真文字是金代女真人参照汉文字创制的一种民族古文字,分大、小字两种。

女真文字颁行于金太祖天辅三年（1119年），金熙宗天眷元年（1138年）又创新字为女真小字，皇统五年（1145年）颁行。

金朝灭亡后，女真字在东北地区还有少数人使用，明中时渐废，行使四百余年。

现今流传下来的女真文献就只有一种，即明代所编《华夷译语》中所收的《女真来文》、《女真馆杂字》与一些石刻，如金大定25年（1185年）的"大金得胜陀颂"和永乐11年（1143年）黑龙江特林地方的"敕修奴儿干永宁寺记"碑等。

8. 满文文献

满族文字是明万历27年（1599年）额尔德尼、噶盖奉清太祖努尔哈赤之命在蒙古文字字母基础上创造的。

清太祖天聪6年（1632年）达海改进这种文字之前称"无圈点满文"或"老满文"，用此文字撰写的文献典籍，通行仅30余年，绝少流传于世，现仅存《满文老档》等早期珍贵文献。

《满文老档》载事起于太祖起兵，止于太宗崇德元年（1607年），用明代早旧公文纸和高丽笺书写，老满文、新满文兼而有之。"老档原本"三十七册。"草本"依原本整理，成于乾隆六年（1741年）。"正本"26套180年，成于乾隆四十哗（1755年）。

"老档"文献价值极高，是研究满族早期历史的重要资料。最早的汉译本是金梁译本，共168条，5万余字，仅仅原文二十分之一。译释质量较差，错误不少。

达海改进后的新满文，在字母旁增加点或圈，又增加一些拼写汉语语音的新字母新形式，因称"有圈点满文"或"新满文"。自此，满文形体始定，通行二百余年，再无改变。清代定满语为国语，故满文又称清文。

清代前期，与外国行文或重要文书，均用满文，为代表国家的文书。咸、同以后，满文应用已不如前，直至晚清，虽然满族已大部分采用汉文，但满文作为官方正式文字之一，仍在使用。清朝灭亡后，才逐渐废弃。

清朝曾用满文书写大量公文，编写历史，并译释许多汉文典籍，也用满文进行了有关哲学、历史、语言、文艺等方面的创作。因此，清代文献，保存于满文图书档案中者为数很多。早在20世纪30年代，曾有人将当时北京图书馆和故宫博物院图书馆两家的满文藏书合为一目，收藏满文图书达419种。1979年，北京图书馆善本特藏部与故宫博物院明清档案部合作，将北京地区十三个单位的满文藏书合编一部《北京地区满文图书资料联合目录》，收录满文图书文献841种，这些文献是研究清代历史的重要文献，成为民族文献宝库中的重要组成部分。

第二章 文献积聚与散失

一、历代文献积聚概况

浩如烟海的汉族古典文献，在历史上有个形成与积聚的过程。

1. 汉哀帝时，公元前5年，刘向父子把天禄阁、石渠阁等汉朝国家藏书进行了一次大清理，共得书13269卷。这是最早见到的我国古典文献的积聚数字，大致反映了当时政府收藏典籍的一般情况。

2. 西晋时期（265—316年）：秘书监荀勖对秘阁藏书做了一次整理，共得书29945卷。这个数字，比西汉时图书国家藏书增加一半以上。可是，由于战乱原因，渡江以后东晋李充再次整理国家藏书时只剩3014卷，当时典籍损失十分严重。

3. 南朝宋元嘉八年（431年），秘书监谢灵运受命编辑国家四部藏书，计得64582卷。梁元帝时（553—555年）江陵国家藏书已达七万卷。北朝社会长期动乱，"自晋永嘉之后，运钟丧乱宇内分崩，群凶肆祸，生民不见俎豆之容，黔首唯睹戎马之迹，礼乐文章扫地将尽。"（《魏书·儒林传序》），前秦苻坚虽广修学宫，博召学士，而典籍终不得聚。

魏道武帝建国，接受儒者建议，严制天下诸州郡县，搜索备送，而经籍稍集，到北齐、北周时有所增加。

583年，隋代周，牛弘上书曰："今御书单本，合一万五千余卷，部帙之间，仍有残缺，比梁之旧目，只有其半。"

隋朝统一中国后，十分重视收集图书，"每书一卷，赏缣一匹，校写既定，本还其主"（《隋书·牛弘传》），《隋书·经籍志》收录梁、齐、陈、周、隋五代官私书目所载现存典籍，分经、史、子、集四部，四十七类，总计14466种，89666卷。

4. 唐朝建立，国家日益富强，经济文化发展迅速，已超过前代社会发展水平。开元时期是典籍积聚的繁盛时期。开元9年（721年），元行冲奏上殷践猷等所修《群书四部录》200卷，名《古今书录》，共收书3060部，51852卷。

5. 宋代雕版印刷发达，典籍文献与日俱增广为流传。藏书共为6705部，73877卷，可称为宋代国家藏书的黄金时代。

6. 明、清两代，典籍门类庞杂，内容广博丰富，数量空前未有，实难作出确切统计。一部《永乐大典》即收书达22000多卷，七八千种，而《四库全书》收书3461部，79309卷。此外，"存目"尚有6793部，93551卷。清朝在编纂《四库全书》时，国家掌握的典籍文献共计10254部，172860卷。

二、现存古典文献数量

上述情况，只是典籍积聚数量的历史概述。而今所存古典文献的数量，尚难作出肯定确切的回答。20世纪60年代初期，李诗先生在《谈谈我国古籍》一文中，估计我国现存古典文献约有七八万种，我们根据一些资料，加以补充，得知现存古典文献不能少于八万种。其主要根据：

第一，收入古籍丛书的单种文献，据1959年上海图书馆编《中国丛书综录》，计有38891种；

第二，未收入古籍丛书中的单行刻本文献，据孙殿起编《贩书偶记》与《续编》统计，清人著述约16000余种。清以前遗存的单刻本文献没有统计资料，估计至少有一万种。二者相加约为26000种左右。

第三，在朱士嘉编的《中国地方志综录》基础上，1978年9月普查全国180多个图书馆收藏的方志文献菜有8500多种。

以上三个数字约为75000种，但有重复。除此以外，尚有小说、戏曲、唱本、佛经、道藏以及谱牒，金石拓本等，可补其重复而有余。因此，目前我国古典文献约为八万种的估计是可信的。

上述文献包括的门类很多，目前难以分门别类做出确切统计，仅举其要者略述如下。

1. 有关地方志的文献

约有万种左右，其中包括省志、府志、册志、厅志、县志、卫志、所志、关志、镇志以及岛屿志等。旁及山志、水志、湖志、塘志、园志、楼志、亭志、寺庙志、书院志以及名胜古迹志等，虽不纯属方志，但也与方志有关。

地方志文献蕴藏着历史上的天文、地理、历史等方面的系统资料，至今保存最早的文献。

方志文献的基本结构是以地方行政单位为范围进行的分门别类的综合记录，既包括各行政区域的天文、气候、地形、自然资源、自然灾害以及动物、植物、水族等的生长、迁移、灭绝的过程，还包括有我国各族人民，特别是某些地区少数民族的社会生活，生产状况。

方志大多根据当时、当地的档案、卷册、谱牒、传志、碑碣、金石、笔记、信札之类原始材料编纂。因此，保存了丰富的自然与社会史料。有关地理方面，载有山川古迹、疆域、面积、沿革建置等材料；历史方面则有职官、兵务、大事记等材料；社会生活方面包括土地、赋役、关税、户口、物产、农业、手工业生产以及民俗、语言、农民战争等材料。

中国方志历史之悠久，地域之广阔，内容之丰富，在世界上是罕见的，对研究中国的政治史、经济史、文化史、军事史、民族史和科技发展史等是不可缺少的参考文献。

全国各地主要图书馆均收藏有大量方志文献，北京图书馆约六千部，上海图书馆约五千部，南京图书馆约四千部。另外，日本、朝鲜、新加坡、美国、法国以及德国、意大利等均收藏有数量可观的中国方志文献。20世纪30年代美国哈佛大学购置中国方志一千五六百部之多。

2. 有关农书文献

历代农书名著甚多，相当丰富，如汉代的《氾胜之书》、《四民月令》，南北朝的《齐民要术》，唐朝的《四时纂要》，宋朝的《农书》，元朝的《农桑辑要》，明朝的《便民图纂》、《农政全书》以及清朝的《援时通考》等。历来受到目录学家的重视，许多书志中均列有"农家"专项收录有关农书著述。

解放后，1957年王毓瑚先生编《中国农学书录》，对所收420余种古农书作了提要介绍。1959年北京图书馆编《中国古农书联合书目》，收全国25家图书馆藏农书626种，包括水利工程、农政、田制、屯垦、仓储、赈灾、纺织、熬盐、酿酒、刺绣、园林、瓶插、饮膳、烹茶、名物注释、植物学、地方物产、掌故杂记等门类较为杂乱，主题不集中。

现存古农书数量庞大，虽经部分整理，但不能作出确切统计，根据20世纪20年代编的《中国农书目录汇编》记载，估计约有二千种左右。

3. 有关医典文献

种类与数量也相当可观。

中国古代医药遗产在文化发展的历史长河中耀眼夺目。长期形成的大量医典文献中，蕴藏着我们祖先长期与疾病作斗争的丰富的治疗经验和理论知识。它与中华民族同生共长，对中华民族的繁衍与发展作了巨大的贡献。

《中国医籍考》记载，自秦汉至道光年间，两千年来，大约有三千数百种医典文献。

1961年中医研究院与北京图书馆主持，根据全国59个图书馆的收藏编成的《中医图书联合书目》统计，我国现存有关医典型文献共有7661种，再加上后来出版的有关中医中药研究成果的文献，总数约有万种以上。

三、文献散失

（一）典籍屡遭厄运

由于种种原因，在文献积聚过程中，遭到了多次严重损毁，散失亡残难以计算。

《古今伪书考》作者姚际恒，在清代可称之为"博究群书，撑肠万卷"的著名学者。据《国朝杭郡诗辑》记载，姚氏著有《九经通论》，凡一百六十三卷。而今日见到的仅有《诗经通论》及残本《春秋通论》而已。清人著述散失尚且如此，可见前代亡书更不在少数。

（二）有关文献亡失情况

1. 前人论述者，当推隋朝的牛弘，他提出书有"五厄"。

（1）秦始皇三十四年（213）焚书；

（2）汉末王莽之乱，宫室图书并从焚毁；

（3）东汉末年，献帝移都，董卓之乱，典籍荡然无存；

(4) 西晋秘阁藏书 2900 余卷，尽毁于"八王之乱"（291—306 年）

(5) 南北朝时期永嘉乱后（307 年），北方长期动乱，一毁于"侯景之乱"，再毁于周师入郢，七万卷典籍毁于一旦！

2. 明朝胡元瑞接牛弘之说，补论"十厄"：

(6) 隋朝藏书盛于一皇，不久毁于杨广之手；

(7) 唐朝藏书盛于开元，不久毁于"安史之乱"（755）年；

(8) 唐后朝，肃、代二宗荐加纠集，唐末战乱，复致荡然；

(9) 宋朝图书，一盛于庆历（1041—1048 年），再盛于宣和（1119—1125 年），而遭女真"靖康之灾"（1126 年）

(10) 南宋图书，一盛于淳熙（1174—1189 年）再盛于嘉定（128—1224 年），而遭蒙古骑兵"绍定之祸"（1228 年）

明清以后，古典文献的散失也很惊人，国家藏书不论，私人藏书更为幸免。在明末清初社会动乱中，吴伟业收藏金、元以来的大量书籍焚于一旦。为此，作诗以记其事：

"金元图籍到如今，半自宣和出禁林。

封记中山玉印在，一般烽火竟销沉"。

清朝中叶，在收编《四库全书》过程中，进行全国大清查，人为销禁典籍，胜于前代。据统计：1774—1788 年间，清朝下令禁毁书籍 24 次之多，共计禁毁书籍达 13862 部。

孙殿起讲："据禁书总目，掌故丛编诸书考之，在于销毁之例者，将近三千余种，六、七万部以上，种类数量几与四库收书相埒。""每叹我国古籍，自秦政焚书后，实以此次查禁为书籍空前浩劫！"

清代典籍的禁毁内容十分广泛，凡属具有抗清思想的文人作品，诸如钱谦益、屈大均、吕留良等人作品均在禁毁之例。许多典籍中有所谓"悖亡"、"轻浮"、"明季恶习"者，也予禁毁。

15 世纪初，辽事兴起后，凡记载女真叛乱者，涉及"防胡"、"虏者"、"北虏"内容 5 的赵良佑、马文升等人的作品均列入禁忌范围。

16 世纪以来，辽事紧张，诸如高拱的《边略》一类作品，谈及女真犯边事者，一律列为禁书。

17 世纪以来，宋一韩的"掖坦封事"、刘若愚的《酌中记》，均谈及东北守备，直涉及女真扩边犯境问题。冯琦的《四夷考》，于慎行的《谷山笔尘》、《读史漫录》等，涉及汉唐以来东北疆域沿革，有碍满洲入主中原内容的典籍，亦不放过。

鸦片战争以后，战乱频仍，典籍多次损毁。太平天国军队开入扬州、镇江等地，毁掉不少典籍，八国联军侵入北京，《永乐大典》荡然无存。

（三）典籍散失原因

综上所述，中国古典文献历次多次散失，情况十分严重，究其主要原因有如下方面。

第一，统治阶级的暴力禁毁是典籍文献损毁的一个重要原因。

统治阶级为消灭异端,防微杜渐,往往是从思想文化开刀,焚毁销禁文献典籍。

早在春秋战国时期,晋巩朔献捷于周,王私贿之,使相告之曰:"非礼也勿籍!"就是说违背他们的礼制的典籍是不准存在的。北宫问爵禄之制,孟子曰:"诸侯恶其害己也,而皆去其籍。"(《孟子·万章下》)

秦始皇统治时期,典籍文献招致第一次浩劫,始皇焚书,"为经国之远猷者,其说有二:曰愧,曰畏。愧,则愧其议己也;畏,则畏其害己也。"(《文献通考·经籍考》)

据《史记》记载,"始皇三十四年(前213年)始皇置酒咸阳宫,博士七十人为寿,仆射周青臣进颂曰:"他时,秦地不过千里,赖陛下神灵明圣,平定海内,放逐蛮夷,日月所照,莫不宾服,以诸侯为郡县人人自安乐,无战争之患。传之万世,自上古不及陛下威德"。始皇悦。博士齐人淳于越进曰:"臣闻殷周之王千余载,封子弟功臣,自为枝辅。今陛下有海内,而子弟为匹夫,卒有田常六卿之臣,无辅拂,何以相救哉?事不师古,而能长久者,非所闻也。今青臣又面谀,以重陛下之过,非忠臣。"淳于越本来说的是一番好话,却遭来横祸!丞相李斯逢迎暴君说:"今诸生不师今而学古,以非当世惑乱黔首!"所谓"古者天下散乱,莫之能一。是以诸侯并作,语皆道古以害今,饰虚言以乱实。人善其所私学,以非上之所建立。今皇帝并有天下,别黑白而定一尊,私学而相与非法教,人闻令下,则各以其学议之,入则心非,出则巷议。夸主以为名,异取以为高,率群下以造谤。如此弗禁,则主势降乎上,党与成乎下。"

隋炀帝焚禁纬书也是从政治统治出发,所谓:"纬书"是对"经书"而言,是汉代混合神学附会儒家经义的书籍。"孔子既叙六经,以明天人之道,知后世不能稽同其意,故别立纬及谶,以遗来世,其书出于前汉。"

明、清以后,屡兴文字狱,封建统治者多次下令禁毁有价值的典籍文献。特别是在清朝统治者编纂《四库全书》过程中,禁毁书籍之多,实为历史上罕见。

第二,历史上多次的大规模的社会动乱,直接销毁了难以数计的典籍文献。

如上所述,典籍"十厄"中,除秦始皇、隋炀帝下令禁毁外,余者均在兵燹战乱中荡然无存。

王莽之乱,董卓之乱,八王之乱,候景之乱,安史之乱以及靖康宋金战争,绍定宋元战争,直接毁掉大量珍贵文献。

其他如在唐末、明末以及清末的大规模农民战争中,书籍损失也是十分严重的。及广明初,黄巢干纪,再陷两京,宫庙寺署,焚荡殆尽。

第三章　我国古籍制度

文献有两个方面：思想内容和物质形式。文献的主要作用在于思想内容——知识。但思想内容必须通过物资形式才能发生作用。我们深知任何的思想内容必须借助一定物质条件才能表现出来。上古的结绳而治，也离不开绳子这个物质条件。以后逐渐产生了书契，但都离不开一定的物质条件，因为文字必须书写在一定的物质上面才能表现出来、流传下来，形成文献。由于我国文字记录所使用的物质对象不同，形成了每个历史时期的独特特点。这不仅在内容上是当时社会意识形态的反映，而且在形式上也必然是当时社会生产水平和文化水平的反映，我国古代文献有 3500 多年的历史，其中曾经有过几次大的变化，对我国文献发展进程的探讨是个很有意义的工作。

一、书籍的兴起

《易·系辞下》："上古结绳而治。后世圣人易之以书契。百官以治。万民以察"。这段记载告诉我们。我国上古时期有个结绳记事的过程。据说大事结个大结，小事结个小结。我国古代处于渔猎时代，在捕猎禽兽时必要记数，所以古文字一、二、三这三个字写成"弌""弍""弎"，都用"弋"字作它的偏旁。古人游牧把所弋获的禽兽，记其数于弋绳的头上，这便是结绳之始。但它记的是鹿、是雁、还是鱼，只有结绳人自己才会知晓，别人是不易明白的。因此说它只能是帮助记忆的一种手段，不能够起到交流思想的作用。帮助记忆的东西不只是结绳，还有刻木记事，青草记年等，一个人几岁便以看见几度草青来记数。这虽具备些交流思想的作用，但仍限于某一特定方面，都是帮助记忆、表示备忘之法。

以后逐渐出现了图画。段代以前就是这样的。按照实物的形状画得很逼真。鹿，便画个鹿形；象，便画个大象的样子；鱼，便画条鱼。无论是谁，一眼看去便能看出画的是什么东西。先是肥笔，即用粗画线，如豕，便画个黑猪的样子。逐渐进行简化，肥笔变成瘦笔，即用细线来代替。画某一物则是着意在某一物的特点上加工，如画象或鹿，就是突出画它们的鼻子或角，而且把四只脚画成两只脚，不是那么十分逼真了，字形上偏重于象征而不是写实。这样的图画算不算文字？过去有些争议，有人说这是图画不能算作文字；有人则说应该算作文字不能算作图画。其实算不算文字要看画者的目地是什么，它是为了传达思想而画，还是单纯在描绘图像。结绳只是帮助记忆，有时不慎绳端自结一个结，恐怕结绳本人也要弄错，因为它不是文字。但画条鱼，谁看见了都知道画者所表达的概念是鱼，而不是别的。如"人"字，我们现在能见到的画法有十五六种之多，有肥笔，有瘦笔；有的正立，双手下垂；有的正立左手下垂，右手上举；有的五官、乳、脐都画出来了。但无论怎么画，别人一看便知道是"从形"，代表"人"的概念，这当然是象形文字的前身，是文字而不是图画。我们肯定这点，就是肯定文字是劳动人民创造的这个事实，绝不是四目灵光的仓颉造字，仓颉有无其人尚不能肯定。即使他是个史官，也只是做了整理文字的工作，某一个人的力量便能创造大量文字，根本是不可能性的事。中国文字的起源不但可以远期到夏代，而且还要更早，这是个漫长的演变形成的过程。

清代光绪25年（公元1899年）在河南省安阳小屯村出土的甲骨文字，是我国现存的最早最古的文字，也是最早最古的文献。

它的出土经过是这样的。光绪年间北京国子监祭酒名叫王懿荣，字廉生，他偶然因病买回一味名"龙骨"的药材，发现上面有刀刻的痕迹，而这些痕迹还类似篆体文字。国子监是清朝的最高学府，祭酒又是学府的负责人，可断定王懿荣有一定的历史常识和文字知识。他发生疑问，便亲自到菜市口达仁堂药店去问"龙骨"采购于何处，药店告诉他是从河南安阳买来的。他立刻想到河南安阳在洹水流域，正是商朝的故都。《太平御览》说："盘庚徒都殷，始改商曰殷"。商周之前国家没有固定称号，随都城所在地来称呼。契建都在商丘，称为商；盘庚迁都于殷，因而称为殷。小屯村是盘庚迁都以后的地方，所以称为"殷墟"。殷商时代文化不发达，迷信思想很浓厚，他们无论做什么事情，都要事先求求神问问卜，卜出吉凶之后再去做。当时占卜用的工具就是龟甲和兽骨，龟甲多是乌龟的腹甲；兽骨主要是牛的肩胛骨，也用其他兽的骨头，但为数不多。卜人在占卜时，先在龟甲上刻一个小凹洞，然后用蓍草烧这小凹洞，龟甲受热后便从这个小凹坑处向外裂纹，占卜人便根据裂纹走向判定吉凶，把占卜的事情和占卜的结果用铜刀刻在龟甲上。这个"卜"字既像龟的裂纹，又有龟甲剥裂的声音，所以管这种文字叫做"甲骨文"或"卜辞"。因出土于殷墟，又叫"殷墟文字"；因是刀刻的又称它为"殷墟书契"。现存有三千字左右。王懿荣这个发现很可贵，他的贡献也较大，他派范维卿、赵允中二人去河南收购，得千余片。经他提倡，研究者才风起云涌遍于士林，许多宝贵的资料都被人们当药材吃掉了，这确是十分可惜的事。新中国成立后郑州南郊二里冈、洛阳东关、陕西邠县、济南大辛庄、山西洪赵县陆续都有所发现，现在出土的大约有十万片左右。

甲骨文的内容也很广泛，它涉及当时社会生活的各个方面。其中有畜牧业生活、农业生活、奴隶制度、战争、祭祀、农作物名称等方面的记载。这些文献是我们研究古代社会政治、经济和文化的最宝贵资料。

殷商和西周时代，亦即公元前1300—200年时，我们的祖先也曾把文字铸或刻在青铜器上。青铜是铜和锡的合金，铸造出来的东西呈青灰色。我国古时普遍用铜铸造剑器和钟鼎等。《左传·襄公十九年》："季武子以所得于齐之兵，铸林钟，以铭鲁勋"。可见古时毁掉兵器可以铸钟，"以铭鲁勋"，钟上一定还铸有记载功勋的文字，因而这样的文字又称为"铭文"。

青铜器起于商代末期，具有高度的艺术水平。有盖的铜器。文字一般铸刻在盖内或器内。铭文的字数、字体也因制器的时代先后有所不同,最初只有一两个字,后来长到四五百字了。青铜器在奴隶主贵族看来是重器,在他们遇到重大的喜庆事情或是纪念祖先时,都写成文字铸在特制的大型青铜器上。西周末年的毛公鼎上面的文字将近五百字。所铸的字体初期和甲骨文差不多,到后来就逐渐演变成各种不同的形体。因它铸在钟鼎上便称它为钟鼎文或金问,在文字演变史上称它为古文、籀文、大篆等。所记载的内容是研究我国文字发展历史的重要资料,有的是制器人的姓名或徽号,字数很少;有的记载重大事件,如政治、经济方面情况,以及交换奴隶情况等等,字数较多,同样是研究古代社会的重要历史文献。

我国上古社会最早开始使用石器。《越绝书》中说:"神农赫胥之时,以石为兵"。神农和炎帝时就以石头作为兵器了,后来也作为记录文字的一种材料。但刻石纪事到底起于何时,学术界还是众说纷纭,莫衷一是。朱建新《金石学》说:"三代之间,有金而无石;秦汉以后。石多而金少,而金亦无足轻重。古欲究三带之史莫如金(及近代出土之甲骨),究秦汉以后之史莫如石"。马衡《凡将斋金石丛稿》则说:"白周室衰微,诸侯强大,名器寝轻,功利是重。于是以文字为夸张之具,而石刻之文兴矣"。他说是在周朝衰微之期,即春秋战国之时,石刻文字才开始兴起。《墨子》一书中提到"镂于金石",就是说把文字刻在青铜器上或石头上。远古可能有刻石,但见不到了。春秋战国时刻石多起来是可信的,现在能见到的刻石就是唐初在陕西凤翔县发现的"石鼓文",现存北京故宫博物院。因它的形状象鼓,通称为石鼓文,共计 10 个。上面分刻着内容记述打猎的四言诗,字体为大篆。全文约七百多字,其中一个石鼓上面的文字完全分辨不清了。其雕刻时代,各家学者考证,略有不同,但多数意见仍以属于春秋时期的秦国为宜。这是一件重要的文献史料。

石刻文字的书体是多种多样的,各代各家字迹都有所反映。石鼓文的古篆、汉碑的隶书,魏碑的过渡风俗,唐碑的楷法等应有尽有。

石刻上的诗书经文,往往作为学子们的依据,因而各代官府多有刻石证经的举动。宋代王应麟在他的《困学纪闻》中说:"石经有七,汉熹平则蔡邕,魏正始则邯郸淳、晋裴顾、唐开成中唐玄度。后蜀孙逢吉等,本朝嘉佑中杨南仲等。中兴高庙御书"。王应麟提了七个石经,其实还要多。但较重要的是东汉灵帝熹平四年,即公元 175 年蔡邕刻的石经,他把《诗》、《书》、《易》、《仪礼》、《春秋》、《公羊传》、《论语》等儒家经典,经过文字校正,刻在石碑,立在首都洛阳的太学门前。每天有许多学子到石碑前校正自己所读的经典,或抄写回去作为正确读本,因当时没有印刷,这是个标准读本。受到学子们的热烈欢迎,每天碑前车水马龙,络绎不绝。后来熹平石经经过历代的政治变革,大部分损坏了,现在只能见到残片。因其字体为一字隶书,又称为"一字石经"。

其次是三国时魏明帝正始年间在洛阳太学刻的石经,只刻《尚书》《春秋》和半部《春秋左氏传》。这次石经是用大篆、小篆和隶书三种字体,所以称它为《三体石经》,这部石经也毁掉了。据说整块石经高八尺、宽四尺,两面刻字,一共四十八块,再后唐代也刻了石经,如唐文宗开成二年命元度用楷书写经刻石,称为开成石经,五代时雕版刻经就以它作为依据，这部石经今天还保存在西安碑林中。由于雕版印刷的发达，以后各代所刻的石经，其示范作用就不大了。在社会上要算熹平石经和三体石经最受重视。我国最早的书籍在平石经之前很早就出现了，因而石经在中国文献的发展上作用并不太大，但它却为刻版印书开辟了道路。

甲骨文、铭文、刻石文等是起到了书籍的作用，但它们是零散的，严格地说还不能算作书。当时的书叫做典册，相传殷商时代已有典册。据现存于《尚书》中的"商书"来看，它的内容多是商王告诫他臣子的言辞记录，显然这是他处理政事的文书或文告。《周礼·春官·宗伯》里记载了五史的职责，五史即大史、小史、内史、外史、御史，他们分别掌管着各种不同的书籍。大史保藏国家的法典和文书；小史掌握诸侯国内的历史纪实；内史掌握王的法令；外史掌握抄写文书和外国书籍；御史掌握法令和四方文书。史官在我国古代是文献的建立者和保存者。也是法令和文化教育的执行者和宣传者。《尚书·金腾》中有"史乃册祝"，《洛诰》中有"王命作册"等话，就可证明史官是掌握典册的人。

春秋后期，社会起了剧烈变化，各种思想、各家学派兴起。为了宣传自己学派主张，便著书立说，以求得更多的人支持持自己的主张，这是私人著作的开始。墨子周游列国时，曾看见一百二十国"宝书"，也有人称作"百国春秋"，这些书籍已经散失了。孔子修订六经，这些都打破了官家垄断著作权的管理，这时才算正式出现供人阅读为目的的书籍，也从此开始积累了古代的文献。

二、简策制度

上节我们谈了，文字书写必须要有所凭借。上古的凭借是甲骨、钟鼎、玉石等，这些东西不但受到它本身形体的限制，而且又不能连缀起来，不能更好的表达日趋复杂的社会生活和思想生活。因而，人们进一步把文字刻在竹片或木板上，这样我国书籍前进到简册阶段。
我国使用竹木来记载文字始于何时，现在不好确定。《尚书》、《诗经》、《左传》等书里，都有关于"册"字的记载。古文写作"笧"册从竹。《说文解字》说："册，符命也"。象札，一长一短相比。用编绳扎上。作为一种传达符命的东西。王国维在《简牍检署考》里说："书契之用，自刻画始，金石也，甲骨也，竹木也，三者不知孰先孰后，而以竹木之用为最广。竹木之用，亦未详起于何时。见于载籍者言之。则用竹者为册。书金縢。史乃册祝。洛诰，史乃命册。顾命。命作册度，是也。册字，或策字为之……周礼内史，凡命诸侯及公卿弟子，皆策命之。左传，灭不告败，克不告胜，不书于策，是也。"他告诉我们竹木简和甲骨可能同时使用。西晋太康二年，即公元281年在汲郡，今河南卫辉，在战国魏安厘王墓中发现了竹简实物，也可以断定在东周时已经在广泛使用竹简了，而且是宣布王命的信符。《左传·僖公二十八年》："王命尹氏及王子虎、内史叔兴父策命晋侯为侯伯"。已把册写成"策"，汉代通行作策。蔡邕《独断》说："策者，简也"，策是众简相连的称谓，所以也写成"册"，可见"策"与"册"是同一概念。

单片的称为"简"，竹制的为竹简，木制的为木简，也称为"方"，《中庸》里有"文武之道，布在方策"的话。古人说"方策"，就等于今天我们所说的书籍。后来为了区分，把竹制的称为"简策"；把木制的称为"版牍"。简策主要写书；版牍主要写公文或画地理图。"版图"一词就是这样来的。但这种区分不是十分严格的，很窄的木牍实际就是木简，也用来写书。刮削平坦叫做版，版上写了字叫做"牍"。尚未制成版的叫"椠"，椠劈成了木条叫"札"。

把竹子破成竹片，叫做"牒"，写前要把竹子在火上烘干，这种办法叫做"汗青"，或"杀青"。汗是去掉竹子的水分，以防虫蠹，杀青是去掉竹子的青皮。总之，都是炮制过程。因为竹简是用做写经史的，所以便把"汗青"借代为经史书籍。唐代刘知几说："头白可期，汗青无日"，意思说自己头发白了，可是著作却没有成就。文天祥的《过零丁洋》："人生自古谁无死，留取丹心照汗青"；吴伟业的《圆圆曲》："一代红妆照汗青"，都是借"汗青"为史册。

简的长短不同，决定书写内容的不同。内容不同又决定其价值不同。最长的简是二尺四寸，用以书写经书、法律和国史。郑玄注《论语》序说："易、诗、书、礼、乐、春秋策。皆二尺四寸；孝经谦半之；论语八寸策，三分居一，又谦焉"。可见儒学正统的经书都是用二尺四寸的竹简写的，《论语》在当时并没有被官府推崇到经学的地步，所以用八寸长的简来书写。简的长短可以表示当时书籍内容的重要与否。

战国时八寸为一尺，因而把法律称作"三尺法"，把子书和传记叫做"尺书"或"短书"。

编连成册的绳子叫做"编"，有麻绳、丝绳、熟牛皮绳的区分。丝绳叫做丝编、牛皮绳叫做韦编。传说孔子喜欢读《易经》，翻简把牛皮绳折断了三回，称为"韦编三绝"，指的就是这种简编。秦汉时仍叫做"编"或"篇"，因为通常这样编成的一册，是一篇首尾完整的文字。古人对竹书的计数，都以篇为单位。"册"，多用在帝王封拜诸侯或任免大臣的时候，好像颁发的文据、文告等。

木制的叫版，也叫方，也叫牍，它的用处多是写信。写信的版牍长一尺，所以古人把信也叫做"尺牍"。

长一尺二寸的叫做"檄"，多用做官府文书或用做征召、晓谕、诘责文告等。

长五寸的叫做"传"即出入城门的凭证。

一根简一般都写一行字，多的有几十字，少的只有几个字。当然情况也不是完全相同的，蔡邕《独断》说："凡书字有多有少，一行可尽者书于简，数行可尽者，书之于方，方所不容者，乃书于策"。这是内容决定形式，不能强求一致。

至于在简上是刻字还是写字，过去有人认为是刻字，甲骨文就是刻字。有人认为是用笔写。从现在出土的简来看多是笔写的，有的是用漆写的，有的是用墨写的。这与文化进步、笔墨产生都有关系，先后是有所不同的。朱骏声《说文通训定声》说："所以书也，楚谓之聿，吴谓之不律，燕谓之弗"。从读音上的不同，说明在战国时许多诸侯国都有了各自书写的"笔"。《诗经》里有"贻我彤管"的话。《史记·孔子世家》:"孔子作春秋,笔则笔,削则削"。春秋战国时已经有了笔,这是肯定的。但是当时笔是什么样子的?不好确定。《庄子·田子方篇》说:"砥笔和墨"。有人认为庄子说"砥"则是毛笔。我认为砥的也不一定是毛笔。竹笔也可以砥,咬一咬末锐也未尝不可。《汉书·赵充国传》有"持橐簪笔"的话。颜师古注说:"橐,所以盛书也。簪笔者,插笔于首。"可见这时的笔就像近代木工师傅所用的墨斗竹笔,是没有毛的,可以放在布袋内,也可以插在头上。崔豹《古今注》说:"自蒙恬始造,即秦笔耳,以柘木为管,鹿毛为柱,羊毛为被"。蒙恬改造笔,装上了鹿毛和羊毛。古时"笔"字,从竹,聿声,显然是竹笔。而甲骨文上的卜辞,也是先写上字后刻的,从字画上看都是瘦笔字,可能也是用竹笔写的。

关于墨的起源,也很古远。《庄子》里提到"砥笔和墨"的话。高承《事物纪源》说:"书契既造,墨砚乃陈。然此二物者,与文字同兴于黄帝之世"。《博物志》也说:"墨者始于黄帝之世"。总之,墨的使用是较早的。但在墨之前是用漆。陶宗仪《辍耕录》说:"上古无墨,竹挺点漆而书"。这话有些道理。《后汉书·杜林传》:"先于西州,得漆书古文尚书十卷",可见古时用漆,然后用墨,有时漆墨并用。今天见到的古简,有的用墨,有的用漆。在古代文化发展上绝不能出现一刀切的现象。我们了解了笔墨的使用情况,会帮助我们更广泛的了解书籍发展的情况。

"孔子作春秋,笔则笔,削则削",《汉书·礼乐志》也有记载:"有司请定法,笔则笔,削则削"。颜师古注解说:"削者,谓有所删去。以刀削简牍也,笔者,谓有所增益,以笔就而书之"。写错了就用刀把简牍上的字削掉。所以古时官吏都带刀笔,又称他们为"刀笔吏"。

在简牍上写字时,无论正文或注文都是单行。正文字大,注文字小。有时年代久远,不注意,辗转传抄时,把注文的字写大了,与正文相混,读起来便不懂了。古书里是不乏例证的。

简牍既然是用笔写,它的字体也因时代不同、地域不同而有所差异。简策是传抄的,而古今字体又是多种变化的。传抄时,今代人往往将古体字变成今体字,像我们今天印古书时把繁体字印成简体字一样。汉人就把战国时的篆书改写成当时通行的隶书,因而在字体上也不一定能够准确定当时简策制度是什么样子的。

简策用编连贯起来,最前面留下两根空白的简,做保护用的,称为赘简。赘简的背面写上书名或篇名,这可以说是后世书籍封面的起源。正文开始的前面是一篇文章的篇名,如果这一编书不只是这一篇,那么就要在篇名下另外写出全书的总名。写法是小题目在上面,大题目在下面。古人管篇名叫小题,书名叫大题,如《乡党篇第十论语》。写好用编的多余绳头一捆就成为一编,如再有一捆就成为下编。捆起以后,外面用布帛或者竹簾包起来,称它为"帙",今天成语"卷帙浩瀚"就是从这来的。还有的用口袋盛起来叫做囊。如果捆的绳子一旦断了,竹简的前后次序便会错乱,须重新编排,编排错了,字句就颠倒了,这叫做"错简"。如果年深日久没保存好,简烂了,缺少了一段文字,便叫做"烂简夺文"。

简的内容如是公文、帐簿或书信,其捆法与书籍不同,我们以书信为例来说明。用版写上信,一块版或二块、三块,看内容长短而定。写完之后,上面用一块版盖上,以便掩上信版的字迹,然后用绳子捆起来。上面所加的版叫做"检",检的表面写收信人和寄信人的姓名和官爵,这叫做"署",署名一词就是从这里来的。绳子打结处怕别人拆开,用一团黄泥把绳结粘住,泥团上面盖上官印,这个泥团叫做"封泥",也叫做"封"。整个一捆叫做"函",这个是个象形字,正像一个完整的封函,一封也就是一函。整体也叫"信封",我们今天还沿用"信封"这个词语。

把字写在简策上,抄写极为困难,传播、携带也是很不方便的。古语有汗牛载籍、汗牛充栋说法,可以想象简策的笨重。

战国时学者惠施,著作不少书籍,他有次用五辆牛车拉着自己的著作出游,于是有"学富五车"的成语。因而当时流行读五车书与开五石弓的说法。秦始皇每天看120斤重的公文。其实这五车书和120斤公文在今天来说,它的内容并没有多少。正说明这种书籍制度的笨重。社会在前进,文化在提高,简牍制度随之也逐渐向卷轴制度过渡。

从简策的发现上来看简策制度的情况:

新中国成立前的发现共有7处,新中国成立后发掘出土的共有20多起。

最早的发现是汉景帝时,鲁恭王刘余要扩建孔子旧宅,在墙壁中发现了一批古代竹简,有《尚书》、《礼》、《论语》、《孝经》等。这些简是战国时人抄写的,是蝌蚪文字,即古篆,古文。每简由20字至25字不等。书的内容与当时社会上所流传的有很大差别。如《尚书》的篇数就很不同。《汉书艺文志》著录说:"尚书经二十九卷,为五十七篇,即孔子壁中书也"。指孔子壁中的尚书。据说是蝌蚪文字,只有博士孔安国认识,称它为古文尚书。有些人说它是假的,引起经学上的古、今文之争。这部原书并未传下来,详细情况也无从知晓。

另一次是在晋武帝太康二年,即公元281年,河南汲县有个叫不准的人,盗掘魏安厘王(一说魏襄王)的坟墓。墓中有十几万根竹简,古体字。盗墓的人烧简策取火光以便盗拿宝物,因而残简断札十分零乱,晋武帝叫荀勖等人连缀前后次序,用今文写出来,成为《竹书纪年》、《易经》、《国语》、《穆天子传》等16部书。其中有些上秦汉以来没有见到过的,很有学术价值。可惜这两次所发现的竹简都丢失了,不能从实物上考察简策制度。只是荀勖在《穆天子传序》中提到了一点情况,说是长二尺四寸,用墨写,每只简上四十个字,编是素丝的。

1959年武威出土的汉简《仪礼》是汉末时抄的,是最早的比较完整的古书写本,长度并不一样,近一尺;湖北睡虎地11号墓的简长一尺二寸;山东临沂银雀山2号墓的简将近三尺;西汉早期马王堆3号墓出土的200枚竹木简有三种长短。现在出土的《急救篇》是一尺五寸长,《相马经医方》长一尺,《元康三年历书》长一尺五寸,《永兴元年历书》长一尺。这些实物与文献记载不尽相符。西汉恒宽《盐铁论·贵圣篇》上说:"二尺四寸之律,古今一也"。这说法是不确的。先秦与西汉初期似无定例,西汉后期开始逐渐形成一些制度。

简策有几道编绳?许慎《说文解字》在"册"字下面说:"象其札一长一短,中有二编之形",象形字。1930年在甘肃居延发现的简册有二编之形,与许慎之说相符。人们便以为简册只有两道编绳。但就居延说,还发现有三道编的简册。山东临沂银雀山出土的《汉元光元年历谱》有四道编绳,《孙膑兵法》有三道编绳,江陵凤凰山167号汉墓的木简,只有一道编绳。可见《说文解字》的解释并不准确。一般地说以二编为多,编绳多少是根据简的长度而定的。

编连的最末尾的一只简用作轴心,马王堆3号墓200枚医简,出土时分卷成两卷是这样的。实例证明:"卷"并不始于帛书,也不定指的只是帛书。

每枚简末端还标上页数×。

由于实物的不断被发现,对简策制度的认识也在不断丰富。

三、卷轴制度

《墨子·明鬼篇》:"故书之竹帛,传遗后世子孙"。"竹帛"并提,可见战国初年便开始用绢帛写书了。帛书的出现确实根据当时书写的需要。战国时代出现了许多以图画作为说明的新学问,如军事学、天文学、地理学等。这些知识需要用图画来做辅助说明,简策是不能胜任的。上面提到简策的笨重,不易携带。知识分子出门拉一车简牍也确实困难。《论语》上有:"子张书诸绅"的话。绅,是大带子,子张把备忘的内容写在丝绸的带子上,也是求其轻便。客观形势和文化发展的需要,必须改进书写材料。《云麓漫钞》卷七记载说:"上古结绳而治,二帝以来,始有简策,以竹为之。而书以漆,或用板以铅画之,故有刀笔铅椠之说。秦汉间用缣帛,如胜广以帛纳于鱼腹,高祖书帛以射城上,是也。至中世,始渐用纸,赵后传所谓赫虎书,其实亦缣帛耳。蔡伦传,用缣帛者,谓之纸,缣贵而简重,并不便于人。伦乃用树膚麻皮等为纸,则古之纸,当即缣帛,故其字从系云"。这段文字不但说清楚了结绳、简牍、缣帛的前后顺序,而且说明秦汉时已大量使用缣帛这个事实。陈胜吴广农民起义时用丹砂在帛上写"陈胜王"三个字放在鱼腹中,以此来号召起义群众。赵飞燕用名叫"赫虎"的纸包药丸。可以看出无论征战的疆场或宫内床头都普遍使用缣帛了。《蔡伦传》说:"自古书契,多编以竹简,其用缣帛者谓之纸。"缣帛就称为纸。《说文解字》说:"纸,絮箔也,从系氏声",这是说制丝时,在水中漂洗,漂的丝絮再用竹簾托上来,晒干就成方形的絮,古人解释说:"方絮曰纸"。《释名》说:"纸,砥也,平滑如砥也"。所以这个字作"系"旁。中国是最早的养蚕国家,李白《蜀道难》中说:"蚕丛及鱼凫,开国何茫然",蜀国以"蚕丛"作为他们的最早祖先,都与蚕业有关。在漂丝中制成纸完全是可能的,其质地是丝絮的。至于后汉蔡伦造纸说,是他改造纸的质地,用树皮、麻皮、破布、破渔网等为造纸的原料。所以魏代张楫《字诂》写成"帋"字,以区别古纸。以"系"与"巾"来区分古纸和今纸的质地不同。无论古纸今纸都是汉代的事,在汉代以前多用帛来书写,与简牍并存,这确是事实。帛书轻便柔软,便于携带、收藏,自会引起人们的普遍注意。随着文化的发展,国家的教育事业和藏书事业都有所发展。用竹木简自然会造成各方面的不便。帛书便应运而生了。帛书的优点，不仅轻便，易书，而且幅度长短随意而制，远远胜于竹木。从战国直到两晋的末期，一直是书写的材料。

后汉时用麻布渔网做的纸已普遍了，帛书就成为奢侈的文房用品了。人们有贵帛贱纸的习惯。蔡邕是汉代的大书法家，他很重视自己书法的身价，不是纨素，不肯下笔。三国时，魏文帝曹丕写了一篇论文——《典论》。他亲自用帛写了一份送给东吴国主孙权，又同样用纸写了一份送给东吴的大臣张昭，借此表示尊重孙权的意思。

三国以后便普遍用纸写字了。隋唐时代帛就成了美术和书法艺术作品的画写工具，不再用它写书了。

帛书的形式是怎样的？因缺乏充分的文献资料，历来难以确定，只是凭借纸的卷轴形制的记载来推测。因为帛书质地纤薄不易保存，考古发现极少，即使出土，也往往是碎片。《汉书艺文志》著录图书篇卷并列，而当时又是竹与帛兼用。所以后代的学者便依此来断定，"篇"指的是简策；"卷"指的是帛书，这种说法不尽可靠。

章学诚《文史通义》说："向歆著录，多以'篇''卷'为计，大约篇从竹简，卷从谦帛，因物定名，无他义也"。其实竹简作书在前，所以周秦称"篇"，到汉代时绢帛多了，也就称为"卷"了，二者确无大的区别。书写时在整匹帛上，写完裁下后卷成一束，卷时必须用细木棒作中心，这叫做"轴"，因此称作卷轴制度。

1942年长沙战国楚墓被掘盗，曾出土了一件帛书，这件帛书出土时折叠为八幅（可看商承祚《战国楚帛书述略》一文，刊《文物》1964年第九期）学术界认为是孤证，或许偶然，没有引起重视。1974年初，长沙马王堆三号墓出土二十多种帛书，这是考古学史上一次大发现，其中有许多失传一两千年的古佚书，有的史料甚至连司马迁、刘向、班固等人都未曾看见过，为研究汉代的历史、哲学、天文、军事等方面提供了新的资料。这些帛书的出土，是文献学、校勘学、版本学上的重大收获。而对帛书形制来说也弥补了文献记载的不足与缺失。这批帛书出土的原始状态，除了少数卷在二、三厘米宽的竹木条上以外，大部分折叠为若干幅的长方形，都没有轴。我们不能以纸书卷子来推测帛书，纸还比较硬实些，可以卷成卷轴，但绢帛质地光滑柔软，不易卷轴，而易折叠，这是可以想象的。即便退一步说，至少自战国到西汉初期，帛书并未形成卷轴。其中少数用株木条卷起，也只能说是卷轴制度的开始，是向卷轴过渡阶段。

书籍发展到竹帛时期，才算是出现了正式的书。《说文解字》说："著于竹帛谓之书"。竹，易得；帛，轻便。书写材料进步，各家著作才得以蜂起，形成诸子百家争鸣的活泼局面。

帛上写字，往往先织成"栏"，然后根据上下距离画成直行，称作"界"，栏和界都有红黑两色，红色的称朱丝栏，黑色的称乌丝栏，卷子的开端为防止破损，先是留一段空白，后来用另外一段帛接上，称它为"首"或"缥"，首和卷子本身可用不同的颜色，帛上的文字有时用朱、墨两色来区别作用不同的文字。

纸卷子的形制因实物较多，比较清楚。就是将纸张粘成长幅，以轴作为中心，由左向右卷起，卷子的右端是书的首，为保护书首前面留有一段空白，或粘上一段无字的纸，叫做"缥"，也叫做"褾"。上面也有栏和界行。

卷子外端题有书名，每卷起首写篇名，如果不止一卷时，写明卷次，然后再写全书总名和著者姓名。如六朝写本《抱朴子》的书题作《论仙第二》。下面空二格，接写《抱朴子内篇》，又空一格，接写"丹阳葛洪作"。小题在上，大题在下，作者又在大题之下。卷末正文结束后，有的一行写明著作的年月，有的还把作者姓名写在此处。有的著书人还故意把题记在卷尾，有时还申诉写书的缘由，成为一篇短文。这是后来印本书籍中牌记、跋文的由来。

缥的前头有条带子，卷子卷起来时用它捆扎，以免松卷，轴端如车轴，外露一点，则在轴上挂一小牌牌，牌上写书名，叫做签。以便卷子放在插架上容易寻找。每五卷或十卷用一块布裹起，叫做帙，即书衣。

卷子有个装治的过程。把纸接上以后，为了保护纸卷不断裂，在纸背另外再褾上一层纸，称之为褙，或装背。接缝不要在同一位置上，以免在接头处脱裂。

为了防止虫蛀，还研究了多种防虫蛀的办法。有的在书橱"安放麝香木瓜，令蠹虫不生"，最主要的方法是用黄檗（黄柏）汁染纸来防蠹虫。这种方法称作"入潢"，可以把纸先入潢而后写，也可先写而后入潢。入潢后纸色发黄，叫做黄纸。当时的习惯，黄纸较白纸为贵重，六朝以来政府公文都使用黄纸，唐朝政府更规定只有皇帝诏书才能用黄麻纸，以"黄麻"作为诏书的代用词。佛经也用特制的黄纸，叫做写经纸。宋代仍然重视黄纸。唐宋时国家藏书机关都设有专门染潢的工人。唐代书籍上往往写上装潢手辅文开、解善等人的姓名。弘文馆有"熟纸装潢匠九人"。染潢和装背两道工序往往合在一处称为装潢。这两道工序很重要，而且质量也相当好，至今卷子黏接处不断裂，千年之久卷子不被虫蛀，可见他们工作的成效。

卷轴制度日趋完善，帝王豪富之家往往借此附庸风雅或显示豪贵。一般用木制的卷轴，豪富之家往往用象牙、琉璃等贵重材料。缥带往往用丝织品，籤用象牙的。古人有"牙籤玉轴"的说法。《隋书经籍志》记载，炀帝即位，秘阁之书分为三品，上品红琉璃轴，中品绀琉璃轴，下品漆轴。《旧唐书经籍志》说："集贤院御书，经库皆钿白牙轴，黄缥带，红牙签。史库钿青牙轴，缥带，绿牙签。子库雕紫檀轴，紫带，碧牙签。集库绿牙轴，朱带，白牙签。"由此可以想见帝王书籍装饰的华贵。

《隋书经籍志》记载汉代贾逵（公元30—101年）著的《春秋左氏经传朱墨列》，是用朱墨两色分别书写的经文和传疏。

敦煌发现的《道德真经疏》经文是朱色，注疏是墨写的。另外还有实例。为什么要用两色套写？这是因为书籍流传久远，抄写次数较多，有时正文和注疏容易相混，写时就用不同的颜色分别书写，以示区别。这可以说是套版印刷的先声。

马王堆出土的帛书大部分都是朱丝栏，而驻军图不仅用朱色画出军事要塞，墨色画山脉，还用蓝色画河流，用三种颜色表示，是三色的写本。朱墨写本最晚出现在战国。

文字配上图画，这是我国书籍最早的独创。使书籍图文并茂生动活泼，这是我国书籍的传统，所以书籍又被称为"图书"。

现存的古代卷轴，其中最古的写本或以后的印本，大多数是在敦煌莫高窟发现的。莫高窟藏有近二万卷，先后被斯坦因与伯希和盗走约一万卷，劫余的尚有八千多卷，多数是佛经，现在北京图书馆保存。这部分敦煌卷子曾由名历史学家陈垣编出目录，即《敦煌劫余录》1931年版，总计有8700卷，新中国成立后又新入藏1803卷。这里面最早的写本是北朝西凉和北魏时的，其中除经书外还有医药、历书、兵书、史书、诗赋、骈文、杂曲等类的作品，内容极其丰富。从中我们不但可以看到最古的书籍，最古的文字，还可以看到最古的书法、绘画和刺绣，还可以看到精彩的丝织品和印刷术，具有很高的艺术价值和历史价值。敦煌宝藏的发现，引起了欧洲、日本和其他国家学者们的极大重视，研究者日多。这项研究，称为敦煌学。

卷轴制度到了唐代已经发展到了极盛的时代，同时由于社会生产力的发展，文化教育事业的兴盛，加上佛经大量的传入，传抄根本满足不了整个社会的要求，这样形势就迫使和促进印刷术的发展。另外，一个卷子有长有短，一部大书，长长的绢帛，展读起来十分困难。尤其是查阅典故之类的工具书，如《初学记》、《白氏六帖》等书，欲查找某一典故，必须展开一半或整个长卷，使用起来也极不方便。这样就导致页子，即经折装、旋风装的出现，终于产生了册页制度。

四、册页制度

卷轴制度到唐代极为发达了，但它的弱点也随之暴露出来了，一轴卷子往往长达几丈。读卷轴必须边读边展开，还要边卷起已读完的部分，才能读到后半部分，非常吃力。尤其是这类书的发展，考察一个典故、一个字义、一句话，就非常不便。在八、九世纪时，便产生了经折装和旋风装，这两种形式，唐代人都称之为页子，这便是书籍册页制度的产生。

在谈册页制度之前，有必要介绍一下我国印刷术的发明。纸与印刷术是我国首先发明而传播于世界的，这些发明丰富了人类的物质生活和文化生活，表现出中国劳动人民的智慧和伟大创造力。印刷术被称为"文明之母"，其重要性尽人皆知。我国发明雕版与活字板，早已为举世所公认。但最重要的问题是雕版印刷到底发明在什么年代？自宋朝以来存在很多不同的说法，始终未有定论，但多数的意见倾向于隋唐之际。根据文献资料记载，这是可信的。由于印刷术的发明和它的广泛流行，对书籍起着巨大的影响。首先是产生了出版业。国家的、个人的书籍和书商生产的大量图书，满足了各方面对图书的需要，促进了社会文化的进一步发展。印刷术改变了书籍的形态，确立了册页制度。

古书的装帧，从最初的卷子装，发展成为后来的旋风装经折装、蝴蝶装、包背装，一直到线装，经历了漫长的过程。每种装帧形式的形成、发展和演变，又都有自己的历史。与当时书籍的制作方法、制作材料以及社会文化，人们对书籍的利用程度等，紧密相关。

经折装（也叫梵夹装）是将一长幅纸向左右反复折叠成一个长方形的折子，再在前后加上两张硬纸板作为前后的封面。因为它的外表极像从印度来的梵文佛经，所以叫做梵夹或经折。这种装帧的优点是可以免去卷子舒卷的麻烦，阅读时比较方便。缺点是易于把书折断。

旋风装，一种说法是经折装的变形，认为经折装容易散开，容易折断，于是用一张大纸对折起来，一半粘在书页的最前页，另一半从书的右边包到背面，粘在书的末页上。这样，在拿取时，就不会有散开扯断书页的危险。从第一页翻起，直翻到最后，仍可连接到第一页，回环往复，不会间断，因此称为旋风装。

另一种说法是以现存北京故宫博物院的《唐写本王仁昫刊谬补缺切韵》一书的装帧实物作为说明。全书分5卷，共24页。除首页单面书写文字外，其余23页均两面书写，所以共47面。是以一长条卷纸作底，除首页因单面书写，全幅裱于卷端外，其余23页因双面书写，故以每页右边无字空条处，逐页向左鳞次相错粘裱在首页末尾的卷底上，看去好似龙鳞，错叠相识。收藏时，从首至尾卷起，外表完全是卷轴的装式。但打开来时，除首页全裱于卷底，不能翻阅外，其余均能逐页翻转。南宋张邦基在《墨庄漫录》中已明确把它称为旋风页了。他说："成都古仙人吴彩鸾善书小字，今蜀中导江迎祥院经藏，世称藏中佛本行经六十卷，乃彩鸾所书，亦异物也。今世间所传唐韵犹有，皆旋风叶"，这里已经指明是旋风页了。至于吴彩鸾唐韵，是对唐代韵书的统称，具体指的就是王仁昫的《刊谬补缺切韵》，这后一种说法是可信的。可见旋风装不是来自经折装，而来自卷子装，经折装是对卷子装的改造，旋风装则是对卷子装的改良，从这一点上讲，旋风装早于经折装。因为旋风装仅仅是卷轴装的册页装转化的初期形式，而经折装已经是书册了。所谓旋风装，就是在卷轴式的底纸上，将书页鳞次相错地粘裱，打开时，形如龙鳞，所以称为龙鳞装；收卷时，书页鳞次朝一个方向旋转，宛如旋风，因而又称为旋风装，或旋风卷子。

蝴蝶装，无论是旋风装还是经折装，都是把一些散页粘连在一起卷叠而成，翻阅起来仍感不太方便。大约到五代时候，开始采用散页装订这种形式了，人们把雕版印刷的书页，加以反折，就是把印字体的一面相对地折起来，再把中缝的背口，用浆糊粘连在一起包背的厚纸上。这样装订，只要把书一打开，整个印刷页子便会呈现在读者的眼前。书页的中心粘在书背上，很像展开翅膀的蝴蝶，因此把这种装书法称为"蝴蝶装"，简称为"蝶装"。

包背装，蝴蝶装书籍阅读时，当读完一页必须连翻两页，即是把两页没印字体的背面翻过去。这样读起来也很不方便，于是有人便把书页对折起来，把印字体的一面完全露在外面，然后用糨糊把它粘连在包背的纸上，省去了翻空页的麻烦，这种装订方法就叫做包背装，看来很接近现在的平装本书籍了。

线装。包背装把书页粘在包背纸上，翻阅久了，仍然会散开，并不牢固。于是人们便用纸捻把书页订起来，使其不散脱。到了明代时，就有更多的人用线来装订了。原来把糨糊粘在书上包背的封面纸，这时也改成两张散页的软纸作为外封面，并和书中的书页装订在一起，蝴蝶装书籍存放时书口向下，因而须用纸皮支撑，宋代《册府元龟》便是这样存放。明代中叶的线装，一般只打四个针孔，称为四针眼装。较大的书在上下两角另打一眼，以求牢固，就成为六针眼装了。

清代中叶以后，随着印刷术的发展，又产生了平装和精装的样式，可见书籍能够发展到我们今天这种形式，是经历了不断革新、不断探索的过程。

蝴蝶装、包背装和线装这三种形式，都是积页成册的，所以称它为册页制度。

整张纸上印刷的部分，亦即印刷版所占的面积称为版面，版面上首的余纸叫天头；下边的余纸地角；左右边的余纸叫边。中央部分亦即书页折叠之处称为版心，一名中厢。版面四周叫做版框。构成版框的线叫做边栏。只有一条线的边栏叫做单边或单栏；有两条线的叫做双边或双栏，有一细一粗线者成为文武栏。界行居中的一行即是版心。版心用鱼尾分成三栏，鱼尾形如"丙"字。单个的叫单鱼尾，两个的叫双鱼尾。宋元雕版书的书名刻在鱼尾下面；明刻本，书名则在鱼尾上面。相反者很少见。鱼尾分叉处是版面的中线，也是书页对折的标准。上鱼尾之上有一条很肥的黑线，称象鼻。有象鼻者，当书装订成册时，在书口便呈现出一个时代刻书的特征。过去常以鱼尾为单双、黑口的有无及大小来判别版本。两鱼尾之间，通常记书名、卷数页册，成为揭示古书的依据之一；下尾鱼之下间有版刻者堂号，或××年校刊等类记载，有时也可作为判明出版的依据。在版框左栏外上端有时还有个小方格，称作书耳，也叫耳子。方格内刻有简单的书名。书根上写有或印有书名和卷册号数，书册号数用"凡六"、"亝"样方式表达，即在第一册上写上凡几，或在最后一册上写上凡几止，可作为判断书籍是否全本。

古书装订成册以后。装订的一边叫做书脑，也叫书脊；最下端叫书根；最上端叫书头。

书册的前后面叫做书皮；书皮内题名的一页叫扉页，或叫内封面；内封面前有一空白页叫护页或付页；再后便是序、目和正文了。

线装书大多用书套包装起来，又名书衣或书帙。唐代皎然答韦应物诗有："书衣流埃积，砚石驳薛生"的句子，指的就是书套。

线装从明代中叶出现直到如今，是我国手工业印本书籍的最后形式。在机械化印刷术被初采用之时，书籍形态完全模仿线装。19世纪末年才出现铅字双面印的杂志和图书，装订也改用西法，这就出现了平装书。24纪初年更出现了横排版向左开的书，并开始有了精装书。现在我们看到了摄影的书籍——缩影图书，将来摄影会完全代替印刷，书籍制度将会有新的变化。

第四章 古籍的分类

古籍这个词，顾名思义，是指书籍著作的时代期而言。但怎样的划法，却有着各种不同的说法。我们现在所指的古籍，是断自辛亥革命前为止。为什么以辛亥革命前为断限呢？国家文物事业管理局于1978年3月在南京召开全国古籍善本书总目编辑工作会议,在古籍善本总目收录范围文件中谈到："辛亥革命前在学术研究上有独到见解或有学派特点，或集众说较有系统的稿本，以及流传很少的刻本、抄本"，都在古籍善本收录范围之内，这就明确了把古籍的划期划到辛亥革命前为止。当然，划分时期不能太绝对，辛亥革命以后的著作凡与古籍有关的，也应以古籍对待。至若古籍重印和新印，更不能不视为古籍了。

我国现在的古籍究竟有多少？这个数字很难得到准确的答复。约略的估计，可能有十五万种左右。得出这个数据的依据是：

（1）《中国丛书综录》的子目统计有 38891 种；

（2）曾收入《丛书综录》的清代以前的单刻本，估计有一万余种；

（3）《丛书综录》未收入的佛经汇刻及新式丛书，以及待补入的丛书。其中子目估计一万种。

（4）孙殿起编的《贩书偶记》是清代以来的著述总目、所收有一万余种。

（5）《贩书偶记续编》收书六千多种。

（6）《贩书偶记》未曾收入的清代著述。估计还有一万余种；

（7）《中国地方志总录》收入的方志。有 8500 余种；

（8）现存的古医书。估计有八千余种；

（9）通俗小说、民间唱本、地方剧本、宝卷、鼓词、家谱，以及在佛经、道经之外的各种宗教书。估计有一万余种；

（10）碑帖、舆图估计有一万余种；

（11）少数民族文图书及其他，估计一万种。

总计起来。估计在十五万种左右。这说明我国历史悠久，文化发达，著述相当丰富。我们应当正确对待我国古代文化遗产。毛主席说："从孔子到孙中山，我们应当给以总结。承继这一份珍贵的遗产"。

《中国共产党在民族战争中的地位》中说："从中华民族的开化史可以看出，有素称发达的农业和手工业。有许多伟大的思想家、科学家、发明家、政治家、军事家、文学家和艺术家。有丰富的文化典籍"。我们应当"古为今用"批判继承这份珍贵遗产。

一、目录的产生

古时没有目录的名称。目录这两个字最早见于刘向《别录》书中。什么是目录呢？目，就是篇目、条目的意思；录，就是著录、记载的意思。把书名一条条记录下来，就成了书籍的目录。目，本义是眼睛，《管子》中说"目司视"，眼睛是管看东西的；录，是刻木的意思。章炳麟在《小学问答》中说："束、缕、录、古音皆在候部。得相通假……同为刻矣"，实际是把书籍篇名刻下来给人以更明亮的眼睛。中国古籍目录的作用首先在于掌握"类例"。宋代郑樵撰《通志·校雠略》提出"编次必谨类例论"，他指出："学之不专者，为书之不明也；书之不明者，为类例之不分也。有专门之书，则有专门之学；有专门之学，则有世守之能；人守其学，学守其书，书守其类；人有存没而学不息。世有变故而书不亡……类例分则百家九流各有条理，虽亡而不能亡也"。郑樵这段话告诉我们，书籍一定要分类部居，以类相从，书守其类，也就是要掌握学术的专门化和图书的专门化，使专门之书形成专门之学，这才便于学习、使用和保存。目录中的专科目录尤为重要。

我国古籍记载目录的方式大致可分四种情形。有的目录只是把各种书籍分别部居排比一下，如经、史、子、集等；有的目录不仅纲纪群集而且特别注重版本，在分类的同时把好的版本记载下来；有的目录不只记载版本而且还作校勘工作。鉴别版本的异同、版本和校勘之学原属目录学的一部分，更不要把版本学看得太狭，仅仅限于讲究宋版、元版等一些旧版式刻鉴定，它还包括雕版以前的简策、缣素以及写本等，所以说强调节器版式本还是有必要的，有的目录在记载书名的同时，还要叙述学术源流、提要钩元、指其途径、分别先后，所以说目录中的解题、题要是我国目录学的优良传统，这也是我国目录学的一大特点。在古代，中国文学作品就有简单的说明，揭示作品主题意旨所在。如子夏、毛公合作的《诗经》小序（《后汉书》称卫宏所作）都起了这方面的作用。汉代刘向发展了前人的述作，对所著录的书写一篇叙录，以"撮其指意"。佛教传入中国之后，佛家讲解佛经时，首先解题目，叫做"开题"。后来唐代儒家讲经学时也往往如此，叫做"发题"。他们都是就题目来解全书大意。宋代大目录学家晁公武、陈振孙，他们对图书内容的解说称之为"解题"或"提要"，如陈振孙《直斋书录解题》二十二卷，就是直用"解题"二字。"提要"是"解题"的发展，两者区别不大。

旧目录学内保存着极其丰富的解题和题要，都是我们今天用来认识古籍内容的有利工具。

鲁迅在《小说旧闻钞》中举出了对于李志常《西游记》和吴承恩《西游记》的混淆。兹试依旧提要（参看四库未收书提要）改写如下。

《西游记》二卷，元李志常撰，是李志常记载他的老师长春真人邱处机到西域雪山拜见成吉思汉的旅行记。书中提供了有关十三世纪初我国西北地理、历史、政治、风俗的丰富资料。

《西游记》一百回，明代吴承恩撰。这是讲述唐代高僧玄奘到印度取经的历史神话故事，借以反映并讥讽明代封建社会生活现实的古典小说。

这就是用解题的方法来揭示图书内容，使我们分辨出两本《西游记》的不同。但就只这点是很不够的，还必须了解图书的作者、中心思想、创作时间、对读者的作用等有关资料，另外还有书评、摘要等。书评，是在更为详尽的程度上从内容和对实践的意义等方面对一书的评论与介绍；摘要，是扼要的指出图书或论文的内容，有时可作比较详尽摘要。

总之，著录、解题、提要、摘要、书评等都是揭示图书的，是目录学的内容，对图书起着提示和向导的作用。它可以使我们因类以求书，因书以究学。因为目录学是研究图书目录如何分类的辨章学术、考镜源流的学问，它把书分别部居，分成类。你要研究某一学问，便可找同类的书，它可以告诉你一代之学术，或一派一书的宗旨、流派和存在的问题，帮助我们了解这门科学的过去、现状和发展趋势。即使某一书已经失传了，根据目录，也可知道其书属于何家，其学属于何派，古今学术的发展变化，作者的得失，作为读者阅读之参考。不能把目录学理解成单纯的目录记载和目录索引，它是提示图书有关资料的纂辑，这是我国目录学的可贵之处，它是整理或宣传某些个人、集体或整个民族对民族文化所作的贡献，这是一门有实际意义的学科。

二、我国目录学发展的概况

我国目录学的产生是在积累、保存了一定数量的历史文献和图书之后。在奴隶制社会，史官们把记录当时政治经济和文化的图书和文献都集中保藏，为了检查和使用上的方便，他们进行了编排，使之有一定的次序和相对应的数码，并且另外编成单据，这就产生了简单的著录图书文献的目录。这种情况产生在商代，商代的巫史是有文化的人，而且参加政治活动，掌管占卜和文献记录等工作，这个时期可以称为我国目录学的胚胎时期。

从殷墟发掘的实物看，出土的每一个穴窖里甲骨都有一定的年代，经常是以一个帝王在位的是时期为断限，也有极少数包括几个帝王在位时期的混合穴窖。一个穴窖内骨管的入藏陈列和使用都有一定的方法和手续，甲骨上刻有"入""示"字样和一些数码，这就是收藏者所做的记号，而这些记号又与另外的简单单据或目录相适应，表示目录参考工作的实际意义。可以认为这是目录工作的起源。

社会在不断前进，在甲骨书契外又发明了简牍，给图书文献创造了更有利的物质条件。同时也给史官与巫卜的分工创造了条件，给图书文献与贞卜文字的分藏创造了新的发展方向。这时候，把一些在简牍上的重要历史文献放在金匮里，和钟鼎祭器同藏在宗庙或史官的官府。由史管专管，这是文化发展的必然趋势。

《尚书·多士篇》说："惟尔知，惟殷先人，有册有典，殷革夏命"。这是周公向殷商贵族说的话，叫他们服从周王朝的统治。意思是：你们要知道，殷商的先世有册书典籍记载，殷商革夏代的命。这是用简牍写的，是周灭商时从史官的手里得来的。《尚书·金縢篇》是周公写的一篇祝辞，周武王有病，当时周政权还不够巩固，周公认为不能没有周武王，他要以自身代替周武王去死。宣读以后,把简收藏在金匮里面,用绳捆起来。丹书铁契,金匮石室,藏之宗庙。可见殷周时代,一般重要历史文献和图书都是用简牍写的,并且保存在宗庙或史官的官府里,但占卜方面仍然是用甲骨的。

《周礼·春官·大宗伯》的属官有大史、小史、内史、外史、御史,都是掌握文化典籍的,确实是"学术在官"。一般人没有学习机会,贵族要学习必须到史官那里去学。到春秋时代,社会经济的发展,文化典籍的积累和保藏就更加丰富了。《左传·昭公十五年》记载周襄王问籍谈的话:"且昔而高祖孙伯黡司晋之典籍,以为大政,故曰籍氏。及辛有之二子董之,晋子是乎有董史,女,司典之后也,何故忘之?"这段话是周王责问籍谈这个人,说:你(指籍谈)的祖先孙伯黡曾管理晋国的书籍,所以你姓籍。以后辛有的两个儿子又继续管理。于是晋国才有董史这个人,你是管理书籍官吏的后代,为什么忘了自己先人呢?《左传》里还有一段记载,鲁哀公"三年夏五月辛卯,司铎火。火瑜公宫,桓僖灾,救火者皆曰:'顾府'。南宫敬叔至,命周人出御书……子服景伯至,命宰人出礼书……季恒子至,命藏象魏,曰:'旧章不可亡也'"。古人藏书的地方称为盟府或故府。鲁公宫室着了火,救火者一致去抢救书库。三个大夫。其中两个大夫命令抢救深藏内的典籍——御书、礼书;一个大夫命令抢救象魏,这是公布于府外的法令。三个大夫权衡轻重,各有所取,可见平日藏书已经分类了。

图书得到了分类,目录也得到了发展。周王室和东方的几个较大的诸侯王国都保存了许多图书文献,其中尤其鲁太史所藏的最为丰富。战国时产生了"士"和"儒"的阶层,孔子是新兴"士"阶层中的一位杰出人物,他采集了鲁国和周宋等国保存下来的图书文献,在授徒讲学的过程中,删取了其中有用的部分,作为学生的读本。孔子在删取、编定和解释六经的时候,创造性地推动了目录学的发展。他在删定和讲授过程中,提出了他自己的意见和解释,由他和他的弟子们给一经(如易经)或一经中的备篇(如尚书、诗经)做出了必要的说明,这就是后世所说的大序和小序,这种大序和小序对读者具有指导性的意义。六经经过这样的整理和修订,在鲁国和其他诸侯王国就成为公用的读本。孔门弟子又继续传授、修订、补充,更多地发挥了大序和小序的作用,逐渐形成了儒家学派。

代表其他阶层或集团思想利益的学子也提出了自己的观点和学说,和儒家及他家互相敌对,或互相论战,这就出现了诸子百家争鸣的新时代。诸子百家争鸣的一个突出特点,即是他们不但阐述古代图书文献,而且还有自己论点来着书立说。这在我国学术思想史上称为私人和宣传自己的图书。由此可见,无论大序、小序和诸子自序,都是在学术论争中以宣传图书为目的而发展起来的,是我国古代目录学形成过程中的重要发展阶段。

六经中《易经》的序卦,是说明六十四卦的排列次序和内在联系的叙录;《书经》和《诗经》的小序是说明各篇"作意"的叙录,是用极简明的文字对每个历史文件、每首诗歌的内容、背景和作意进行揭示,作为阅读的指导,同时也宣传了自家学派的主张。这就是目录的主要作用之一。

举几个例子说明。如"金縢篇",书序说:"武王有疾。周公作金縢",这就揭示了这篇文章的历史背景和作意了。

诗言志和文告文件不同，所以诗经的序不但要说明社会时代背景，更重要的是说出作者的意志。诗经中的颂和雅的一部分，本来就是贵族所作和所用，诗的作者和诗序的作者本来都是站在同一立场上，作者的意志则容易为诗序所揭示出。可是风诗和雅诗的另一部分多是劳动人民的作品，诗歌的作者和诗序作者是站在两种不同的阶级立场上，诗序的作者为了剥削阶级的利益，就不能照实写，不能无限地揭示出作意，于是就得歪曲。

如《诗经·豳风·七月》本是写奴隶对奴隶主残酷剥削的愤恨和控诉，奴隶全家老小，在一年中从春到冬，从田野到庭院，日日夜夜给奴隶主服役，劳动果实完全被劫夺一空，自己过着衣食不得饱暖的生活。作者以极其沉痛的笔触揭露了这种剥削事实，但诗序作者却说："《七月》，陈王业也。周公遭变。故陈后稷先公风化之所由。致王业之艰难也"。这段话是说，七月是陈述周王业的诗，周公遇到了政治动乱，所以才陈述周代祖先后稷教化的方式，表示周王创立国家大业的艰难困苦。这段解释与原诗的具体内容是不吻合的，是外加的颠倒，把奴隶的控诉说成是周公的回忆；把奴隶的艰苦劳动说成是奴隶主的王业；把"刺"说成"美"。这完全是有意地歪曲。这是诗序所起的坏作用。

再如《硕鼠》与《伐檀》两诗，被剥削者所发出的愤怒已经到了不可遏止的地步了，诗序的作者也无法否认这些盘剥的事实，但他仍然转弯抹角的进行歪曲，替剥削者开脱罪责。《伐檀》诗序说："伐檀，刺贪也。在位贪鄙无功而受禄。君子不得进仕尔。"这句话承认了有些"在位"者是贪鄙的，是无功受禄的，但他把这原因归结为"君子"不能够"进仕"，如果君子能够"进仕"，即在位，这种贪鄙就会不存在了，这纯属谎言。历史已经说明任何奴隶主或封建主都是贪得无厌的，根本无例外。诗序作者只是想用这番话来解释阶级仇恨而已。

上述例证可以说明，在阶级社会里，目录还在滋长形成的时期，它的阶级性已经这样鲜明了。我们应该正确认识它、使用它，要认清它站在什么立场上来揭示图书。

诸子著书自序是在大序、小序的基础上发展起来的，他们总是从自己立场和观点出发来宣传自己的著作，因而自序也就成为书籍不可缺少的组成部分了。古书多散佚，现存最早的一篇自序——公元前3世纪（239年）《吕氏春秋》的"序意"篇已残缺，仅存自述他撰写"十二纪"的作意的一节，后面还有一段错简，可是介绍自己的作意还是很清楚的。

最早最完整的一篇自序则是公元二世纪末年《淮南子》的"要略"，这篇自序题为"淮南鸿烈要略"，它吸取了过去著书作序和校书叙录的许多优点，是很典型的一篇。全篇分为五个大段：第一大段是总序，相当于诗的大序，很简要；第二大段是全书二十篇的目录解题，相当于诗经的小序；第三段说明篇次的排列关系，是仿易经的"序卦"而作的；第四、五大段是这篇自序的重点，加强对自己作意的说明，指出各种学说都是一定历史时期的产物，不可能全面客观，而自己的《淮南鸿烈要略》则是全面的、客观的、不论什么时候都是有用的。《淮南鸿烈要略》的编写技术和宣传作用是提高了，但具有言过其实、自夸自大的毛病。

司马迁的《太史公自序》和班固的《汉书叙传》都是很好的自序。司马迁对于被压迫的人民和农民领袖，以及排难解纷的游侠，都给予最大的同情和肯定；而且在自序里写出自己的观点和作意。如他在《陈涉世家》自序里说："桀纣失道而汤武作，周失道而春秋作。秦失其政而陈涉发迹，诸侯作难，风起云蒸，卒亡秦族。天下之端自涉发难。作陈涉世家第十八"。司马迁把陈涉的历史地位和功绩与商、周武王、孔夫子并列，是由于他认为推翻暴秦即另开了"天下之端"，说明了他为什么为陈涉作世家而不入列传的理由。这种进步的观点是封建史学家所不具备的。

我国古代的图书目录，从孔子校书的大序、小序，经过战国秦汉诸子百家著书的目序，到刘向的校书叙录，是我国古代目录中提要或解题。从发生发展到形成的整个过程，那些大、小序和自序在当时实际上也起着提要目录的作用。

三、系统目录的建成

《七略》的编著

在公元前第一世纪末年系统目录建成，即是刘向、刘歆父子的《七略》，这是我国目录学史上的一件大事。古代书籍多以单篇的形式流传，风、雅、颂都是单独流传的。一般说是无定本、无全本的，如史记所记，秦王所看见的韩非子是："孤愤""五蠹"两篇；司马迁所读的管子是"牧民""山高""乘马""轻重""九府"等篇。有的序也是单行的，据说书序和诗序是孔安国的毛公把它附入每篇之首的，才变成了篇章的解题。《七略》和《别录》就是群书的共同目录，"七略"是具有系统的、严密的学术思想体系的目录书，建成以后，它不但推进当时学术思想的发展，而且对于我国图书目录事业在整个封建社会时期起着典范的作用。

汉初七十年间，统治者采取了"与民休息"的政策，农业得到发展，图书和文化教育事业获得了恢复。汉武帝时，农业和手工业都发展了，国家的政治、经济、军事都出现繁荣兴盛的景象，文化教育事业也随之发展。汉武帝采用了"罢黜百家，表章六经"和"定儒学于一尊"的政策，在太学中设置五经博士，规定今文经为讲本。汉武帝在制定文化政策的时候，就有"书缺简脱，礼坏乐崩"的慨叹，于是"建藏书之策，置写书之官"，把经书、诸子书"皆充秘府"，后又"广开献书之路"，在全国范围内征访遗书。可是在武帝统治时期，由于军事上的需要，只编出一部"兵录"，没有做出对全部藏书的整理与编目工作，系统目录并未建成。

昭、宣、元、成四皇帝统治时期（前86—7年），昭帝大力发展农业，宣帝儒法并用，文化教育在元、成二帝时期出现了繁盛景象，河平三年（前26年）建立了国家图书馆。《七略》中说："武帝广开献书之路，百年之间，书积如丘山。故外有太常、太史、博士之藏，内有延阁、广内、秘室之府"。从公孔弘做丞相广开献书之路，到前26年建设国家图书馆的时候，正好一百年，图家收藏图书竟如"丘山"，有的藏在文化机关部门里，如"太常、太史、博士之藏"；有的藏在皇帝宫廷里，如"延阁、广内、秘密之府"，这样的分散收藏，又没有统一的目录，不能适应日益发展的文化教育上的需求，也不能表现出一代文化典籍之盛，这自然是一个缺欠。所以，到了前26年，汉成帝一方面使陈农广泛"求遗书于天下"，一方面任命刘向领导校书编目工作，建成一个中央政府图书馆，并编出一套系统的藏书目录。

刘向是汉宗室贵族，二十岁做谏大夫，他和萧望之、周堪联合一起反对宦官的外戚专权，经过二十五年的斗争，终于失败，归家闲居。在八年闲居中，读了更多的书，精通今文经学、谷梁学和阴阳五行学说。在河平三年他领导校书编目的工作，这是他的主要贡献。他的校书思想在当时情况下是进步的。今文经学是汉王朝的正统学派。自汉武帝以来，今文博士都一致排斥古文经学。刘向在校书编目工作中，正面表扬了古文经学的优点，刘歆还向上级请求立古文经学博士。刘向肯定了诸子十家的重要意义，认为都是"六经之支与流裔"，学习它"可通万方之略"，把诸子放在仅次于六经的地位。皇帝叫刘向"领校中五经秘书"，即宫廷内的经书，他不但校了中书，还利用了外书和私人藏书，这就使他所校的新本达到了很高的水平，对于当时的学术思想和后世的图书目录事业都有很大的影响。

《汉书艺文志》记载："使谒者陈农求遗书于天下。诏光禄大夫刘向校经传诸子诗赋。步兵校尉任宏校兵书，太史令尹咸校数术。侍医李柱国校方技。每一书已，向辄条其篇目，撮其指意，录而奏之"。显然是按照图书的内容和性质分成四个校书组，由刘向、任宏、尹咸、李柱国各管一个组，并由刘向总其成。刘向死后，由刘歆继续完成这项工作。

刘向校书的步骤是先校勘定本，须后缮写清本，最后编撰叙录。"撮其指意，录而奏之"，录，就是叙录，用以提示图书内容。编撰叙录是属于目录范围以内的工作，而且是目录学中非常重要的工作。

编撰的叙录内容，有三部分：
① 新校本的篇目（目录）；
② 记述校订过程，包括所依据的各种书本。书本的一般情况，如来源、篇数、文句差谬脱误等情况；
③ 概念大意。包括著作者事迹、时代背景、辨别真伪和评述等。

刘向的叙录是吸取了孔子校书的大序小序，秦汉诸子著书的自序的优点，又结合当时校书编书的具体情况和读者的需要创作出来的。这就产生了目录学上的评价图书的叙录体，这种叙录体，今天称为解题、提要、评述、出版说明，等等。两千多年来，成为评价图书、宣传图书和指导读者的重要武器。

《别录》是刘向校书时所编辑的叙录全文的汇编本，有二十卷之多，唐代散亡了，现有洪颐煊、严可均、马国翰、顾观光、姚振宗五家的辑本。别录，意思是把新校本上的叙录另抄一份汇编起来。

刘向校书经过二十年的时间，把书籍分成六艺、诸子、诗赋、兵书、数术、方技六大类都校订了新本，编撰了叙录。刘向死后，大约在公元前6~5年间。刘歆用不到两年的时间便完成了《七略》，建成了我国第一部系统目录。七略完成以后也把叙录编订成本，叫做

《七略别录》，刘歆的工作是在刘向的基础上完成的。

《汉书·刘歆传》说："歆乃集六艺群书，种别为七略"。大类叫"略"，小类叫"种"。《七略》共著录图书38种，603家，13219卷。另有"辑略"一篇，是全书的叙录，说明每个大类和小类的内容和意义。每书下都有简单说明，是节录原书叙录的内容而成的。这就是我国第一部系统分类提要目录的主要形式和内容，标志着我国较高的学术水平。

六类三十八种分类表如下：

（一）六艺略

1 易　　2 书　　3 诗　　4 礼　　5 乐　　6 春秋　　7 论语　　8 孝经
9 小学

（二）诸子略

1 儒　　2 道　　3 阴阳　　4 法　　5 名　　6 墨　　7 纵横　　8 杂
9 农　　10 小说

（三）诗赋略

1 屈原赋之属　　2 陆贾赋之属　　3 孙卿赋之属　　4 杂赋　　5 歌诗

（四）兵书略

1 兵权谋　　2 兵形势　　3 兵阴阳　　4 兵技巧

（五）数术略

1 天文　　2 历谱　　3 五行　　4 蓍龟　　5 杂占　　6 形法

（六）方技略

1 医经　　2 经方　　3 房中　　4 神仙

这样的分类基本上是科学的，从中也反映了刘向的学术思想。

对六经来说，他把《易》看做是五经的根源，又把五经看成是"五常之道"的代表，仁义礼智信的代表，它们的作用是相须而备的，把易经作为五经的根源，因为它是专讲变化之道的。乾坤在变化，五经也随着变化而起不同的作用。他认为乾坤的变化是按照五行周而复始地起作用，这一经作用不大了，就有循环圈里的另一经来备用。刘向的六经分类系统就是按照循环的历史观建成的，这种历史观虽是形而上学的，他比董仲舒的"天下变、道亦不变"的世界观进步多了。

六艺略以六经为首，诸子以儒家为首，这体现着汉武帝尊崇六经、定儒学于一尊的思想。但他把诸子列为一大类，又在小类中把九家与儒家同等并列，并给诸子百家的学术思想以很高的评价，"其言虽殊，辟犹水火，相灭亦相生也"。诸子对于六经是"相反而皆相成也"，这是辩证的观点，是正确的。又说："今异家（诸子百家）者，备推所长。穷知究虑。以明其指，虽有蔽短。合其要归，亦六经之支与流裔"。把诸子百家的学说看成是六经的流裔。这在罢黜百年的文化专制思想下，确是极大胆的论断。但在诗赋略和诸子略的小说家的评述中，总是带着轻薄和污蔑的口吻，称那些作品的作者是"刍荛狂夫"，是"闾里小智者"，这是他的阶级局限性，也是《七略》的局限。

《七略》在目录学上的成就和影响：

（1）严密的编制目录的方法和形成。它不但有系统著录，而且还评论古代的重要文化典籍，为后代建目录起到典范作用。

（2）有广泛的参考价值。东汉初年几个以博学著称的学者，如班固、王充都是善于利用七略的人，开拓了读书人的眼界。大学者再博览古今，畅通大义，即使书不能见到，凭借目录"虽不尽见，指趣可知"，同样能提高学术水平。

（3）对图的流通起积极作用。刘向校定的新本，又把叙录抄附在新本上，对宣传图书、指导阅读都具有重要意义。

（4）在学术思想史上的影响。董仲舒创立的阴阳五行化的今文经学说到刘向的时候，更流于空虚、荒诞和穿凿了。古代经不断地在民间传授。他们把古文经的优点作了宣扬，并提出为春秋左氏传、毛诗、周礼和古文尚书立博士的请求，经过辩论迫使博士们缩减了他们的章句，而古文经逐渐在民间和读书人中间流传开来。

今文经学本来就是用迷信的唯心的思想，借着经文去附会政治的，东汉光武帝好谶纬。今文经学又与谶纬合流起来。古文经学家都不信谶纬，又能根据朴素的训诂说经，虽说和今文经学都是封建统治阶级服务的，而在当时古文经学是进步的，《七略》和《七略别录》在今古经学斗争中，站在了进步的方面，在我国学术思想史上起了进步作用。

东汉初年著名学者如桓谭、王充、班固、贾逵都是古文经学的大师。今文博士盘踞仕进的路途，但无法阻止古文经的传播。古文经一再传授，到了马列融和郑玄手里，达到了成熟的时代。郑玄遍注古文经，从此古文经压倒了今文经。郑学的形成和胜利，标志着对于解释经典著作的进一步提高，对于魏晋以后整个封建社会时期的经学传授有着极其巨大的关系和影响，郑学的形成接受了《七略》的直接影响。

（5）对于正史艺文志的影响。班固作《汉书》把《七略》节编成艺志，以纪西汉一代藏书之盛，从此开辟历代封建王朝编辑正史艺文志的方法与方式，这样的作法是班固所创造的。《七略》的原本在《隋书经籍志》里著录为七卷，唐代便散亡了。今有洪颐煊等五家辑本本，但都不够好。《七略》的基本内容保存在《汉文艺文志》里面，这是班固的功绩。

总之，《七略》总结并采用了我国古代图书目录工作的一切优良方法和经验，系统地著录了西汉末年（前一世纪末年）以前的重要文化典籍，它的成就和影响都是巨大的。范文澜同志在《中国通史简编》第二编125页中说："西汉后勤，继司马迁而起的大博学家用刘向刘歆父子，做了一个对古代文化有巨大贡献的事业，就是刘向创始，刘歆完成的《七略》"。并指出这是中国目录学上的辉煌成就。

四、史志目录的创立

1. 《汉书·艺文志》的成书过程

公元62—82年间，班固在兰台东观校书编目的同时，修成了西汉一代的断代史《汉书》

100卷。他在校书编目的实际工作中，认识了图书目录的重要意义。当他修改《史记八节》为《汉书十志》的时候，根据《七略》编成了《艺文志》，作为汉书的十志之一，以纪西汉一代藏书之盛。这是他从目录工作和历史编纂工作的丰富经验中体会出来的一种卓见，开辟了目录中艺文志这一种类型，并揭示了艺文志的作法和意义。到今天，《汉书艺文志》已成为我国目录学中一部最古的经典著作，1800多年来，所起的历史影响和参考作用是极其巨大的。

班固字孟坚，生于公元32年（汉光武建武八年），卒于公元92年（和帝永元四年），扶风安陵人（今陕西咸阳），他是继司马迁之后一位杰出的历史学家，故后代说史书必举史汉，论史才并提班固。父亲班彪是光武时望都长史，是位修史的官；弟班超是历史上出名的人物；妹班昭是我国第一个有著述的女历史学家，班固就出生在这样"家有赐书，内足于财"的有家学渊源的世间。班彪感到司马迁的《史记》写在汉武帝时便终止了，他要继续写完西汉一代的历史，作后传65篇，没有完成便死了。班固凭借他父亲已有的材料，参考其他书籍加以补充和整理，上起汉高祖刘邦元年（前2006），终于王莽地皇四年（公元23年），共330年的历史，由十二本纪、八表、十志、七十列传四部分组成。其中《八表》和《天文志》未及写成便死去了，后来由班昭和马续替他补写完成。

《后汉书·儒林传序》说："光武迁都洛阳，其经牒秘书。载之二千余辆。自此以后，参倍于前"。这说明东汉时刘秀把西汉政府图书馆由长安搬到洛阳了，书籍都藏到兰台，而把东汉建都后（公元76—88年）新收得的继续收藏和整理，书籍数目达到了西汉的三倍。班固是参加这一次书籍整理最早而又最久的一个，另外还有贾逵、傅毅这些当代著名的古文经学家参加。

兰台藏书是西汉的旧藏。有七略的目录使用；东观和仁寿阁藏书都是新书，校理之后，按照七略的分类体系各自编出了新的藏书目录，即《东观新记》和《仁寿阁新记》两部目录。校书地点最初在兰台，明帝时转移到东观，及仁寿阁。从此以后，东观成了全国最高学府。

东汉一代古文经学是进步的学派，东观是古文经学大师会聚的地方，但东观的编目工作仍然是以校理博士们所讲的今文经本为主。公元79年在汉章帝的亲自主持下，大会诸儒于白虎观讲论五经的异同，这次开会的目的，实际上是扶植今天经学，总结今文经学，但却叫古文经学家班固作这次会议总结，撰写成《白虎通义》。由此可以说明班固在当时学术界的影响和他的学术思想倾向。

2. 《汉书·艺文志》的体例和内容

班固自称他们根据七略改编艺文志，是"删其要、以备篇籍"。现描述他删取方法如下：

（1）把《七略》的六略三十八种的分类体系和各类中所著录的书籍，基本上按照原来的情况保存下来，不加变动；而在凡有删改、移易、补充的地方，都在自注中加以说明。

（2）把辑略内的大序和小序，散附在六略和三十八种书的后边。

（3）把七略中对于图书的简要说明（提要），必须时节取来作为艺文志的自注。节取时，对原来文句做了一些修改和补充，有些自注还采用了一些其他方面的资料。如春秋类，夹氏传十一卷的自注说"有录无书"，这可能是班固检查兰台藏民所收时得出的结论。《隋书经籍志》春秋类小序说"王莽之乱，邹氏无师夹氏亡"，说明刘向、刘歆编目时是有这部分的。

（4）增入了七略完成以后，刘向、扬雄、杜林三家在西汉末年所完成的著作。

（5）凡《七略》内，班固认为著录重复、分类不妥的地方，都做了适当的合并或改移。凡从某类提出的，在总数下注明"出"若干家，若干篇；凡由于重复而省去的，都注明"省"若干家，若干篇；凡增入或移入的，都注明"入"若干家、若干篇。这样即修正了七略的内容，又保存了七略的本来面目。

（6）艺文志各个大类和小类里面的家数、卷数往往与总数不合，由于我们不十分明确它计算家数的规律，数目字又往往有误，有些地方是没法解决了。

《汉书·艺文志》同样把六经列在省略之首，在诸子略中也把儒家文放在首位，这仍然是定儒学于一尊的精神。

在介绍经学源流时，首先是序言，即总序：

"昔仲尼没而微言绝。七十子丧而大义乖。故春秋分为五，诗分为四，易有数家之传。战国从衡、真伪分争，诸子之言，纷然淆乱。至秦患之，乃燔灭文章，以愚黔首。汉兴，改秦之败，大收篇籍，广开献书之路。迄孝武世，书缺简脱，礼坏乐崩，圣上喟然而称曰，'朕甚闵焉'！于是建藏书之策，置写书之官，下及诸子传说，皆充秘府。至成帝时，以书颇散亡。使谒者陈农求遗书于天下。诏光禄大夫刘向校经传、诸子、诗赋，步兵校尉任宏校兵书。太史令尹咸校数术，侍医李柱国校方技。每一书已，向辄条其篇目，撮其指意，录而奏之。会向卒，哀帝复使向子侍中奉车都尉歆卒父业，歆于是总群书而奏其七略，故有辑略，有六艺略，有诸子略，有诗赋略，有兵书略，有数术略，有方技略。今年内册子其要，以备篇籍"。

上面这段文字是《汉书艺文志》的总叙，论述校书的纲要，接着是分类著录。首先标志六艺略，在六艺略下面分小类，在小类中把易经放在首位来著录。

《易经》著录如下：

易经十二篇。施、孟、梁丘三家。

易传周氏二篇。字王孙也。

服氏二篇。

杨钜二篇。名何，字叔元，菑川人。

蔡公二篇。卫人。事周王孙。

韩氏二篇。名婴。

王氏二篇，名同。

丁氏八篇。名宽，字子襄，梁人也。

古五子十八篇。自甲子至壬子。说易阴阳。

淮南道训二篇。淮南王安聘明易者九人，号九师法。

古杂八十篇。杂灾异三十五篇，神输五篇，图一。

第四章 古籍的分类

孟氏京房十一篇。灾异孟氏京房六十六篇，五鹿充宗略说三篇。

京氏段嘉十二篇。

章句施、孟、梁丘氏各二篇。

凡易十三家。二百九十四篇。

在著录家数篇数之后，有个小序，来说明易经的源流。如："易曰：'宓戏氏仰观象于天。府观法于地，观鸟兽之文，与地之宜，近取诸身，远取诸物，于是始作八卦，以通神明之德，以类万物之情'。至于殷、周之际，纣在上位，逆天暴物，文王以诸侯顺命而行道，天人之占可得而效，于是重易六爻。作上下篇。孔氏为之彖、象、系辞、文言、序卦之属十篇。故曰易道深矣，人更三圣，世历三古。及秦燔书，而易为筮卜之事，传者不绝。汉兴，田河传之。讫于宣、元，有施、孟、梁丘、京氏列于学官，而民间有费、高二家之说，刘向以中古文易经校施、孟、梁丘经，或脱去无咎、悔亡，唯费氏经与古文同"。

上段文字介绍易经的成书与立学官的情形，使我们了解了易经的源流。

《书经》著录如下：

尚书古文经四十六卷。为五十七篇。

经二十九卷，大、小夏侯二家。欧阳经三十二卷。

传四十一篇。

欧阳章句三十一卷。

大、小夏侯章句各二十九卷。

大、小夏侯解故二十九篇

欧阳说义二篇。

刘向五行传记十一卷。

许商五行传说一篇。

周书七十一篇。周史记。

议奏四十二篇。宣帝时石渠论。

凡书九家，四百一十二篇。入刘向稽疑一篇。

上面各条著录总的篇数是四百一十二篇。另外"入刘向稽疑一篇"这句话是班固补充的。可见班固对《七略》有所增补用一个"入"字表示出来。

接着著录的是《书经》的小序：

"易曰：'河出图，洛出书，圣人则之'。故书之所起远矣，至孔子纂焉，不断于尧，下讫于秦，凡百篇，而为之序，言其作意，秦燔书禁学，济南伏生独壁藏之。汉兴，亡失，求得二十九篇，以教齐鲁之间。讫孝宣世，有欧阳，大小夏侯氏，立于学官。古文尚书者，出孔子壁中。武帝末，鲁共王坏孔子宅，欲以广其官。而得古文尚书及礼记、论语、孝经凡数十篇，皆古字也。共王往入其宅，闻鼓琴瑟钟磬之音，于是俱，乃止不坏。孔安国者，孔子后也。悉得其书，以考二十九篇，得多十六篇。安国献之，遭巫蛊事，未列于学官。刘向以中古文校欧阳、大小夏侯三家经文，酒诰脱简一，召诰脱简二。率简二十五字者，脱亦二十五字；简二十二字者，脱亦二十二字，文字异者七百有余，脱字数十。书者，古之号令，号令于众，其言不立具，则听受施行者弗晓。古文读应尔雅，故解古今语可知也"。

上述这段文是尚民收的序言，有加以说明的必要。从汉代开始的古今文经之争论，首先开端于尚书，因为尚书有古今文的区别，有篇数的问题，真伪的问题。从艺文志序看，是孔子编订的，原书有一百篇，它有内容包括自帝尧至于秦缪公这几个时代的史料。司马迁在《史记儒林传》中说："秦时焚书，伏生壁藏之。其后兵大起、流亡。汉定，伏生求其书，亡数十篇，独得二十九篇，即以教于齐鲁之间"。伏生得的二十九篇是用隶书写的，故而称它为今文尚书。艺文志中提的出于孔子壁的尚书为古文尚书，是蝌蚪文。孔氏古文尚书亡于魏晋之间。东晋元帝时，有豫章内史梅颐 向皇帝进奉古文尚书五十八篇，（内有今文三十篇），并有伪造的孔安国《尚书传》，后人称它们为《伪古文尚书》及《伪孔传》。梅颐的尚书通行至清，阎若璩在他的《古文尚书？证》中考订，有128条是伪造。至于伪造的过程和原因可以参考张心澄编著的《伪书通考》（商务印书馆出版）。

《诗经》的著录如下：

诗经二八卷，鲁、齐、韩三家。

鲁故二十五卷。

鲁说二十八卷。

齐后氏故二十七卷。

齐孙氏故二十七卷。

齐后氏传三十九卷。

齐孙氏传二十八卷。

齐杂记十八卷。

韩故三十六卷。

韩内传四卷。

韩外传六卷。

韩说四十一卷。

毛诗二十九卷。

毛诗故训传三十卷。

凡诗六家，四百一十六卷。

著录后面的序说：

"书曰：'诗言志，歌咏言'。故哀乐之心感，而歌咏之声发。诵其言谓之诗，咏其声谓之歌。故古有采诗之官，王者所以观风俗，知得失，自考正也。孔子纯取周诗，上采殷、下取鲁，凡三百五篇，遭秦而全者，以其讽诵，不独在竹帛故也。汉兴，鲁申公为诗训故，而齐辕固、燕韩生皆为之传。或取春秋，采杂说，咸非其本义。与不得已，鲁最为近之。三家皆列于学官。又有毛公之学，自谓子夏所传而河间献王好之，未得立。"

上述的著录和小序说出了诗经的源流。鲁诗西晋时已失传；齐诗魏代失传；韩诗多断章取义，割裂诗句，为自己的论文作注脚，到宋代已大部失传，只有韩诗外传流传至今。齐鲁韩三家诗在东汉后逐渐衰落，代之而兴的是毛诗。陆玑说："孔子删诗授卜商，商为之序。以授鲁人曾申，申授魏人李克。克授鲁人孟仲子，仲子授根牟子，根牟子授赵人荀卿，荀卿授鲁国毛亨。亨作《诂训传》以授赵国毛苌，时人谓亨为大毛公，苌为小毛公。以其所传，故名其诗曰《毛诗》。苌为河间献王博士，授同国贯长卿。长卿授阿武令解延年，延年授徐敖。敖授九江陈侠，为王莽讲学大夫。由是言毛诗者，本之徐敖。时九江谢曼卿亦善毛诗，乃为其训。东海卫宏从曼卿受学。因作毛诗序，善得风雅之旨。世祖以为议郎。时济南徐巡师事宏，后更从林学亦以儒显。其后郑众贾逵传毛诗，马融作毛诗传，郑玄作毛诗笺"然鲁齐韩诗三氏皆立博士，惟毛诗不立博士耳。"《毛诗草木鸟兽虫鱼疏》说清了毛诗承传的关系。但诗序的作者还有不同的议论。郑玄说："大序是子夏作，小序是子夏、毛公合作。卜商意有不尽，毛公更足成之。"（经典释文引诗谱序）程颐说："诗大序，孔子所为，其文似系辞，其义非子夏所能言也。"又说："分明是圣人作此以教学者。"他认为是孔子作大序。《隋书经籍志》说："先儒相承谓毛诗序子夏所创，毛公及卫敬仲又加润益。"是子夏作、毛公卫宏润色的。总之，这是几种说法，但重要的是我们应该明白诗序是儒家学派以他们的观点来提示诗经主旨的。

　　齐鲁韩三家立于学官为今文诗；毛诗未立于学官为古文诗。

　　对《春秋》的著录如下：

　　春秋古经十二篇。

　　经十一卷。公羊、俗梁二家。

　　左氏传三十卷。左丘明，鲁太史。

　　公羊传十一卷。谷梁子，鲁人。

　　邹氏传十一卷。

　　夹氏传十一卷。有录无书。

　　左氏微二篇。

　　铎氏微三篇。楚太傅铎椒也。

　　张氏微十篇。

　　虞氏微传二篇，赵相虞卿。

　　公羊外传五十篇。

　　谷梁外传二十篇。

　　公羊章句三十八篇。

　　谷梁章句三十三篇。

　　公羊杂记八十三篇。

　　公羊颜氏记十一篇。

　　公羊董仲舒治狱十六篇。

　　议奏三十九篇。石渠论。

国语二十一篇，左丘明著。

新国语五十四篇。刘向分国语。

世本十五篇。古史官记黄帝以来讫春秋时诸侯大夫。

战国策二十三篇，记春秋后。

奏事二十篇。秦时大臣奏事及刻石名山文也。

楚汉春秋九篇。陆贾所记。

太史公百三十篇。十篇有录无书。

冯商所续太史公七篇。

太古以来年纪二篇。

汉著记百九十卷。

汉大年纪五篇。

凡春秋二十三家，九百四十八篇，省太史公四篇。

古之王者，世有史官，君举必书。所以慎言行，昭法式也。左史记言，右史记事；事为春秋，言为尚书，帝王靡不同之。周室既微，载籍残缺。仲尼思存前圣之业。乃称曰：'夏礼吾能言之，杞不足征也，殷礼吾能言之，宋不足征也；文献不足故也。足则吾能征之矣'。以鲁周公之国，礼文备物，史官有法，故与左丘明观其史记，据行事，仍人道，因兴以立功，就败以成罚。假日用以定历数，藉朝聘以正礼乐。有所褒讳贬损，不可书见。口授弟子，弟子退而异言。丘明恐弟子各安其意，以失其真，故论本事而作传。明夫子不以空言说经也。春秋所贬损大人，当世君臣，有威权势力，其事实皆形于传。是以隐其书而不宣，所以免时难也，及末世，口说流行，故有公羊、谷梁、邹、夹之传。四家之中，公羊、谷梁立于学官，邹氏无师。夹氏未有书。"

春秋本是周代史书的通称。在《墨子·明鬼篇》中就提到周之春秋，燕之春秋，齐之春秋等，指的是各国史书。鲁国的史书也叫春秋，等到孔子根据鲁国历史编修成一部春秋，春秋才变成专名，就是六经之一的春秋经。

孔子修春秋的目的《孟子滕文公下》有解释："世衰道微，邪说暴行又作，臣杀其君者有之，子杀其父者有之，孔子惧。作春秋"。孔子作春秋的用意是维护奴隶制的社会秩序。在记叙中隐寓褒贬。借以打击"乱臣贼子"的"犯上作乱"行为。即所谓"笔则笔。削则削"的春秋笔法。

春秋是我国最早的一部编年断代史，开创了编年体的先例。编年体的长处，就在于"记事者以事系日，以日系月，以月系时，以时系年，所以记远近。别同异也"（杜预《春秋经传集解序》，它能表现史实发展的时间关系。因为历史就是时间的科学，记事有了时间，一方面可以明了这一件事实发生的时代背景，另一方面也可看出同一时代与其他事实的相互关系。

春秋是以鲁史为主，分年纪事，上起鲁隐公元年，下至鲁哀公十四年，经历十二公，共记二百四十二年的史实。

春秋是经。文字简短隐晦，全书十二篇，只有一万七千字，公具纲目。不叙史实过程，后人的传注，才把经文的内容大义显示出来。刘知几在《史通六家》中说："孔子既著春秋，而丘明受经作传。盖传者转也，转受经旨，以授后人"。章学诚在《文史通义》中说："昔孔子之作春秋也，笔削既具，复以微言大义，口授其徒。三传之作，因得各据闻见，推阐经蕴，于是春秋以明"。可见传是解释经文经义的，也是叙述经文史实过程的。《左传》是与孔子同时代的左丘明作的，但左传也有与经文不符合的地方。经文止于鲁哀公十四年，传文却到哀公二十七年，多十三年。经传到此，时有阙文。有经而无传的计有二十六年之多。后人认为左传虽因春秋而作，但可以独立称为史书，故又叫做《左氏春秋》。

春秋五传，在汉朝还是单行的几本书。把春秋经文配合在《左传》文前面的是晋朝杜预，把经文配合在《公羊传》文前面的相传是唐朝徐彦，配合在《谷梁传》文前面的相传是晋朝范宁。春秋经解就没单行本了。《公羊传》据说是齐人公羊高或高的曾孙公羊寿所作；《谷梁传》据说是鲁人谷梁喜作的，谷梁氏又有嘉、赤、寘、俶等不同名字的说法。二传对春秋是以述义为主，史料价值不大。邹氏传、夹氏传在汉代就"有录无书"，有人认为是刘歆伪造，不必要去考校了。其后还有礼、乐、论语、小学的著录和小序，格式相同。在此不一一列举了。

六艺略最后还有总论，原文如下：

"凡六艺一百三家，三千一百二十三篇。入三家一百五十九篇。出重十一篇。

文艺之文，乐以和神，仁之表也，诗以正言，义之用也。礼以明体，明者著见，故无训也。书以广泛，知之术也。春秋以断事，信之符也。五者，盖五常之道，相须而备，而易为之原，故曰：'易不可见，则乾坤或几乎息矣'。言与天地为终始也。至于五学，世有变改，犹五行之更用事焉。古之学者耕且养，三年而通一艺，存其大体，玩经文而已，是故用日少而畜德多，三十而五经立也。后世经传既已乖离，博学者又不思多闻阙疑之义，而务碎义逃难，便辞巧说，破坏形体。说五字之文，至于二三万言。后进弥以驰逐，故幼童而守一艺，白首而后能言。安其所习，毁所不见，终以自蔽。此学者之大患也。序六艺为九种"。

这段总论既代表刘向的观点，也代表班固的著录观点。他们是从仁义礼智信五常观念出发的，无疑是为封建统治阶级的政治服务的。

《诸子略》列入了十家，虽以儒家为首表示重视之意，但把为时人所轻的小说家与儒家并列一起，不能说不是一个进步。除了对各家详尽著录外，在每一家后面都有简要的小序，表示作者的观点，很有参考价值，兹摘录于下。

儒家序："儒家者流，盖出于司徒之官，助人君顺阴阳，明教化者也。游文于六经之中，留意于仁义之际。祖述尧舜，宪章文武，宗师仲尼，以重其言，于道最为高。孔子曰：'如有所誉，其有所试。'唐虞之隆，殷周之盛，仲尼之业，已试之效者也。然惑者既失精微，而辟者又随时抑扬，违离道本，苟以哗众取宠。后进循之，是以五经乖析，儒学寖衰，此辟儒之患"。

道家序："道家者流，盖出于史官。历记成败，存亡，祸福，古今之道，然后知秉要执本，清虚以自守，卑弱以自持。此君人南面之术也。合于尧之克让，易之谦之，一谦而四益，此其所长也。及放者为之，则欲绝去礼学，兼弃仁义。曰：独任清虚。可以为治"。

阴阳家序："阴阳家者流，盖出于羲和之官，敬顺昊天，历象日月星辰。敬授民时，此其所长也。及拘者为之，则牵于禁忌，泥于小数，舍人事而任鬼神"。

法家序："法家者流，盖出于理官。信赏必罚。以辅礼制，易曰：'先王以明罚饰法'。此其所长也。及刻者为之，则无教化，去仁爱，专任刑法而欲以致治。至于残害至亲，伤恩薄厚。"

名家序："名家者流，盖出于礼官。古者名位不同，礼亦异数。孔子曰；'必也正名乎！名不正则言不顺，言不顺则事不成。'此其所长也。及訾者为之，则苟钩析乱而已"。

墨家序："墨家者流，盖出于清庙之守。茅屋采椽，是以贵俭。养三老五更，是以兼爱。选士大射，是以上贤。宗祀严父，是以右鬼。顺四时而行，是以非命。以孝视天下，是以上同。此其所长也。及蔽者为之，见俭之利，因以非礼，推兼爱之意，而不知别亲疏"。

纵横家序："纵横家者流。盖出于行人之官。孔子曰：'诵诗三百。使于四方。不能专对。虽多，亦奚以为？'又曰：'使乎。使乎？言其当权事制宜，受命而不受辞。此其所长也。及邪人为之，则上诈谖而弃其信"。

杂家序："杂家者流，盖出于议官。兼儒墨合名法，知国体之有此，见王治之无不贯。此其所长也。及荡者为之，则漫羡而无所归心。

农家序："农家者流。盖出于农稷之官。播百谷，劝耕桑。以足衣食。故八政，一曰食。二曰货。孔子曰：'所重民食'。此其所长也。及鄙者为之，以为无所事圣王，欲使君臣并耕，悖上下之序"。

小说家序："小说家者流，盖出于稗官。街谈巷语，道听途说者之所造也。孔子曰：'虽小道，必有可观者焉。致远恐泥，是以君子弗为也'。然亦弗灭也。闾里小知者之所及，亦使缀而不忘。如或一言可采，此亦刍荛狂夫之议也"。

《诸子略》总序："诸子十家，其可观者，九家而已。皆起于王道既微，诸侯力政，时君世主，好恶殊方，是以九家之术蜂出并作，各引一端，崇其所善，以此驰说，取合诸侯。其言虽殊，辟犹水火，相灭亦相生也。仁之与义，敬之与和，相反而皆相成也。易曰：'天下同归而殊途，一致而百虑'。今异家者，各推所长，穷知究虑，以明其指，虽有蔽短，合其要归，亦六经之支与流裔。使其人遭明王圣主，得其所折中，皆股肱之材已。仲尼有言：'礼失而求诸野'。方今去圣久远，道术缺废，无所更索；彼九家者，不犹愈于野乎？若能修六艺之术，而观此九家之言，舍短取长，则可以通万方之略矣"。

上述我们只列出《六艺略》和《诸子略》的一部分著录书目和序言情况。不但能使我们了解艺文志的著录格式，也能深知班固的编写思想。他把《七略》中的六略三十八种的分类体系和各类中所著录的书籍，基本上按照原来的情况保存下来，不加变动。凡有删改、移易和补充的地方，都在自注中加以说明，并且把辑略内的大序和小序分别附在六略和三十八种书的后面，如我们上述所摘录的。另外还增加了《七略》一书完成以后刘向、杨雄、杜林三家在西汉末年所完成的著作。这样的做法不但保存了《七略》的完整性，而且也记录了汉代的书籍发展情况。

3. 《汉书·艺文志》的影响

班固既然掌握了很多书籍，为什么不另外自行编写目录？他在叙传里说得很清楚。"刘向司籍，九流以别，爰著目录，略序洪烈"。说明他既肯定刘向的功绩，同时也表明自己认识到目录学的重要意义，要记一代藏书之盛，必须根据《七略》编成艺文志。断代的纪传体史书内，艺文志经一代藏书之盛，当然要根据当代较完备的政府图书馆的藏书目录。班固这样做是他的卓见，他开辟了目录中艺文志这一类型。到今天，《汉书·艺文志》已成为我国目录学中一部最古的经典著作，1800多年以来，所起的作用及影响是极其巨大的。汉书艺文志以后，隋书经籍志、两唐书艺文志、宋史艺文志等都是在班固的影响下，利用班固的方法和记录藏书的。在整个封建社会积累了将近50种的正史艺文志和补艺文志，完整地反映了我国历史上的藏书和历代著述。把它们汇编起来，就是一部包括古今的图书总目录，成为我国文化遗产中的宝贵资料，汉书艺文志创始之功是不可泯灭的。

如前所述《汉书·艺文志》"诸子略"中提出了什么家的名号。司马谈曾提出儒家、墨家、纵横家等，但这个是周秦之际的学子们所能梦见的一些名称，分明是后人加上去的。有了这些分家的说法，自然给考论学术思想的工作者们带来了许多方便。但另一方面，由于分得太细、太窄，分析问题时，只强调他们的异，便不注意他们的同了，因而淹没了诸子百家在当时历史条件下相互为用的有机联系，所以在周秦诸子中，有时不容易把哪一种书归入哪一家，很难处理，例如一部《管子》，汉书艺文志收入道家，隋书经籍志却又改列为法家，很难硬性归类。如果能体会到这个道理，便会对司马迁把老、庄、申、韩列为一传，不致有什么怀疑了。清末张之洞编的《书目答问》，把子部分为十三目，开首列"周秦诸子第一"，以下再用儒家、兵家、法家等名类依法分题，是比较有见识的，还是从"辨章学术，考镜源流"的角度来说明问题的，也就是按学术的源流、书籍的性质来归类。六艺略内只列易、书、诗、礼、乐、春秋的六种就够了，为什么还要加个论语、孝经、小学，成为九种呢？这是由于论语、孝经、小学是汉代学童的共同诵习之书，是进行阅读六经的基础，也是解经、入门的课本。所以标名虽称六艺，而收书并不限于六类，而是变成了九种。这种分类法，不但能告诉人们治理经学的门径，并且能看出古人治学的规模次第。

王鸣盛在《十七史商榷》里引金榜语说："不通汉书艺文志，不可以读天下书，艺文志者，学问之眉目，著述之门户也"。他能够充分指出汉书艺文志的目录作用。

4. 《七志》的编制及内容

由西汉末年的刘向、刘歆父子编写的《七略》，是我国第一个系统分类提要目录，在编排方法上称为"七分法"。在这种分类法的影响下，宋秘书丞王俭依照这种体例，编有《七志》，其纲目如下：

（1）经典志：纪六艺、小学、史记、杂传。

（2）诸子志：纪今古诸子。

（3）文翰志：纪诗赋。

（4）军书志：纪兵书。
（5）阴阳志：纪阴阳图纬。
（6）术艺志：纪方技。
（7）图谱志：纪地域及图书。
附道经，佛经。

《七志》著录了丰富的现实书籍，增加图谱志，并附有佛、道二经，还采用了传录叙录，说明著者及书的情况。它名为《七志》，但附有道经、佛经，实际是九志。

王俭是刘宋王室的驸马，却帮助萧道成篡夺了宋王朝的政权，成为南齐政府中一个文化教育上的领袖人物和政治活动人物，是博闻多识的。中国封建社会发展到魏晋南北朝时，封建伦理思想占有重要地位。这时在太学里已把分别人与人的亲疏和尊卑关系的孝经立为博士，王俭就维护这一思想。刘向、刘歆认为易经是阐述变化之原的，所以在六艺略中把易经放在五经之首，而王俭在七志的经典志中把孝经提到五经之首，并说："百行之首，人伦所先"，显然是从维护封建思想体系出发，使目录学进一步为封建统治阶级服务而做出的排列次序，使目录中进步思想性降低了。

5.《七录》的编制及内容

梁阮孝绪生活在齐梁时期，这是我国中古时期图书最盛的时代。他编成的《七录》是一部全国综合性的目录，著录更丰富，分类更有条理，是这一历史时期系统目录的最高峰。《七录》分为内篇和外篇。内篇五录，下分四十六部。外篇二录，下分九部。

（1）经典录（内篇一）包括易至小学九部。
（2）纪传录（内篇二）包括国史至簿录十二部。
（3）子兵录（内篇三）包括儒至兵家十一部。
（4）文集录（内篇四）包括楚辞至九章四部。
（5）技术录（内篇五）包括天文至杂艺十部。
（6）佛法录（外篇一）包括戒律至论记五部。
（7）仙道录（二外篇）包括经戒至符图四部。

在阮孝绪之后，隋代许善心编有《七林》、唐代怀素编有《续七志》。

以上是七分法的大概情况。

五、中古时期四分法目录的建立

1.《中经簿》——四分法的开端

三国魏元帝时魏秘书郎郑默根据当时藏书，编写了《魏中经簿》，只是对图书简单的登记性的藏书目录，没有太大的参考价值，但在著录方法上有些改进，可以说是四分法的开端。

西晋统一以后，书籍有十几万卷。学术思想也有发展，这时古文经压倒了今文经，马融郑玄和王肃的注解立于学官，而用玄学思想说经的新注解开始盛行，文学和史学籍大量增多，兵书和阴阳数术书籍相对减少。这就使七分法体系不再适用，作了很大的改进。晋武帝时秘书监荀勖进行编目，依照郑默的体系，开创了我国系统目录中的四分法，即把七略改为四部，以适应并包括新的文化典籍，称为《晋中经簿》。

（1）甲部：纪六艺及小学等书，相当于《七略》的六艺略。

（2）乙部：有古诸子家，近世子家，兵书，兵家、数术。相当于《七略》的诸子略、兵书略、数术略和方技略中的一部分。

（3）丙部：有史记、旧事、皇览簿、杂事，是新著的史书和类书。

（4）丁部：有诗赋、图赞、汲冢书。相当于《七略》中的诗赋略，而范围扩大了。

汲冢书附在后面，是因为校订汲冢书时，《中经簿》已经基本完成了，不能分入各类。所以汲冢书这一目与分类体系无关。

《晋中经簿》著录书籍相当丰富，所以直到唐代，许多学者都用征验当时图书的书名、卷数和撰写人的标准目录，有时还根据《晋中经簿》的著录与否，来证明当时有无传本，来辨明图书的真伪。这都说明这部目录书内容的信实可靠。但荀勖没有撰写出提要或解题，与我国传统的解题目录相比，这是它的弱点。

荀勖的甲乙丙丁四部次序是经、子、史、集的次序。东晋时李充编《四部书目》时，调换了子、史的次序，即乙部为史，丙部为子。自从李充规定了经、史、子、集四分法部次，以后相继沿用，即为四部目录。

2.《隋书·经籍志》的编定

隋朝立国虽短，但它结束了长期以来的分裂局面，统一了中国。它的各种政治、经济、文化制度是南北朝的总结，也是唐代的发端。研究南北朝和唐代历史都不能离开隋书，当然研究隋代藏书，对考查中国古书也具有重要价值；它的编写过程，是魏征等人根据隋代藏书，对考查中国古书也具有重要价值；它的编定过程，是魏征等人根据隋代唐书旧目录，又参考了唐代开国初年秘书监所整理的隋代遗书而编写的。它反映了隋代现实藏书和梁代以前图书流通的情况。它的分类、著录编定大序、小序的方法与方式，一直影响着唐代的官修目录。

《隋书·经籍志》序说："大唐武德五年（公元622年），克平伪郑，尽收其图书及古迹焉。命司农少卿宋遵贵载之以船，溯河西上，将至京师，行经底柱，多被漂没，其所存者十不一二，其目录亦为所渐濡。时有残缺。今考见存，分为四部，合条为一万四千四百六十六部，有八万九千六百六十六卷"。"伪郑"指的是隋朝末年王世充占据的隋都洛阳所建立的政权，保存了隋政府藏书及其目录，但这次运输的损失，据《新春书艺文志》序言说，仅剩了八千余卷。目录虽被水浸濡，但还保存了下来，作为编修《隋书·经籍志》的依据。

这时候，长安嘉则殿还有隋代遗书八万卷，加上从洛阳运来未漂没的八千余卷，就是《隋书·经籍志》序上说的"八万九千百六十六卷这个数字，是魏征用作参考的隋代遗书。但魏征编《隋书·经籍志》却用《隋大业正御书目录》作为底本，参考隋代遗书进行"删去"或"补入"。

姚名达在《中国目录学史》中说："今存古录除汉志外，厥推隋志。亦惟此二志皆有小序，自后诸志则不复继述，故并见尊于世"，是从"序言"方面肯定了《隋书·经籍志》的学术价值。魏征仿照七略辑略作了《隋书·经籍志》的总序、大序和小序，给各个部类与学术发展史的关系，及各个部类内图书的沿革、内容和意义，都做了历史的分析和理论的阐述。这就把四部分类法的方法和理论又提高了一步，而且也使学习的人容易掌握，同时对唐宋目录学的发展是有重大影响的。

《隋书·经籍志》分为四部四十二类。《唐六典》给每个类目都下了定义性质的说明。

（1）经部

易，以纪阴阳变化。书，以纪帝王遗范。
诗，以纪兴衰诵叹。礼，以纪文物体制。
乐，以纪声容律度。春秋，以纪行事褒贬。
孝经，经纪天经地义。论语，以纪先圣微言。
图纬，以纪六经谶侯。小学，以纪字体声韵。

（2）史部

正史，以纪纪传表志。古史，以纪编年系事。
杂史，以纪异体杂记。霸史，以纪伪朝国史。
起居注，以纪人君动止。旧事，以纪朝廷政令。
职官，以纪班序品秩。仪注，以纪吉凶行事。
刑法，以纪律令格式。杂传，以纪先圣人物。
地理，以纪山川郡国。谱系，以纪世族继序。
略录，以纪史策条目。

（3）子部

儒家，以纪仁义教化。道家，以纪清净无为。
法家，以纪刑法典制。名家，以纪循名责实。
墨家，以纪强本节用。纵横家，以纪辩说诡诈。
杂家，以纪兼叙众说。农家，以纪播植种艺。
小说家，以纪刍辞舆诵。兵家，以纪权谋制度。
天文，以纪星晨象纬。历数，以纪推步气朔。
五行，以纪卜筮占候。医方，以纪药饵针灸。

（4）集部

楚辞，以纪骚人怨刺。别集，经纪词赋杂论。
总集，以纪类分文章。

《汉书·艺文志》纪西汉一代藏书之盛，《隋书·经籍志》则不但纪隋朝一代藏书之盛，还记叙了六朝时代图书流通的情况。因其书原名《五代史志》把梁陈齐周隋这五代的官私目录都包罗在内，作者去取的办法是"梁有……今无"的反映方法。下面节选一段序言，了解一下它对经义的解释。

《隋书·经籍一（经）》

"夫经籍也者，机神之妙旨，圣哲之能事，所以经天地，纬阴阳，正纪纲，弘道德。显仁足以利物，藏用足以独善，学之者将殖焉，不学者将落焉。大业崇之，则成钦明之德；匹夫克念，则有王公之重。其王者之所以树风声，流显号，美教化，移风俗，何莫由乎斯道？故曰：'其为人也，温柔敦厚，《诗》教也；疏通知远，《书》教也；广博易良，《乐》教也；洁静精微，《易》教也；恭俭庄敬，《礼》教也；属辞比事，《春秋》教也。遭时制宜，质文迭用，应之以通变，通变之以中庸。中庸则可久，通变则可大。其教有适，其用无穷。实仁义之陶钧，诚道德之橐籥也。其为用大矣，随时之义深矣，言无得而称焉。故曰：'不疾而速，不行而至'。今之所以知古，后之所以知今，其斯之谓也。是以大道方行，俯龟象而设卦；后圣有作，仰鸟迹以成文。书契已传，绳木弃而不用；史官既立，经籍于是与焉。

夫经籍也者，先圣据龙图，握凤纪，南面以君天下者，咸有史官，以纪言行。言则左史书之，动则右史书之。故曰'君举必书'，惩劝斯在。考之前载，则《三坟》、《五典》、《八索》、《九丘》之类是也。下逮殷、周，史官尤备，纪言书事，靡有阙遗，则《周礼》所称，太史掌建邦之六典、八法、八则，以诏王治；小史掌邦国之志，定世系，辨昭穆；内史掌王之八柄，策命而贰之；外史掌王之外令及四方之志，三皇、五帝之书；御史掌八国都鄙万民之治令，以赞冢宰。此则天子之史，凡有五焉。诸侯亦各有国史，分掌其职。则《春秋传》，晋赵穿弑灵公，大史董孤书曰'赵盾杀其君'，以示于朝。宣子曰'不然。'对曰：'子为正卿，亡不越境，反不讨贼，非子而谁？'齐崔杼弑庄公，太史书曰'崔杼弑其君'，崔子杀之。其弟嗣书，死者二人。其弟又书，乃舍之。南史闻太史尽死，执简以往。闻既书矣，乃还。楚灵王与右尹子革语，左史倚相趋而过。王曰：'此良史也，能读《三坟》、《五典》、《八索》、《九丘》。'然则诸侯史官，亦非一人而已，皆以记言书事，太史总而裁之，以成国家之典。不虚美，不隐恶，故得有所惩劝。遗文可观，则《左传》称《周志》，《国语》有《郑书》之类是也。

暨夫周室道衰，纪纲散乱，国异政，家殊俗，褒贬失实，隳紊旧章。孔丘以大圣之才。当倾颓之运，叹凤鸟之不至，惜将堕于斯文。乃述《易》道而删《诗》、《书》，修《春秋》而正《雅》、《颂》。坏礼崩乐，咸得其所。自哲人萎而微言绝，七十子散而大义乖，战国纵横，真伪莫辨，诸子之言，纷然淆乱。圣人之至德丧矣，先王之要道亡矣。陵夷蹉跎，以至于秦。秦政奋豹狼之心，划先代之迹。焚《诗》、《书》，坑儒士，以刀笔史为师，制挟书之令。学者逃难，窜伏山林，或失本经，口以传说。

汉氏诛除秦、项，未及下车，先命叔孙通草绵蕝之仪，救击柱之弊。其后张苍治律历，陆贾撰《新语》，曹参荐盖公言黄老，惠帝除挟书之律，儒者始以其业行于民间。犹以去圣既远，经籍散逸，简札错乱，传说纰缪，遂使《书》分为二，《诗》分为三，《论语》有齐、鲁之殊，《春秋》有数家之传。其余互有蹉驳，不可胜言。此其所以博而寡要，劳而少功者也。武帝置太史公，命天下计书，先上太史，副上丞相，开献书之路，置写书之官，外有太常、太史、博士之藏，内有延阁、广内、秘室之府。司马谈父子世居太史，探采前代，断自轩皇，逮于孝武，作《史记》一百三十篇。详其礼制，盖史官之旧也。至于孝成，秘藏之书，颇有亡散，乃使谒者陈农，求遗书于天下，命光禄大夫刘向校经传、诸子、诗赋，步兵校尉任宏校兵书，太史令尹咸校数术，太医监李柱国校方技。每一书就，向辄撰为一录，论其指归，辩其讹谬，叙而奏之。向卒后，哀帝使其子歆嗣父之业。乃徙温室中书于天禄阁上。歆遂总括群篇，撮其指要，著为《七略》：一曰集略，二曰六艺略，三曰诸子略，四曰诗赋略。五曰兵书略。六曰术数略，七曰方技略。大凡三万三千九十卷。王莽之末，又被焚烧。光武中兴，笃好文雅，明、章继轨，尤重经术。四方鸿生巨儒，负袠自远而至者，不可胜算。石室、兰台，弥以充积。又于东观及仁寿阁集新书，校书郎班固、傅毅等典掌焉。并依《七略》而为书部，固又编之，以为《汉书·艺文志》。董卓之乱，献帝西迁，图书缣帛，军人皆取为帷囊。所收而西。犹七十余载。两京大乱，扫地皆尽。

魏氏代汉，采掇遗亡，藏在秘书中、外三阁。魏秘书朗郑默，始制《中经》，秘书监荀，又因《中经》，更著《新簿》，分为四部，总括群书。一曰甲部，纪六艺及小学等书，二曰乙部，有古诸子家、近世子家、兵书、兵家、术数；三曰丙部，有史记、旧事、皇览薄、杂事；四曰丁部，有诗赋、图赞、汲冢书。大凡四部合二万九千九百四十五卷。但录题及言，盛以缥囊，书用湘素。至于作者之意。无所论辩，惠、怀之乱，京华荡覆，渠阁文籍，靡有孑遗。

东晋之初，渐更鸠聚。著作郎李充以勖旧簿校之，其见存者，但有三千一十四卷。充遂总没众篇之名，但以甲乙为次。自尔因循，无所变革。其后中朝遗书，稍流江左。宋元嘉八年，秘书监谢灵运造《四部目录》，大凡六万四千五百八十二卷。元徽元年，秘书丞王俭又造《目录》，大凡一万五千七百四卷。俭又别撰《七志》：一曰经典志。二曰诸子志。三曰文翰志。四曰军书志。五曰阴阳志。六曰术艺志。七曰图谱志。其道、佛附见，合九条。然亦不述作者之意，但于书名之下，每立一传，而又作九篇条例，编乎首卷之中。文义浅近，未为典则。齐永明中，秘书丞王亮、监谢朏，又造《四部书目》，大凡一万八千一十卷。齐末兵火，延烧秘阁，经籍遗散。梁初，秘书监任昉躬加部集，又于文德殿内列藏众书，华林园中总集释典，大凡二万三千一百六卷，而释氏不豫焉。梁有秘书监任昉、殷钧《四部目录》，又《文德殿目录》。其术数之书，更为一部，使奉朝请祖，恒撰其名。故梁有《五部目录》。普通中，有处士阮孝绪，沉静寡欲，笃好坟史，博采宋、齐已来王公之家凡有书记，参校官簿，更为《七录》：一曰经典录，二曰记传录，三曰子兵录，四曰文集录，五曰技术录，六曰佛录，七曰道录。其分部题目，颇有次序，割析辞义，浅簿不经。梁武敦悦诗书，下化其上，四境之内，家有文史。元帝克平侯景，收文德之书及公私经籍，归于江陵，大凡七万余卷。周师入郢，咸自焚之。陈天嘉中，又更鸠集，考其篇目，遗阙尚多。

其中原则战争相寻，干戈是务，文教之盛，符、姚而已。宋武入关，收其图籍，府藏所有，才四千卷。赤轴青纸，文字古拙。后魏始都燕代，南略中原，粗收经史，未能全具。孝文徙都洛邑，借书于齐，秘府之中，稍以充实。暨于尔硃之乱，散落人间。后齐迁邺，颇更搜聚，迄于天统、武平，校书不辍。后周始基关右，外逼强邻，戎马生郊，日不暇给。保定之始，书止八千，后稍加增，方盈万卷。周武平齐，先封书府，所加旧本，才至五千。

隋开皇三年，秘书监牛弘表请分遣使人，搜访异本。每书一卷，赏绢一匹，校写既定，本即归主。于是民间异书，往往间出。及平陈已后，经籍渐备。检其所得，多太建时书，纸墨不精，书亦拙恶。于是总集编次，存为古本。召天下工书之士，京兆韦霈、南阳杜頵等于秘书内补续残缺，为正副二本，藏于官中，其余以实秘书内、外之阁，凡三万余卷。炀帝即位，秘阁之书，限写五十副本，分为三品：上品红琉璃轴，中品绀琉璃轴，下品漆轴。于东都观文殿东西厢构屋以贮之，东屋藏甲乙，西屋藏丙丁。又聚魏已来古迹名画，于殿后二台，东曰妙楷台，藏古迹；西曰宝迹台，藏古画。又于内道场集道、佛经，别撰目录。

大唐武德五年，克平伪郑，尽收其图书及古迹焉，命司农少卿宋遵贵载之以船，溯河西上，将至京师。行经底柱，多被漂没，其所存者，十不一二。其《目录》亦为所渐濡，时有残缺。今考见存，分为四部，合条为一万四千四百六十六部，有八万九千六百六十六卷。其旧录所取，文义浅俗、无益教理者，并删去之。其旧录所遗，辞义可采，有所弘益者，咸附入之。远览马史班书，近观王阮志录，挹其风流体制，削其浮杂鄙俚，离其疏远，合其近密，约文绪义，凡五十五篇，备列本条之下，以备《经籍志》。虽未能研几探赜，穷极幽隐，庶乎弘道设教，可以无遗阙焉。

夫仁义礼智。所以治国也，方技数术，所以治身也；诸子为经籍之鼓吹，文章乃政化之黼黻，皆为治之具也。故列之于此志云"。

这段序言真是洋洋大观，论述了我国文史学的发展源流，从先秦直到隋唐，至为清楚、详尽。首先介绍经籍的功用，经籍的历史发展情况。从先圣史籍谈起，直到殷周的史诗籍，诸侯之史籍，战国之史，秦时史籍，两汉史籍，魏晋南北朝史籍，隋唐之史籍，最后结论，简直可以说是我国文史学的一部发展简史，而且在论述过程中还指明了书籍分类部居的演变情况，所以，也可以说是我国目录学简史。只要我们认真读了《隋书经籍志》，便可对唐以前的书籍有个概括的书面了解。这篇序言的价值是十分巨大的。

省略所著录的书目不谈，再列举其《诗》小序作为说明。

"诗者，所以导达心灵。歌咏情志者也。故曰：'在心为志。发言为诗'。上古人淳俗朴，情志未惑。其后君尊于上，臣卑于下，面称为谀，目谏为谤，故诵美讥恶，以讽刺之。初但歌詠而已，后之君子，因被管弦，以存劝戒。

夏殷已上，诗多不存。周氏始自后稷，而公刘克笃前烈，太王肇基王迹，文王光昭前绪，武王克平殷乱。成王、周公化至太平，诵美盛德，踵武相继。幽厉板荡，怨刺并兴。其后王泽竭而诗亡，鲁太师挚次而录之。

孔子删诗，上采商，下取鲁，凡三百篇。至秦独以为讽诵，不灭。

汉初，有鲁人申公，受诗于浮丘伯，做诂训，是为鲁诗。齐人辕 固生亦传诗，是为齐诗。燕人韩婴亦传诗，是为韩诗。终于后汉，三家并立。汉初又有赵人毛苌善诗，自云子夏所传，作诂训传，是为毛诗古学，而未得立。

后汉有九江谢曼卿，善毛诗，又为之训。东海卫敬仲，受学于曼卿。先儒相承，谓之毛诗。序，子夏所创，毛公及敬仲又加润益。郑众、贾逵、马融，并作毛诗传，郑玄作毛诗笺。

齐诗魏代已亡；鲁诗亡于西晋；韩诗虽存，无传之者。唯毛诗郑笺，至今独立。又有业诗，奉朝请业遵所注，立义多异，世所不行"。

这篇小序对诗经的介绍也是简明扼要的。指出诗经的流传渊源，以及有几家重要注本等。姚名达把《隋书·经籍志》与《汉书·艺文志》并提，说他们"见尊于世"就是这两个别志不但谈到了书籍的源流沿革，而且也涉及了目录学的演变过程，很有历史价值和学术价值。

每类的小序，对每一部类书籍作了详尽的剖析，就能使读者清晰了解每一部书的发展演变源流，以利于使用和参考。两隋志的小序是采接汉志的，叙述各类学术的由来，是颇具学术史性质的。

当然《隋书·经籍志》并不是没有缺点的，最主要的是重复和芜杂。如著录的图书有的类与类之间出现重复，有的一类之间前后重复，或正文与注文重复。以《易》类为例，正文内著录了"周易马郑二王四家集解十卷"，隔了一行，就又在"周易杨氏集二王注五卷"下面注云"梁有马郑二王集十卷，亡"这本来是同一部书，只因后一部是从梁代目录中抄来的，就说"梁有今亡了"。这是著录上的疏忽。

在序的观点上，还有不少封建性的糟粕，我们在阅读时要进行批判。

3. 历代各朝的史志目录

在班固《汉书·艺文志》这种体例的影响下，历代史志大部分都列有一朝的书录。隋代如此，唐代也如此。唐一代的书录有《旧唐书·经籍志》、《新唐书·艺文志》，两书撰述的时代有先后，但著录的书有一大部分是相同的。从这两部书的艺文志中可以看出，唐朝藏书的概况和古籍至唐代为止的散佚情形；而从人的著述品目，也可以作为衡量一个时期文化成就的标准之一。除汉志隋志外，它是现存最早、最完备的史志书目。

唐代藏书最盛、最丰富的时期，即是开元时期。开元9年（72年）修订出《开元群书四部录》200卷。其后毋煚又节略为40卷，名曰《古今书录》，共收书51852卷。《古今书录》依据汉志隋志的体例，每部各类都有小序，说明学术师法的流变。这两部书后来都散佚了。五代刘昫修《旧唐书·经籍志》时，认为《古今书录》卷帙繁多，更加节略成编，各类小序，全皆删去，简化过多，已不是原书的全貌了。欧阳修撰《唐书·艺文志》根据所见开元书目和唐人撰述的目录，加以整理补充，共录3277部，52094卷。二志的来源，大致都以《古今书录》为底本，但旧志更比较接近《古今书录》，多少还保存着母氏的形式。

二志前面都有总序，以论述学术的源流，著录时用四分法：甲部经录，12家，575部，6241卷。分为：

易类一	书类二	诗类三	礼类四	乐类五
春秋类六	孝经类七	论语类八	谶纬类九	经解类十
诂训类十一	小学类十二			

各类目录后面没有小序。

《宋史·艺文志》是元代托克托撰修，是记载宋代官家藏书的一个史志总书目。它是根据北宋《崇文总目》、《秘书总目》和南宋《中兴馆阁书目》、《续书目》编撰而成，当时又有增补，部数和卷数比起这四个书目的数量大得多。因编的匆忙，其中多有重复和疵误的地方。前面有个总序说明学术源流和编辑校定的过程。体例前史分经史子集四类，共收书9819部，119972卷。经类分十：一曰易类型、二曰书类、三曰诗类、四曰礼类、五曰乐类、六曰春秋类、七曰孝经类、八曰论语类、九曰经解论，十曰小学类。各类目录后面无有小序。

史志艺文之体例大致相同，不一一介绍了。列表于下：

汉书艺文志	汉班固
后汉书艺文志	清姚振宗
三国志艺文志	清姚振宗
晋书艺文志	清文廷式补写
隋书经籍志	唐魏征
旧唐书经籍志	五代刘煦
新唐书艺文志	宋欧阳修
五代史艺文志	清顾櫰三补写
宋史艺文志	元托克托
辽、金、元艺文志	清钱大昕补写
明史艺文志	清黄虞稷，张廷玉
清史稿艺文志	清朱师辙

4．几部官修目录

（1）《开元群书四部录》

唐代产生了两部著名的官修目录，即《开元群书四部录》，亦称群书四录和《古今书录》。《开元群书四部录》是在唐代开元盛世的初期编成的，是由马怀素、元行冲相继领导这项工作的。同时整理了全国图书，集中了全国目录学专家，分成经、史、子、集四个组进行编撰。在分工合作的努力下，用两年的时间完成了，共著录图书2655部，48169卷。

群书四部录编成以后，成为全国编目和参考的依据。使当时普遍流行的"七志"和"七录"失去时效了，"七略""别录"的参考使用价值也逐渐少了，而且这些书不久也散亡了。

《古今书录》是《群书四部录》的修正、补充和简化的新本，它对后世的影响大于群书四部录。《唐书·经籍志》是以古今书录作为依据的，也影响了宋代的编目。这两部目录书都散亡了。

（2）宋《崇文总目》

宋代的秘书监也是"掌古今经籍图书国史实录天文历数之事"的，它所经管的政府藏书在崇文院，崇文院是在唐五代以来三馆（弘文馆、集贤院、史馆）的基础上合并建成的，公元989年又增建了秘阁。三馆秘阁虽然集中在一处，可是它们的图书是分库贮藏的。秘阁的书还分藏在宫廷以内的龙图、玉宸阁，太清楼等处。各馆都编有系统目录。

宋代三馆秘阁里的阁馆学士、校勘，校理和修撰，都是从科第中选拔出来的，目的是提高学术水平，培养国家高级人才。欧阳修三十多岁时，当过馆阁校勘、集贤院校理。对图书的管理采用"人掌一库"的方法，随ең入库目录。宋代每隔三朝两朝就纂修一次国史，从而便整理一次目录，编成国史艺文志。《崇文总目》就是在这种情况下编成的。

北宋初年的崇文院是以史馆为重点馆的。三馆共有六个书库，史馆的书占了四库，而且编出了库藏目录。以后三馆秘阁都编成了库藏目录，有太清楼书目、龙图阁书目、玉宸殿书目。1034年决定编崇文总目时，在崇文院内成立了机构，集合了王洙、欧阳修、宋庠、宋祁、吕公绰等目录学专家，经过了七年的时间，在1041年编码了《崇文总目》。共66卷（也有称67卷的，是与叙录一卷合并计算），并著录图书30669卷。

《崇文总目》的编纂体例也采用大序、小序的办法，主要是由欧阳修撰写。《欧阳文忠公文集》卷124，有崇文总目叙释一卷，凡经部八篇，史部十二篇，子部十篇。每书下都有提要，揭露图书内容并记述图书的各种必要的物质条件，如书本的沿芏、残缺的情况，篇卷的存佚，以及撰写人姓氏的考订等，在必要的地方对图书内容做了概括的阐述；有的提要根本不接触内容，那些凡是看了书名或类目就了然的，便不去强作提要；有的还提出了自己的看法，给予了一定的评论，总的说来，提要做到了简明实际。

欧阳修、宋祁等人无疑是宋代的名史学家和目录学家，但由于历史时代和阶级出身的局限，他们的思想还相当保守。我国目录学到东汉就趋向于保守了，到了南北朝王俭的时候就更为明显了。官修目录多是为封建地主阶级服务的，以维护封建统治，防止农民起义。在目录和大序小序、提要中，都表现了这种倾向。如阮孝绪的七录分类把记述北方少数民族统治政权的历史书籍作为"伪史类"，表现了他的敌对情绪，隋统一后把割据政权的史书改称"霸史类"。在《古今书录》时，把三国的蜀国志、吴国志，甚至把地方史性质的"华防大学阳国志"都改为"杂伪国史"，都是宣传了封建正统思想。《崇文总目》正式采用了"伪史"的标题，著录了五代十国的历史书籍，就是防止封建统治阶级内部僭乱和农民起义。封建专制政府的法律、监狱、军队就是镇压人民的，《崇文总目》在刑法类序言中说："刑者，圣人所以爱民之具也"，镇压绝不是爱民，这是明显的欺骗。《崇文总目》又把佛经、道经正式列为子部的两个类目，不再列为附录而是正式放入四部之中，这是因为他看到了佛道二家的政治作用。这些都是消极的方面，我们在使用目录时应该注意到。

六、清代官修目录：《四库全书》、《四库全书总目提要》

1. 修《四库全书》的背景与过程

前节提到中国图书中魏晋开始的四分法，即把图书按经法史集分为四部，删除繁重，以类相从，便于收藏和检阅。四库之名始于盛唐，玄宗时于首都长安把四部书分为经史子集四库，四库之名由此而起。

明亡后，各地人民仍在反对满族少数贵族上层统治集团，有一些知识分子则通过他们的作品来反抗统治。到了乾隆时期，中国作为统一的多民族国家已经进一步巩固，但乾隆还不放心，为了镇压人民的反抗，对知识分子便采用了两个办法：一方面是怀柔政策，用功名富贵来拉拢。如开博学鸿词科，把知识分子大儒家聚集一起，叫他们埋头著作，修图书集成，校勘十三经，廿一史，提倡钻研学术，使知识分子脱离政治。又表彰里学，提介忠孝，从思想上来麻醉；另一方面是镇压，即查禁、焚毁书籍，杀戮反抗的知识分子。

在高压政策下，很多学者回避现实，把精力集中到整理诗书上面，特别是对代表儒家思想的经书进行了训释、校勘和辑录佚文的工作，人们把这种学术流派称为"汉学"。为了适应这种学术空气，就提出了大规模收入订贮藏古书的要求。当时有个学者周永年写了一篇《儒藏说》，他说："书籍者，所以载道纪事，益人神智者也。自汉以来，购书藏书，其说綦详。官私之藏，著录亦不为不多，然未有久而不散者。则以藏之一地，不能藏于天下；藏之一时，不能藏于万世也"，他认为收藏的不好，图书佚失了。又说："释者之书，正伪参半，美恶错出。惟藏之有法，帮历久不替"。主张仿照佛教、道教藏经典的办法："惟分藏于天下学宫书院，名山古刹。又设为经久之法，即偶有残缺，而彼此可以互备。斯为上策"。防止遭到意外的破坏，周永年的这种意见，代表了当时学者的普遍要求。当时学思想有三种趋势：一种是厌恶宋学，宋学家空义理，至明朝末年厌恶者已多。清初标榜宋学者，又多是缺乏气节之士，为人所不齿；二是厌恶类书，类书是专供辞章家摭用的。当时汉学家厌恶它的芜杂，就是宋学家也鄙视它的浮华，有一种求读原书的要求；三是辑佚书。当时汉学家一面研究经史，一面考订古书。此外又从类书中散见的篇章。归还原本，辑佚书的风气披靡一时。于是乾隆便在有利于加强统治的前提下，对这种学术潮流因势利导，在乾隆六年下达了征求天下遗书的诏书，准备编纂一部空前的大丛书。当然其中还有他个人的目的：第一，他想借纂修全书的机会，在全国收集图书，将历代书籍作一次全面的审查、评价和总结。这种不但笼络知识分子，扶植专门钻研、整理古代经典的汉学家，而且还可以消除散布于民间的排满学说，或暴露宫闱丑闻的杂说；第二，他想借修书之机进一步抑明扬清。乾隆欲暴露明朝的缺点，借此搜集暴露明代缺点的书籍，使之随古人名著共同流传于后世，叫人们知道明代之恶；另一面将宣扬清朝之盛大的文学作品收编起来得与古人并存而不朽；第三，他想借修书的机会宣传清朝是文治的盛世。唐代的《艺文类聚》、《北堂书钞》，宋代的《太平御览》、《册府无龟》、《文苑英华》，明代的《永乐大典》都是世制大书，只有康熙帝的《古今图书集成》可以与之比拟。乾隆要统一部空前的大丛书，想要压倒一切，以表示他的文治威力。

乾隆三十七年下令督促各省官吏认真办理，这年冬季安徽学政朱筠上书提出了建议：由各省采集书籍，并从永乐大典中辑录古书，搜辑金石碑刻上文字，每书经过校对，内容优劣，写出评语放在卷首。乾隆采纳了朱筠的建议，并亲自决定将来成书时叫做《四库全书》。于乾隆三十八年（1773年）成立《四库全书》馆，馆址设在翰林院内，并在武英殿设缮书处。

编纂《四库全书》所用书籍的来源有三。一是政府藏书，这里分撰本、内府本。撰本即清初至乾隆时，诸臣遵照皇帝命令编纂的书籍，都是钦定、御制、御选的书籍。内府本，即皇帝内廷所藏的书籍，皇帝居住的内院设有藏书处，供皇帝阅览，如皇史宬、昭仁殿、武英殿、含经堂等，总之都是政府藏书。二是各地公私进呈现的图书，称为各省采进本，即各省督抚学政采取各地遗书，送馆备用的，有的是购买的，有的是借抄的。当时进书最多的是浙江省，共进书十二交次，共计四千五百二十三种，五万六千九百五十五卷，无卷数的还有二千零九十二册。刊有浙江采集遗书刊号总录。云南、奉天最少。还有社会上通行的书籍。三是从《永乐大典》中辑录的佚书。《永乐大典》是明成祖永乐元年命令编的一部大类书。永乐五年成书，完名为《永乐大典》。共书二万一千八百七十七卷，目录六十卷。它辑录了经史子集天文地志、阴阳医卜、僧道技艺等类书籍，元代以前佚文秘典全部收入。

各地呈送的图书送到以后，都交给四库馆校对每一种书不同版本的异同。写出备书的考证，并在每种书的前面写一篇提要，叙述作者的事迹和本书的源流得失，然后摘录简明要点，提出应刻、应抄、应存的意思，对所谓违碍书籍还要提出应全毁、应抽毁的意见，最后由皇帝裁决。应抄书籍，经审定认为是合格的，可以抄入《四库全书》；应刻书籍，经审定认为是最好的一类书，这些书除抄入《四库全书》外，还要另外刊刻印刷，广为通行流传。应存书籍，是被认为不合格的书籍，仅保留书名，所以也叫做"存目"书。四库存目书共六千七百九十三种，九万三千五百五十一卷，比四库收录的书多出将近一倍。

应全部销毁的书一百四十四部，应抽毁的书一百八十一部。后乾隆又命令查禁书，以致许多书被销毁。查办禁书的工作一直延续了二十年之久，全毁书目有二千四百多种，抽毁书目有四百多种，销毁的总数在十万部左右，可参阅《清代禁毁书目》、《清代禁书知见录》。

2.《四库全书》的内容

全书共收录著作三千五百多种，分经部、史部、子部、集部，每大部下面又分若干类。各部类的名目是：

（1）经部十类：易类、书类、诗类、礼类、春秋类、孝经类、五经总义类、四书类、乐类（古代的《乐经》已失传，这一类收录的是关于古代更理论和古乐器的著作）、小学类（包括研究字义、字形和音韵的著作）。

（2）史部十五类：正史类、编年类、纪事本末类、别史类、杂史类、诏令奏议类、传记类、史钞类、载记类（记载各据一方的王朝或外国历史的著作）、时令类、地理类、职官类、政书类、目录类、史评类。

（3）子部十四类：儒家类、兵家类、法家类、农家类、医家类、天文算法类、术数类、艺术类、谱录类、杂家类（当时认为不能归入其他各类学说的书，其中包括墨家，没把墨子学说单列一类。这是当时的偏见），类书类（摘录各书按一定方式进行分类和排列，便于检查应用的书籍），小说家类、释家类（有关佛教的书，便不包括佛教的经典），道家类（有关老子、庄子学派和道教的书，但不包括道经的经典）。

（4）集部五类：楚辞类型、别集类、总集类、诗文评类、词曲类（曲类只收录关于曲的理论、格式和音韵的书,但不能收录曲文)。

在上述四十四类中,有十五类又划分为若干细目,叫做"属",这十五类共六十四个"属",例如:史部目录类下分经籍之属、金石之属。子部的艺术类下分书画之属、琴之属、篆刻之属、杂技之属。

这种工程浩大的考订和汇编书籍的工作,没有许多学识渊博的人,是很难完成的。上库馆修书,前后共认命正、副总裁以下的官员三百六十人,正副总裁多数是挂名的,只有总裁于敏中、副总裁金简等少数人出力较多。正副总裁之下有总纂官,是总管编纂工作的。总编纂官是纪昀,他是当时著名的学者,《四库全书总目提要》和《四库简明目录》都是经他最后写定的,全书总目的分类,四部的总叙、类叙,以及各部类中书籍和先后排列,都经过他的手。

总纂官下面设四种纂修官,分管书籍的编纂、审定,以及辑录佚书、编写提要、查勘违碍书籍等工作。担任这个职务的多是著名的学者,有戴震、邵晋涵、周永年、朱均、姚鼐、陈际新等。戴震是经学家,擅自考证,对于算学、历法、地理等科都很精通,邵晋涵是博学强记的史学家。

3.《四库全书》的收藏

十六世纪大藏书家范钦,在宁波建一个藏书楼,命名为"天一阁",这是私人藏书最久的一个藏书楼。其中藏有珍本书籍、碑拓七百二十多种。修四库全书时,天一阁主人范茂柱曾以六百九十六种珍贵书籍借给四库全书馆,乾隆皇帝赏给他一部数达万卷的《古今图书集成》和战争图二十八幅。不但如此,乾隆帝更欣赏天一阁这个建筑物。明代大藏书家范钦在宁波建的这一藏书楼,到现在已历几个世纪,房屋未毁,木头书架未坏,屋未着火,书未被盗。这与建筑和管理制度是密切相关的。藏书阁楼的四周不与房屋毗连,阁的四周挖成水沟,一般说人们不易接近。管理制度,不许携火入内,不许携书外出。除了曝书的季节外,不许人走近,大门和书橱上的钥匙由范氏子孙多人保管,非约齐互相监督不准开锁。当然有些官吏或名学者进阁,是例外的参观者。当然经过历次战争、官吏的掠夺,不肖子孙与古董商勾结盗窃,其中书籍已有残缺。但这么悠长的历史时期,保存得这么完整,确实不容易。乾隆帝参照天一阁的建筑特点,在北京、沈阳、热新星、扬州、杭州、镇江六处建七所藏书楼阁。各阁建筑样式大体一致,在外表看起来是二层楼阁。内部藏书实为三层。世界上一部书需要一个专用的大建筑物才能藏得下的,只有四库全书,其伟观不难想见。

乾隆三十九年(1774年)于北京紫禁城内建文渊阁,专贮四库全书,设文渊阁、领阁事、直阁事等官进行管理,注册点检和按时晾晒。以后又陆续缮写三份,分别贮于北京圆明园的文源阁、承德避暑山庄的文津阁。又因江浙一带文人学士甚多,"自必群恩博览",乃于乾隆五十三年(1788年)再次缮写三部,藏于扬州大观堂的文汇阁、镇江金山封的文宗阁、杭州圣因封的文澜阁,所以有"内廷四阁"即"北四阁",和"江浙三阁"即"南三阁"之称。但是,"内廷四阁"的《四库全书》只许在臣在阅读翰林院所藏底本遇有疑误时,须经领阁批准，方可查对。一般文人士子不准入内。只能到翰林院参阅底本。"江浙三阁"准许文人士子到阁内抄阅，但不得私自携带出阅，以防遗失。

七部《四库全书》的遭遇情况。最早修成的文渊阁本，1925年移交故宫博务院保管，抗日战争爆发以后运到重庆，1948年被国民党反动派运到台湾去了。文源阁本在咸丰十年（1860年）英法联军侵入北京时，同圆明园一起被焚毁了。承德文津阁本运回北京，交京师图书馆，现藏北京图书馆，是最完整的。文溯阁本几经辗转，现在甘肃省图书馆。江浙三馆中，中宗阁全书在鸦片战争中遭到英国侵略军的破坏。太平天国革命战争期间，咸丰三年（1953年）文宗阁本和文汇阁本两部全书，在战火中连同藏书楼一起被焚毁。文澜阁本在咸丰11年（1861年）11月太平军第二次攻克杭州时，建筑物倒了，当地流民趁火打劫、抢出散于世上，当时杭州藏书家丁丙、丁甲兄弟二人大力收购，得8140册。1880年地方官重修文澜阁，丁氏兄弟把收书送回阁中，又补抄残缺部分，文澜阁本工体复原，现收藏在浙江图书馆内。

除七阁外，翰林院还存一份底本，允许官员学子们进内朱阁。英法联军入北京，翰林院离英国使馆近，联军把书籍携出焚毁。光绪二十六年（1900年）重经八国联军之役，书籍被劫，由海船两艘运到意大利有三万六千本，永乐大典也在其中，多藏于英国万国藏书楼台。

现在回到人民手中的文津、文溯、文澜三部《四库全书》都保管得很好。有关图书馆还为学者提供了研究资料，使它发挥更大的作用。

总的来说，《四库全书》收录的书突出了儒家文献的地位，有利于加强君主专制主义的统治。

但对敢于批判四书五经，反对道学、礼教的书籍便不收录，如明末李贽的著作，不但列为禁书，而且在《四库全书总目》存目中加以诋毁，指责李"非圣无法"，"其人可诛，其书可毁"。再如对明末黄宗羲的具有民族色彩、反对君主专制的《明夷待访录》，不但不予收录，而且还加以焚毁。另外对生产技艺的书籍极不重视，除农、医、天文、算法外，所收科学技术的书籍是很少的。如明末宋应星的《天工开物》一书，总结了当时劳动人民在工艺方面的种种成就，竟然不予收录，以至几乎绝迹，新中国成立后发现了一部原刻本。对于戏曲小说，多数不予收录，这都是全书的缺点。

4.《四库全书总目提要》的编定及概况

四库全书馆，将著录与存目之书开列书名，缮写成总目。每目之下写一篇提要，叙述作者的事迹、一书的源委、版本的异同、书的大意及其得失，使读者一览了然。乾隆帝又命令将著录书和存目书的提要汇编成一部"总目"，这种提要是由各纂修官分工起草，总纂官改定的。提要汇编在一起时，总纂官纪昀再作整改、成为专书，定名为《四库全书总目提要》，一共二百卷，或称《四库全书总目》，简称《四库提要》，乾隆皇帝肯定了这个提要，他下谕旨说："四库全书处将大典内检出各书，陆续进呈，详加披阅，间予题评。见其考订分排，具有条理，而撰述提要，粲然可观，则成于纪昀，际锡熊之手。昀学问本优、校书亦极勤勉，甚属可嘉，着加恩授为翰林院侍读以示奖励"，（蔡冠清代七百名人传，纪昀传）

又说:"四库全书总目提要现已办竣呈览,颇为详核,所有总纂官纪昀,陆熊着交部从优议叙。其协勘查校友会各员,俱着照例议叙",纪昀等编写提要的成绩是应该给予肯定的。从数量上看,四库全书有3470部,78018卷;存目书有6819部,94014卷;合有10289部,173052卷。在短短的八、九年中,纪昀、陆锡熊怎么能够本本精读而做出"颇为详核"的200卷提要呢?原来四库全书所根据的内府本和各省进呈本,都有简单的提要,加上当时纂修官有360人,多是博学专家,如戴震、彭元瑞、任大椿、邵晋涵、翁方纳、朱筠、王念孙、周永年、王尔烈,等等。李慈铭在他的《越缦堂日记》中说的更为清楚:"四库总目。虽纪文达(昀)、陆耳山(锡熊)总其成。然经部属之戴东原(震),史部属之邵南江(晋涵),子部属之周书昌(永年)皆各集所长。……然文达虽名博览,而于经史之学则实疏,集部尤非当家,经史幸得戴邵之助,经则力尊汉学,识诣既真,别裁自易。史则耳山本精于考订,南江尤为专门,故所失亦少,子则文达涉略既遍,又取资贷园,弥为详密。惟集部颇漏略乖错。多滋异议"。介绍了当时撰写总目提要的实际情况,也是一个公允的评价。分类校书以后,每个都类都做有原书提要,纪昀是最后审定、总编。当然经纪昀的增删考订,使它成为有体例、有组织、有见解的目录书,这个成就还是巨大的。尤其是存目书,虽未收入全书,但这些书的提要也编在这部总目内,许多书已经失传,我们还可以从存目书的提要内了解这些书的主要内容,这个功绩也是巨大的。

总目提要200卷,同样按史子集四部分类。经部用青绢包装,史部用赤绢,子部用白绢,集部用黑绢,象春夏秋冬四时之色。商务印书馆分四卷刊印。

篇目如下:

经部四十四卷:
① 易类十卷　　　　　　　　(存目在内)
② 书类四卷　　　　　　　　(存目在内)
③ 诗类四卷　　　　　　　　(存目在内)
④ 礼类七卷　　　　　　　　(存目在内)
⑤ 春秋类六卷　　　　　　　(存目在内)
⑥ 孝经类一卷　　　　　　　(存目在内)
⑦ 五经总义类二卷　　　　　(存目在内)
⑧ 四书类二卷　　　　　　　(存目在内)
⑨ 乐类二卷　　　　　　　　(存目在内)
⑩ 小学类五卷宗　　　　　　(训诂、字书、韵书、存目在内)

史部四十六卷:
① 正史类二卷　　　　　　　(存目在内)
② 编年类二卷、　　　　　　(存目在内)
③ 纪事本末类一卷　　　　　(存目在内)
④ 别史类一卷　　　　　　　(存目在内)

⑤ 杂史类四卷　　　　　　（存目在内）
⑥ 诏令奏议类二卷　　　　（存目在内）
⑦ 传记类八卷　　　　　　（存目在内）
⑧ 史钞类一卷　　　　　　（存目在内）
⑨ 载记类一卷　　　　　　（存目在内）
⑩ 时令类一卷　　　　　　（存目在内）
⑪ 地理类十一卷　　　　　（存目在内）
⑫ 职官类二卷　　　　　　（存目在内）
⑬ 政书类四卷　　　　　　（存目在内）
⑭ 目录类三卷　　　　　　（存目在内）
⑮ 史评类三卷　　　　　　（存目在内）

子部五十七卷：
① 儒家类八卷　　　　　　（存目在内）
② 兵家类二卷　　　　　　（存目在内）
③ 法家类一卷　　　　　　（存目在内）
④ 农家类一卷　　　　　　（存目在内）
⑤ 医家类三卷　　　　　　（存目在内）
⑥ 天文算法类二卷　　　　（存目在内）
⑦ 术数类四卷　　　　　　（存目在内）
⑧ 艺术类三卷　　　　　　（存目在内）
⑨ 谱录类二卷　　　　　　（存目在内）
⑩ 杂家类十八卷　　　　　（存目在内）
⑪ 类书类五卷　　　　　　（存目在内）
⑫ 小说家类五卷　　　　　（存目在内）
⑬ 释家类一卷　　　　　　（存目在内）
⑭ 道家类二卷　　　　　　（存目在内）

集部五十三卷
① 楚辞类一卷　　　　　　（存目在内）
② 总集类九卷　　　　　　（存目在内）
③ 别集类九卷　　　　　　（存目在内）
④ 诗文评类三卷　　　　　（存目在内）
⑤ 词曲类三卷　　　　　　（存目在内）

每部前面有总序，每类前面有小序。总序分经部总叙、史部总叙、子部总叙、集部总叙。兹引用子部总叙、集部总叙，以及经类小序、楚辞小序作为参考。

子部总叙：

"自六经以外，立说者皆子书也。其初亦相淆，自七略区而列之，名品乃定。其初亦相轧，自董仲舒别而白之，醇驳乃分。其中或佚不传，或传而后莫为继，或古无其目而今增，古各为类而今合，大都篇帙繁富。可以自为部分者，儒家以外，有兵家，有法家，有农家，有医家，有天文算法，有术数，有艺术，有谱录，有杂家，有类书，有小说家，其别教则有释家，有道家，叙而次之，凡十四类。儒家尚矣。有文事者，有武备，故次之以兵家。兵，刑类也。唐虞无皋陶，则寇贼奸宄无所禁，必不能风动时雍，故次以法家。民，国之本也；俗，民之天也，故次以农家。本草经方，技术之事也，而生死系焉。神农黄帝以圣人为天子，尚亲治之，故次以医家。重民事者先授时，授时本测候，测候本积数，故次以天文算法。以上六家，皆治世者所有事也，百家方技，或有益，或无益，而其说久行，理难竟废，故次以术数。游艺亦学问之余事，一技入神，器或寓道，故次以艺术。以上二家，皆小道可观者也。诗取多识，易称制器，博闻有取，利用攸资，故次以谱录。群言岐出，不名一类，总为荟萃，皆可采撷菁英，故次以杂家，隶事分类，亦杂言也，旧附于子部，今从其例，故次以类书。稗官所述，其事末矣，用广见闻，愈于博弈，故次以小说家。以上四家，皆旁资参考者也。二氏，外学也，故次以释家、道家终焉。夫学者研理于经，可以正天下之是非，征事于史，可以明古今之成败，余皆杂学也。然儒家本六艺之支流，虽其间依草附木，不能免门户之私。而数大儒明道立言，炳然具在，要可与经史旁参。其余虽真伪相杂，醇疵互见，然凡能自名一家者，必有一节之足以自立，即其不合于圣人者，存之亦可为鉴戒。虽有丝麻，无弃菅蒯，狂夫之言，圣人择焉。在博改而慎取之尔。"

在这篇"子部总叙"中，把子书发展的原委中心要旨，以及著书人的爵里、经历，介绍得十分详尽，极方便于读者。

下面再引子部中的儒家类小序作为参考。

儒家类一

"古之儒者，立身行己，育法先王，务以通经适用而已，无敢自命圣贤者。王通教授河汾，始摹拟尼山，递相标榜，此亦世变之渐矣。迨托克托等修宋史，以道学、儒林分为两传。而当时所谓道学者，又自分二派，笔舌交攻。自时厥后，天下惟朱、陆是争，门户别而朋党起，恩雠报复，蔓延者数垂百年。明之末叶，其祸遂及于宗社。惟好名好胜之私心不能自克，故相激而至是也。圣门设教之意，其果若是乎？今所录者，大旨以濂、洛、关、闽为宗。而依附门墙，藉词卫道者，则仅存其目。金溪姚江之派，亦不废所长，惟显然以佛语解经者，则斥入杂家。凡以风示儒者，无植党，无近名，无大言而不惭，无空谈而鲜用，则庶几孔孟之正传矣"。

小序之后，则列子家书目，如：

（孔子家语十卷）内府藏本魏王注，字子雍。

东海人，官至中领军散骑常侍，事迹见三国志本传……

（荀子二十卷）内府藏本 周荀况撰，况赵人，尝仕楚为兰陵令，亦曰荀卿。汉人或称曰孙卿,则以宣帝讳询,避嫌名也。汉志儒家、载荀卿三十三篇。王应麟考证,谓当作三十二篇,刘向校书序录,称孙卿书凡三百二十三篇,以相校,除重复二百九十篇,定著三十三篇为十二卷,题曰新唐杨倞分易旧第。编为二十卷,复为之注,更名荀子,即今本也,考刘向序录卿以齐宣王时,来游稷下后仕楚,春申君死而卿废。然史记六国年表,载春申君之死,上距宣王之末,凡八十七年。史记称卿年五十始游齐。则春申君死之年,卿年当一百三十七矣,于理不近,晁公武读书志,谓史记所云年五十,为年十五之讹,意其或然。宋濂荀子书后,又以为襄王时游稷下。亦未详说所本。总之战国时人尔,其生卒年月,已不可确考矣,况之著书,主于明周孔之教,崇礼而勤学,其中最为口实者,莫过于非十二子,及性恶两篇,王应麟困学纪闻,据韩诗外传所引,卿但非十子,而无子思孟子,以今本为其徒李斯等所增。不知子思孟子,后来论定为圣贤耳,其在当时,固亦卿之曹偶,是犹朱陆之相非,不足讶也。至其以性为恶,以善为伪诚未免于理未融,然卿恐人恃性善之说,任自然而废学,因言性不可恃,当勉力于先王之教。故其言曰,凡性者天之所就也,不可学,不可事。礼义者,圣人之所生也,人之所学而能,所事而成者也不可学、不可事,而在人者谓之性,可学而能,可事而成之在人者,谓之伪,是性伪之分也。其辨自伪字甚明,杨倞注,亦曰伪为也,凡非天性而人作为之者,皆谓之伪。故伪字人旁加为,亦会意字也。其说亦合卿本意。后人昧于训诂,误以为真伪之伪,遂哗然掊击,谓卿蔑视礼义,如老庄之所言,是非惟未睹其全书,即性恶一篇,自篇首二句以外,亦未竟读矣。平心而论,卿之学源出孔门,在诸子之中,最为近正,是其所长,主持太甚,词义或至于过当是其所短。韩愈大醇小疵之说,要为定论。余皆好恶之词也。杨倞所注,亦颇详洽,唐书艺文志,以倞为杨汝士子,而宰相世系表,则载杨汝士三子,一名知温,一名知远,一名知至,无名倞者,表志同出欧阳修乎,不知何以互异,意者倞或改名,知温庭筠之一名岐歆。

这就把荀子一书作者的一生事迹,成书过程,书中要点,卷数,始末源流、著者、纷争,甚至著者的爵里事迹,都扼要地加以介绍,从中可以看出提要的优越性。

集部·总序:

集部之目,楚辞最古,别集次之,总集次之,诗文评又晚出,词曲则其闰余也。古人不以文章名,故秦以前书,无称屈原、宋玉工赋者。

洎乎汉代,始有词人。迹其著作,率由追录。故武帝命所忠求相如遗书。魏文帝亦诏天下上孔融文章。至于六朝,始自编次。唐末又刊版印行。夫自编则多所爱惜,刊版则易于流传。

四部之书,别集最杂,兹其故欤。然典册高文,清辞丽句,亦未尝不高标独秀,挺出邓林。此在鞫刘佢言,别裁伪体,不必以猥滥病也。总集之作,多由论定。而兰亭金谷,悉觞咏于一时。下及汉上题襟,松陵倡和。丹阳集惟录乡人,箧中集则附登乃弟。虽去取佥孚众议,而履霜有渐,已为诗社标榜之先驱。其声气攀援,甚于别集。要之,浮华易歇,公论终明,岿然而独存者,文选玉台新咏以下数十家耳。诗文评之作,著于齐梁,观同一八病四声也。钟嵘以求誉不遂,巧致讥排,刘勰以知遇险独深,继为推阐。词场恩怨,亘古如斯。冷斋曲附乎豫章，石林隐排乎元祐。党人余衅，报及文章，又其已事矣。固宜别白存之，各核其实。至于倚声末技，分派诗歌，其间周柳苏辛，亦递争轨辙。然其得其失，不足重轻。姑附存以备一格而已。大抵门户构争之见，莫甚于讲学，而论文次之。讲学者聚党分明，往往祸延宗社。操觚之士，笔舌相攻，则未有乱及国事者。盖讲学者必辨是非，辨是非必及时政，其事与权势相连，故其患大。文人词翰所争者，名誉而已，与朝廷无预，故其患小也。然如艾南英以排斥王李之故，至以严嵩为察相，而以杀杨继盛为稍过当。岂其扪心清夜，果自谓然。亦朋党既分，势不两立，故决裂名教而不辞耳。至钱谦益列朝诗集，更颠倒贤奸，彝良泯绝。其贻害人心风俗者，又岂鲜哉！今扫除畛域，一准至公。明以来诸派之中，各取其所长，而不回护其所短。盖有世道之防焉，不仅为文体计也。

在这段序言中，叙述了总集别集以及诗词曲之形成。同时也说明了各学派的争论得失，并指出讲学分派会与治相连，是应该注意的。这就不仅指出源流而且提示了要点，发挥了序言的作用。我们也从中了解了他们在集部收书的指导思想。

后面在楚辞类前有一小序，其文是这样：

哀屈宋诸赋，定名楚辞，自刘向始也。后人或谓之骚，故刘勰品论楚辞，以辨骚标目。考史迁称"屈原放逐，乃著离骚"，盖举其最著一篇。九歌以下，均袭骚名，则非事实矣。隋志集部以楚辞别为一门，历代因之。盖汉魏以下，赋体既变，无全集皆作此体者。他集不与楚辞类，楚辞亦不与他集类，体例既异，理不得不分著也。杨穆有九悼一卷，至宋已佚。晁补之、朱子皆尝续编，然补之书亦不传，仅朱子书附刻集注后。今所传者，大抵注与音耳。注家由东汉至宋，递相补苴，无大异词。迄于近世，始多别解。割裂补缀，言人人殊。错简说经之术，蔓延及于词赋矣。今并刊除，杜窜乱古书之渐也。

这段小序介绍了楚辞源流情况。小序后面便著录书目，书目下面为提要。我们引一例为说明：

山带阁注楚辞六卷，楚辞余论二卷，楚辞说韵一卷。

国朝蒋骥撰。骥字涑塍，武进人。是书自序题康熙癸巳，而余论上卷有"庚子以后，复见安溪李氏离骚解义"之语，盖余论又成于注后也。注前冠以史记屈原列传，沈亚之屈原外传、楚世家节略，以考原事迹之本末。次以楚辞地理，列为五图，以考原涉历之后先。所注即据事迹之年月、道理之远所，以定所作之时地。虽穿凿附会，所不能无；而征实之谈，终胜悬断。余论二卷，驳正注释之得失，考证典故之同异。其间诋诃旧说，颇涉轻薄。如以少司命为月下老人之类，亦几同戏剧，皆乖著书之体。再汰其冗芜，简其精要，亦自瑕不掩瑜。说韵一卷，分以字母，通以方音。又博引古音之同异。每部列通韵、叶韵、同母叶韵三例，以攻顾炎武、毛奇龄之说。夫双声互转、四声递转之二例，沙随程迥已言之，非骥之创论。然实不知先有声韵，后有字母，声韵为古法，字母为梵学，而执末以绳其本，至于五方音异，自古已然，不能谓之不协，亦不能执以为例。黄庭坚词用蜀音，以笛韵竹。林外词用闽音，以扫韵锁。是可据为典要，谓宋韵尽如是乎？又古音一字而数叶，亦如今韵一字而重音。佳字佳、麻并收，寅字支、真并见，是即其例。使非韵书俱在，亦将执其别音攻今韵之部分乎？

盖古音本无成书，不过后人参互比较，择其相通之多者，区为界限。犹之九州列国，今但能约指其地，而不能一一稽其牙相错之形。骥不究同异之由，但执一二小节，遽欲变乱其大纲，亦非通论。以其引证浩博中亦间有可采者，故极从原本，与余论并附录焉。

这段提要可以说较详尽地介绍了《山带阁注楚辞》一书的概貌。既有肯定，指明优点何在；又有指责，缺点在何处。所持的态度较为公允，而且所言还是切中要害，令人信服的。

《山带阁注楚辞》这本书，于1958年中华局出版。在出版说明中指出，是清代学术研究楚辞方面的重要著作。它的价值有两点，其一说："用知人论世的方法来阐明作品的内涵，颇多精辟之见。就其总的精神来说，是实事求是的"。又说"蒋氏又说，论其造诣，在清代楚辞研究著作中，当与王夫之楚辞通释，戴震屈原赋注鼎足而三"。这种评价还是合格的，是我们研究楚辞的一部重要参考书。

正如在凡例中所说："每书先列作者之爵里，以论世知人，次考本书得失，权众说之异同，以及文字增删，篇帙分合，皆详为订辨，巨细不遗"。

而在每类后面还有跋语，如子部，儒家类后面的跋语是："案：八儒三墨，见于荀子，非十二子，亦见于荀子，是儒术构争之始矣。至宋而门户大判，雠隙相寻，学者各尊所闻，格斗而不休者，遂越四五百载。中间递兴递灭，不知凡几，其最著者，新安、金溪两宗而已，明河东一派，沿朱之波。姚江一派，嘘陆之陷。其余千变万化，总出入于二者之间。脉络相传一一可案。故王圻续文献通考，于儒家诸书，各以学派分之，以示区别。然儒者之患，莫大于门户。后人论定，在协其平。圻仍以门户限之，是率天下而斗也，于学问何有焉。今所存录，但以时代先后为序，不问其源出某某，要求其不失孔孟之旨而已。各尊一继弥之小宗，而置大宗于不问，是恶识学问之本原哉"。

这正是凡例所说的"如其义有未尽例有未该"在后面再加以说明。

有时在子目下还加案语，《御定孝经衍义》一百卷条下："谨案是书为顺治十三年奉敕所修，至康熙二十一年告成。圣祖仁皇帝亲为鉴定，制序颁行。"

这正符合凡例上所说的"则或于子目之末，或于本条之下，附注案语，以明通变之由"。

综上所引，可以看出全书结构整齐，系统连贯，真合于章学诚所说："著录部次，辨章流别，将以折衷六艺，宣明大道，不徒为甲乙纪数之需"。（《校雠通义》）总目提要不是单纯记录目录，而辨章学术，宣明大义的作用非常突出。

史料价值：

《四库提要》是我国最大的目录书，也是研究目录学的重要参考书。中国目录学产生的很早，但失的失、残的残。如刘向别录、阮孝绪七录失了；崇文总目、直斋书录解题残了。到今天还完整存在的除史书艺文志、经籍志外，也只有宋晁公武的郡斋读书志、明焦竑的国史经籍志、清黄虞稷的千顷堂书目、周中孚的郑堂读书记几种了。其他皆是藏书目录，没有太大目录学的意义。因此，四库提要在目录学上的史料价值就更高了。

在提要内容上，具有普通的指导作用。中国历代内籍十分丰富，四库全书总目所列有一万多部，对这样庞杂的书籍，参阅起来就会苦于无从下手。四库提要不但提供了书目而且还做了提要，指导我们选择阅读、搜集材料，可以起到事半功倍的作用，省去许多摸索工夫，这就要章学诚所说的："欲人即类求书，因书究学"的指导作用。四库提要可以说是学者的良师。

在史料鉴别上，具有科学态度。目录提要和现在的古籍介绍的性质差不多。著录一种书，必须认真的分析原委，评论其 价值之所在。他们在究源溯本、辨别考证上，广为收罗，参考各方面书籍，大致具有实事求是的科学态度。即以辨伪一项而论，编者们投入了很大的劳动，对于现存的古书，一般都给予一番考订审查，指出谁真谁伪，及其真伪程度。梁启超极为肯定他们的成绩，说"总目提要所认为真的未必便真，所指为伪的一定是伪我敢断言"（《中国近三百年学术史》)，看来提要的参考价值是肯定的。

5.《四库全书简明目录》的编制

四库全书总目提要二百卷，卷册的数目仍然是十分繁多的，翻阅起来同样很不容易。曾在乾隆三十九年（1774年）提出编个四库全书简目的计划，只记载四库全书所著录的书名、卷数，注明某朝某人撰写，并且简略记叙几句有关的话，便于阅读。直到乾隆四十七年（1782）才编成这部《四库简明目录》二十卷，没有著录存目，对《四库提要》说是个只占十分之一篇幅的凝缩品，是个真体微的"总目"。给阅读者提供了方便，节省了读者许多宝贵时间。四库全书、四库全书总目提要、四库全书简明目录名义上都是由乾隆第六子永瑢领衔编纂的，而实际工作都是纪昀做的，总其成的。当时馆臣赵怀玉录出《简目》副本，于乾隆四十九年（1785）在杭州刊印。从时间上看"简目"较"四库提要"问世年代为早，因此也就出现"简目"初印染本与四库全书和四库提要有出入的情况。

在地方上首先刊印四库提要的是浙江省。乾隆59年，浙江署布政司谢启昆、署按察使司秦瀛、都转盐运使司阿林何等，因为看到学子们抄录总目提要的特别多，供不应求，于是请示巡抚兼盐政的吉庆，借文澜阁藏本校对刊行，以利于学者。地方上捐款刊印的有浙江的沈青、沈以澄、鲍士恭等人，在大家共同努力下，于乾隆六十年竣工。

简明目录与总目提要有不吻合的地方，举一二例说明之。总目提要经部易类三；原本周易本义十二卷，附重刻周易本义四卷；简明目录就分成二部书。一作原本周易本义十二卷，一作别本周易本义四卷。下面注释说：谨案总目此部不存。显然这是明显的出入。又有，总目提要尊称朱熹为朱子，简明目录则直称朱熹。再有，总目提要把董楷标为宋代人，简明目录在同条中却误作为元代人。这些不符的地方自然要给读者带来勘误上的麻烦，但简明目录仍然不失为一本有用的参考书。鲁迅先生给一位学习古典文学的大学生开列过一张包括 12 种应读古书的书单，其中便有简明目录，下面写道："其实是现有的较好的书籍之批评，但须注意其批评是'钦定'的"。鲁迅先生肯定了它的优点，同时也指出是封建皇帝定的，可注意其中的封建性糟粕，这就告诉青年学生，应善于批判接受和使用这部目录著作。

《简明目录》的体例与《总目提要》是一致的，只在提要内容上有所凝缩而已。为了参照二者的内容繁简，下面举例中，正文是《简明目录》的原文，括弧中指明与总目提要不同之处。以子部一为例：

子部一

儒家类（总目提要有序言）

孔子家语十卷

魏王肃注。（总目提要有王肃的小传）家语虽名见汉志。（总目提要说，考汉书艺文志有孔子家语二七卷，颜师古注云非：今所有家语）而书则久佚，今本盖即王肃所依托（总目提要：又载马昭之说，谓家语王肃所增加，非郑所见），以攻驳郑学，马昭诸儒已论之详矣。然肃虽作伪，实亦割裂诸书所载孔子逸事缀辑成篇。大义微言，亦往往而在。故编儒家之书者，终以为首焉。

荀子二十卷

周荀况撰。（总目提要撰有荀况小传）唐杨倞注。况亦孔氏之流，其书大旨在劝学，（总目提要：主于明周孔之教，崇礼而劝学）而其学主于修礼，徒以恐人恃质而废学，故激为性恶之说，（总目提要：至其以性为恶，以善为伪，诚未免于理未融）受后儒之诟厉。要其宗法圣人，诵说王道，终以韩愈"大醇小疵"之调为定论也。（总目提要：平心而论，卿之学源出孔门，在诸子之中，最为近正，是其所长，主持太甚，词义或至于过当，是其所短。韩愈大醇小疵之说，要为定论，余皆好恶之词也）倞注多明古义，亦异于无稽之言（总目提要：杨倞所注，亦颇详洽）。

孔丛子三卷

旧本题曰孔鲋撰。（总目提要：鲋字子鱼，孔子八世孙，仕陈胜为博士）凡二十一篇。未为连丛子上下二篇。题汉孔臧传。（总目提要：臧，高祖功臣，孔丛子之嗣，爵蓼侯，武帝时官太常……皆依托也。然隋志著录。其来已久。且亦缀合孔氏之遗文，故相沿莫。

以上面引录的著录中可以看出，《简明目录》对书籍介绍比较扼要，文字简明；《总目提要》介绍的则比较详细；《简明目录》是凝缩本，是对总目提要的凝缩。因此要看读者的需求，问题的简易与繁杂，来使用两种内容相同的书。

6. 几部与《四库》有关的书

（1）《增订四库简明目录标注》

这一部书为清代邵懿辰撰，邵章续录。

邵懿辰，字位西，清代道光 11 年举人，官至刑部员外郎，咸丰四年，在济宁防河无效，被罢官归里。他博览典章，精通文史，尤其精通目录之学，著有《礼经通论》、《杭谚诗》等。编《四库简明目录标注》二十卷，分别本之存失，与刻之善否。

他读书时特别注意书籍的源流，内容之得失，版本之优劣，如果发现有什么不同，便随时记入《四库简明目录》的书眉和地脚上，几乎遍漏上下方，没有空隙。这部书被他的好友傅霖借去而未还。邵懿辰死后，家中书籍全佚失了。他的孙子在一次偶然之间见到项的亲属孙氏，这部书在项家，索归，写定副本、流传下来。其曾孙邵章在董康处见一流传副本，上面有孙仲睿、黄绍箕、周星诒、王颂蔚等藏书名家的眉端批注。邵章还结合自己读书时的搜集，整理成书。体例上是将诸家在民眉端的批注列为附录，下注名字，不知道名字的便注为"某氏"。如附录中目录后面有（星诒）或（颂蔚）等字样，便是邵章根据咸丰以后的续出书，又补充 标注和附录所未涉及的版本，写成"续录"，作为补充，定书名为《增订四库简明目录标注》。

此书的体例完全按照《四库简明目录》，不作提要，只在版本稍作介绍。书前有光绪年间缪荃孙的序言，书中著录为邵懿辰，附录是当时版本专家的补注，续录是邵章的补注。书后附有邵懿辰作的跋文等数篇，及邵伯（邵章父）辑的《四库未传本书目》和邵家家藏的刘喜海的《东国书目》。

这部目录书历来在学术界评价较高。缪荃孙在序言中说，它能"普及天下学人"，并说张之洞很推崇这部书，说它"渊雅闳通，如数家珍"。它的优点在于："四库所储，有不应收而收者，有应收而不收者。有所收之本，不及未收之本者，有所收据大典，而原书尚有旧刻旧钞者，有无宋无旧刻，止有明刻为祖本者，明与本朝，先后几刻有足有不足，有佳与不佳。而四库未收之本，后出之书，以类相从，夹注于后"。这不但便于读者考订版本之存佚和所刻之善否，同时节省许多翻检搜索的时间。

阅读本书时要与《四库简明目录》合读，简明目录虽没有四库提要之详尽，但却有简略的提要，介绍书籍之内容。而简明目录标注则无提要，却说注版本。二书合读，即可知晓书的要旨，又可洞悉版本源流。兹列举《杜工部年谱》为例：

杜工部年谱一卷

宋赵子栎撰。子栎与鲁訔（音银）皆绍兴中人，而訔所著杜甫年谱。子栎未见。故谱中惟与吕大防辨，持论亦未甚确。以宋人旧帙，存以备说杜诗者之参考尔。

杜工部诗年谱一卷

宋鲁訔撰。訔尝注杜甫诗。冠以此谱。今其注佚而谱存。颇有失考之处。而较赵子栎谱，则已密矣。

《增订四库简明目录标注》著录如下：

杜工部年谱一卷

宋赵子栎撰。鸡肋编称宗室子栎，于宣和中进杜诗韩文二谱。除从官。则此说作于北宋时矣，又有韩文谱，似已失传，未知即吕大防所作否。

蒋寅昉有钞本草堂长笺后附赵鲁二谱。

（续录）杜氏刊本，题下卷。方氏刊本。华新印刷局铅印机。

从前面摘录二书原文即可看出二书互参颇有好处。如对《杜工部诗年谱》简明目录则说鲁訔撰，比赵子乐说详细，邵懿辰在目录标注上说他见到彭漱六的宋刊草常诗笺，是蔡梦弼注，把鲁谱放在卷首。一般人认为草堂诗笺是鲁訔撰的，这是个错误。标目不但补充了简明目录的不足，而且还纪正了误解。

下面我们再摘引具体作品的例子看看。以白氏长庆集为例。《简明目录》著录如下：

白氏长庆集七十一卷

唐白居易撰。居易诗格与元稹同，而深厚则过之。故张为主客图，以居易为广大教化主。稹不与焉。其集自宋迄今,惟此一本,但或题长庆集,或题白氏文集,其标目行款,其所改削耳。

《目录标注》著录如下:

白氏长庆集七十一卷。唐白居易撰。

明马列氏刊本。明山兰雪堂活学版本。明菇苏钱就龙刊本。明郭勋编刊本三十六卷。宋刊白氏文集。十一行。行二十一字。明刊白氏策林,即自集内辑出。

(附录)兰雪本。每叶十六行,目录双行,书前有无微之序。板鱼尾上有兰雪堂三字(诒让)

(续录)宋刊小字残本,存十七卷,十一行二十一字。(黄目)残宋本白氏文集。十一行二十一字。题目低四格,有黄丕烈跋。(汪目)宋绍兴刊残本,缺三十一之三十三,及三十五,三十六,凡五卷皆钞补,中遇构字,注犯御名,桓字注渊圣御名。盖绍兴三十年前刻。昭文张氏藏。旧本刻本祗前五十卷为长庆,以下为后集,而仍以五十一计数。凡七十卷。然马编与马本不同,盖仍原本也。汲固阁校本(子晋斧季合校)与朋刊小字本,俱藏吴门黄氏,汲古阁本又归张金吾。明武定侯本。四部丛刊本。日本元和那波道圆活字印本。傅源叔有日本活字本,计十帙七十卷,总三千五百九十四首。九行十八字,流放有古意。明刊白氏策林,十行二十一字。明娄坚元白合刻本。

从上述摘录中可看出。《简明目录》只介绍元白诗格的不同。自宋至清惟此一本。只是标目行款有所不同,比较简略。而《目录标注》介绍了白氏长庆集各种注本,附录中孙诒让介绍了兰雪本,续录中邵章介绍了中外版本流传和残缺以及行款的情况,使我们一目了然。如果我们二本合读,基本上可以了解所要读之书的基本概貌,《简明目录标目》确实具有极大的参考价值,不失为一部好书。

中华书局于1959年刊印出书,并编制出综合索引。有四角号码检字表和笔画顺序检字对照表,便于读者检查。

中华书局于1959年刊印出书,并编制出综合索引。有四角号码检字表和笔画顺序检字对照表,便于读者检查。

中华书局于1963年第二次重印。

上海古籍出版社于1979年复印,精装成册,很受读者欢迎。

(2)其他有关书目

《四库全书荟要目》一卷,清庆桂等编。

《摘藻堂四库荟要目》

《四库全书考证》一百卷,清四库全书馆编。

《禁书总目》、《销毁书目》、《抽毁书目》、《违碍书目》清姚觐元编。

《清代禁书知见录》孙殿起撰。

《四库全书总目提要补正》六十卷宗,胡玉缙撰。

《四库提要辩证》二十四卷,余嘉锡撰。

《文溯阁四库全书提要》一百二十卷，金毓黻校。
《四库全书总目及未收书目引得》燕京大学引得编纂处编。
（3）《四库全书大辞典》，杨家骆编，1931年南京辞典馆印行。《四库全书学典》，杨家骆编，1946年上海世界书局印行。

这两本书在内容上基本相同，都是将《四库全书目录》中著录的书名一万多、人名七千多作为词条综合编排而成。在书名条目下，注明卷数，作者姓名，简单的提要，版本和所属四部类目。版本一项是《四库全书总目提要》所没有而增补的；在人名条目下，则列举《四库全书总目》中作者所著书名，简略的小传和传记资料出处。小传的叙述比《总目提要》详细，以便查考作者生平事迹。这两本书的优点是补充了版本、作者小传等材料；人名下注书名；书名下注类目；还有异名，别号互见条，都起有索引的作用。但提要过于简略，还不能代替《总目提要》。

辞典的查阅方法是四角号码。举例说明，如查找"唐"字，四角号码为0026，便查到"唐"字，则把有关的著录书名和人名都排列在一起了。摘引如下：

唐诗鼓吹十卷
金元好问编。是编所录，皆唐人七言律诗，凡九十六家。大抵以高华沈著为宗。去取颇为精审。〇明初刊本为佳。万历己卯廖文炳补注本为劣。清初刻本，即存目陆贻典等增注本也。明有经厂本见酌中志元刊本。〇总集三。

把编者，书的主要内容，风格、版本，以及所属四部类目都说清楚了。
再摘引人名条为例：

唐伯元
二程年谱。〇明澄海人。字仁卿，万历进士。历南京户部郎中，受业吕怀，践履笃实，而深疾王守仁新说。后为吏部郎。佐尚书孙丕扬澄清吏治，气罢去。清苦淡泊，为岭海士大夫仪表〇明史卷二百八十二儒林传。

"二程年谱"中唐伯元的著作。然后介绍他的小传。
《四库全书字典》检阅方法是按检字的笔画。如查"张"字，它的笔画是十一画，部首是"弓"字。找到"张"字，在这条下，凡是张字书籍都按顺序列出；人名也列出。你可找到：《张子全书》（宋张载撰）《张小山小令》（元张可久撰）《张司业集》，等等；人名可找到张九龄、张元干、张先、张守节、张孝祥、张志和，等等，其下部有小传和著作介绍。

检阅方便，对读者极为有益。

七、私家藏书目录

1. 别史目录
（1）《通志·艺文略》
南宋时期，我国图书目录已经发展到极其兴盛繁荣的时期，出现了郑樵的《通志艺文略》和马端临的《文献通考·经籍考》等别史目录。这种综合性系统目录巨著的出现，压倒了当时的官修目录。在学术研究上的参考使用价值是很大的。

我国史学、目录学中的史料学和编纂学的历史发展过程，到北宋时期都达到了高峰。到南宋时期就出现了在"会通"意义的要求下编纂通史，而通史中又形成包括综合性系统目录这一大流派。通史中的系统目录虽然可以归属到史志目录的范畴之内，但它不是纪一代之藏书，也不是纪一代之著述，而是"总古今有无之书"的。这一流派是在壮佑通典的影响下，开始于郑樵的通志，大成于马端临的文献通考。

郑樵（1104—1162 年）字渔仲，号夹漈，莆田人。他出生于一个中等读书人家，自幼在家乡专心博览群书。1127 年，靖康二年，金兵攻入汴京，把徽、钦两个皇帝掳走，赵构在临安建立南京政权。他想以身报国，但没人听他的建议，于是他奋发读书想在学业中有所造诣。

他读书注重实际，反对当时封建统治阶级所提倡的义理辞章之学，反对他们用"空言"著作，反对他们用"虚言"作笺注。他认为以虚妄治学会走上"因疑而求，因求而迷，因迷而妄"的道路，他主张实学就是书本知识与客观实际相结合，并从中找出规律。他说："善为学者，如持军治狱，若无部伍之法，何以得书之纪？若无核实之法，何以得书之情？"他所说的部伍之法，显然就是用概括来求规律，即他的"类例"方法；核实之法就是使书本知识与具体实践相结合。这是郑樵做学问的方法，也是做目录学的最基本的方法。

他用部伍核实的方法，概括出其中的"类例"，然后用图、用表、用说把那些类例表达出来。如他对于天文有天文图，对于地理有百川源委图，对于语言文字有"象类书"（字形的类），有"分音之类"，有"韵图"（字音的类）。对各门字问都能会通知类，对六经自然会贯通，不同于虚言无实的笺注之学。

他在四十五岁时，把自己的著作缮写一部分，亲自到临安献给皇帝，还写了一封"献皇帝书"叙述自己做学问的经过。用"十年为经旨之学"，"三年为礼乐之学"，"三年为文字之学"，"五六年为天文地理之学"，"八九年为讨论之学，为图谱之学，为亡书之学"，三十年的读书计划，在图书目录方面费了八九年的时间，几乎占全部时间的三分之一。在"献皇帝书"中又说："八九年为讨论之学，为图谱之学，为亡书之学，以讨论之所得者，作群书会纪，作校雠备略、作亡书正讹。以图谱学作图书志，作氏族源。以亡书之所得作求书阙记、作求书外记、作集古系时录、作集古系地录"。他在目录著作中有艺文略、图谱略、金石略、校雠略。艺文略原为单行本书，名为群书会纪。《通志》原为通史，故艺文略亦即史志之流。校雠略以说明分类编目之意见，主张编次亡书。所以说以艺文略和校雠略最为重要。他为什么不称为目录，而称为"讨论之学"呢？就是因为他做目录工作，目的是用部伍和覈实的方法，求出目录中的类例，然后用类例的方法和理论，建成更综合更系统的目录。这确是郑樵的高见。

他编著通史的计划早就草成了，期望编成一部"可为历代有国家者之纲纪规模"的通史。在他五十六岁时，他担心如果病死，他的通史便永远不能完成，因此未免草率从事。

只用两年的时间便脱稿，这就是有名的《通志》二百卷。郑樵也于次年春天（1162年）离开了人间。

因为成书草率，所以常常遭到后人的指责。所指的缺点是存在的，不需要为郑樵作辩护，但通志的思想体系和郑樵撰写通志的部伍方法与核实精神，对于后世学术思想的影响是巨大的，这是应该肯定的优点。通志凡帝纪十八卷，皇后列传二卷，年谱（年表）四卷，略五十一卷，列传一百二十五卷。《四库全书总目提要》说"其平生之精力，全之菁华。惟在二十略而已"，这个评价是公正的。

当然二十略也不完全都好，凡是他做过切实研究和他们"上书皇帝的经旨、礼乐、文字、天文、地理、讨论、图谱、亡书等有关的略，都较扼要地阐述了解其中史实，都是较好的，对后世都有好的影响。在目录方面，有艺文、校雠、图谱、金石四略是属于好的。

艺文略是就《群书会纪》改编而成的。群书会纪原有三十六卷，艺文略仅有八卷。卷数减少是由于合并，并不是删减了内容。艺文略还有一些案语，这些案语是郑樵在著录某些古代文化典籍的时候，得出自己的见解和研究成果，与过去目录中的小序或解题是有所区别的，使读者能看到新成果。

他在《上宰相书》中说："观群书会纪，则知樵之艺文志异乎诸史之艺文"，指出艺文略的特点，异在何处？下面分三点来谈。

第一，艺文略不是纪一代藏书之盛，也不是纪一代著作的，而是"纪百代之有无"，"广古今而无遗"的通史艺文志。宋代和宋代以前的史志目录都是纪一代藏书之盛的，都是依据当代官修的政府藏书目录编成的；《通志·艺文略》编制的目的是"纪百代之有无"，并且"广古今而无遗"，他所依据的材料就不完全是政府藏书目录，必须要广泛利用他以前的一切目录参考资料。艺文略共著录图书10912部，110972卷，这个数目是空前的。汉书艺文志、隋书经籍志共著录五万卷图书，唐书经籍志又著录了五万多卷图书。北宋三部国史艺文志（即三朝国史艺文志，吕夷简修，包括宋太祖、太宗、真宗三朝；两朝国史艺文志，王修，包括仁宗、英宗两朝；四朝国史艺文志，李焘修，包括神宗、哲宗、徽宗、钦宗四朝。）共著录七万多卷图书，去掉相互之间重复的部分，也不过十一多万卷。所以说艺文略基本上做到了"纪百代之有无"，他的成就以前是没有过的。

第二，艺文略"异乎诸史之艺文"的另一点是"类例"。郑樵用部伍方法、核实精神创建了一种新的分类体系，是他对中国目录学的一大贡献。他说："类书犹持军也，若有条理，虽多百治；若无条理，虽寡而纷。类例不患其多也，患处多之无术耳。"他如果为了纪百代之有无，把书乱堆放在一起，又有什么意义呢？而且也无法使用。他不但空前编汇了十一万多卷图书，还能处多有术，他不用四分法，也不用七分法，而是首先分为十二个大类（第一位类），再分小类（第二位类），小类中更分种（第三位类），这样的分类体系是从前所没有的，是个创举，而且是科学的。他在艺文略中一共分12大类，82小类，442种，10912部，110972卷。宋代以前分类表只能分到两位，从郑樵开始才分到第三位类，这是分类史上一大进步。他在校雠略内对分第三位类的理由说得很清楚，他说："诗本一类也，以图不可合于音，音不可合于谱，名物不可合于诂训。故分为十二种"。又说"礼虽一类而有七种，以仪礼杂于周官可乎？"他认为有些书虽同类但就其性质看，不能勉强混在一起，所以分成第三位类。而把第三位类称为"种"，说明第三位类的必要性，有了第三位类，就可看出旧分类体系的缺欠。这是郑樵的创见，但他只能分到第三位类，不能发展到第四位类，这是他们个人能力所限。

第三，他对于系统目录所起的作用有较深刻的认识。他在校雠略中说："类例既分，学术自明。以其先后本末具在，观图谱者可以知图谱之所始，观名数者可以知名数之相承。谶纬之学盛于东都，音韵之书传于江左，传注起于汉魏，义疏成于隋唐。睹其书可以知其学之源流。"这段说明了分类目录的作用，体会是较深刻的。

郑樵还进一步说明了分类目录在促进学术发展上所起的作用，他说："学之不专者为书之不明也，书之不明者为类例之不分也。有专门之书则有专门之学，有专门之学则有世守之能。人守其字，学守其书，书守其类。人有存没而学不息，世有变故而书不亡"。这是郑樵对目录学的根本主张，他在通志总序内一再强调说："学问不苟且由源流之不分，书籍之散亡，由编次之无纪。"他对目录的作用十分重视，他又说："古人编书必究本末。上有源流，下有沿袭，故学者亦易学，求者亦易求"，最终目的是便于读书翻阅。

就艺文略全书的目录内容来看，是比任何旧目录都高出了一等。

通志卷首有篇总序很有文献价值，录于下：

通志总序：

"百川异趋，必会于海，然后九州无浸淫之患；万国殊途，必通诸夏。然后八荒无壅滞之忧。会通之义大矣哉！自书契以来，立言者虽多，惟仲尼以天纵之圣，故总诗书礼乐而会于一手，然后能同天下之文；贯二帝三王而通为一家，然后能极古今之变；是以其道光明百世之上，百世之下不能及。

仲尼既没，百家诸子兴焉，各效论语，以空言著书；至于历代实迹，无所纪系。追汉建元，元封之后，司马氏父子出焉。司马氏世司典籍，工于制作，故能上稽仲尼之意，会诗、书、左传、国语、世本、战国策、楚汉春秋之言，通黄帝、尧、舜至于秦汉之世，勒成一书，分为五体：本纪纪年，世家传代，表以正历，书以类事，传以著人，使百代而下，史官不能易其法，学者不能舍其书，六经之后，惟有此作。故谓语周公五百岁而有孔子，孔子五百岁而在斯乎。是其所以自待者已不浅。

然大著述者，必深于博雅，而尽见天下之书，然后无恨。当迁之时，挟书之律初除，得书之路未广，亘三千年之史籍，而局蹐于七、八种书，所可为迁恨者，博不足也。凡著书者，虽采前人之书，必自成一家言。左氏，楚人也，所见多矣，而其书尽楚人之辞。公羊，齐人也，所闻多矣，而其书皆齐人之语。今迁书全用旧文，间以俚语，良由采摭未备，笔削不遑。故曰：予不敢堕先人之言，乃述故事，整齐其传，非所作也。刘知几亦讥其多聚旧记，时插新言。所可为迁恨者，雅不足也。

大抵开基之人，不免草创，全属继志之士，为之弥缝。晋之乘，楚之梼杌，鲁之春秋，其实一也。乘、杌无善后之人，故其书不行。春秋得仲尼挽之于前，左氏推之于后，故其书与日月并传。不然则一卷事目，安能行于世！自春秋之后，惟史记擅制作之规模，不幸班固非其人，遂失会通之旨，司马氏之门户自此衰矣。班固者，浮华之士也，全无学术，专事剽窃。肃宗问以制礼作乐之事，固对以在京诸儒必能知之。倘臣邻皆如此，则顾问何取焉。及诸儒各有所陈，惟窃叔孙通十二篇之仪以塞白而已。倘臣邻皆如此，则奏议何取焉。

肃宗知其浅陋，故语窦宪曰：公爱班固而忽崔，此叶公之好龙也。固于当时已有定价，如此人才。将何著述。史记一书。功在十表，犹衣裳之有冠冕，木水之有本源。班固不通旁行，以古今人物，强立差等；且谓汉绍尧运，自当继尧，非迁作史记，厕于秦项，此则无稽之谈也。由其断汉为书，是致周秦不相因，古今成间隔。自高祖至武帝，凡六世之前，尽窃迁书，不以为惭。自昭帝至平帝，凡六世之后，资于贾逵、间歆，复不以为耻。况又有曹大家终篇，则固之自为书也几希。往往出固之胸中者，古今人表耳，他人无此谬也。后世众吏修书，道旁筑室，掠人之文，窃钟掩耳。皆固之作俑也。固之事业如此。后来史家，奔走班固之不暇，何能测其浅深。迁之固，如龙之于猪，奈何诸史，弃迁而用固。刘知几之徒，尊班而抑马。

且善学司马迁者，莫如班彪。彪续迁书，自孝武至于后汉，欲令后人之续己，如己之续迁。既无衍文，又无绝绪，世世相承，始出一手，善乎其继志也。其书不可得而见，所可见者，元成二帝赞耳，皆于本纪之处，别记所闻，可谓深入太史公之间奥矣。凡左氏之有君子曰者，皆经之新意。史记之有太史公曰者，皆史之外事，不为褒贬也；间有及褒贬者，褚先生之徒杂之耳。且经传之中，既载善恶，足为鉴戒，何必纪传之后更加褒贬？此乃诸生决科之文，安可施于著述，殆非迁、彪之意，况谓为赞，岂有贬辞？后之史家，或谓之序，或谓之铨，或谓之评，皆效班固，臣不得不剧论固也。

司马谈有其书，而司马迁能成其父志。班彪有其业，而班固不能读父之书。固为彪之子，既不能保其身，又不能传其业，又不能教其子，为人如此，安在乎言为天下法。范晔、陈寿之徒继踵，率皆轻簿无行，以速罪辜，安在乎笔削而为信史也。

孔子曰：殷因于夏礼，所损益可知也；周因于殷礼，所损益可知也。此言相因也。自班固以断代为史，无复相因之义。虽有仲尼之圣，亦莫知其损益，会通之道，自此失矣。籍其同也，则纪而复纪，一帝而有数纪；传而复传，一人而有数传。天文者，千古不易之象，而世世作天文志，洪范五行者，一家之书，而世世序五行传。如此之类。岂胜繁文。语其异也，则前王不列于是后王，后事不接于前事。郡县备为区域，而昧迁革之源程序。礼乐自为更张，遂成殊谷之政。如此之类，岂胜断绠。曹魏指吴蜀为寇，北朝指东晋为僭，南谓北为索虏，北谓南为岛夷。齐史称梁军为义军，谋人之国，可以为义乎？隋书称唐兵为义兵，伐人之君，可以为义乎？房玄龄董史册，故房彦谦擅美名。虞世南预修书，故虞荔、虞寄有佳传。

甚者桀犬吠尧，吠非其主。晋史党晋而不有魏，凡忠于魏者目为叛臣。王凌、诸葛诞、毋邱俭之徒，抱屈黄壤。齐史党齐而不有宋，凡忠于宋者目为逆党。袁粲、刘秉、沈攸之之徒，含冤九泉。噫！天日在上，安可如斯！似此之类，历世有之，伤风败义，莫大乎此。

迁法既失，固弊日深。自东都至江左，无一人能觉其非。惟梁武帝为此慨然，乃命吴均作通史，上自太初，下终齐室，书未成而均卒。隋杨素又奏令陆从典续史记。讫于隋书未成而免官。岂天之靳斯文而不传与？抑非其人而不佑之与？

自唐之后，又莫觉其非，凡秉史笔者，皆准春秋，专事褒贬。夫春秋以约文见义，若无传释，则善恶难明。史册以详文该事，善恶已彰，无特美刺。读萧、曹之行事，岂不知其忠良；见莽、卓之所为，岂不知其凶逆。夫史者国之大典也。而当职之人，不知留意于宪章。徒相尚于言语，正犹当家之妇不事饔飧，专鼓唇舌，纵然得胜，岂能肥家。此臣之所深耻也。

江淹有言：修史之难，无出于志。诚以志者，宪章之所系，非老于典故者不能为也。不必纪载，纪则以年包事，传则以事系人，儒学之士，皆能为之。惟有志难，其次莫如表。所以范晔、陈寿之徒，能为纪传而不敢作表志。志之大原，起于尔雅。司马迁曰书，班固曰志，蔡邕曰意，华峤曰典，张勃曰录，何法盛曰说，余史并承班固，谓之志。皆详于浮言，略于事实，不足以尽尔雅之义。臣今总下之大学术而条其纲目，名之曰略，凡二十略，百代之宪章，学者之能事，尽于此矣。其五略，汉唐诸儒所得而闻；其十五略，汉唐诸儒所不得而闻也！"

郑樵之言不免有偏激之处，班固之史学和目录成就都是不容抹杀的。前面已谈到，不再赘述。郑樵之书也不是没有错误，《四库提要》就指出有一类两出，两类互出，和分类错误的地方。就一个人力量来说，发生一点小小错误，自然是无法避免的，这同样不能抹杀郑樵编此书的功绩。由于个人力理所限，他只能做些简单的抄写、移易和改编，不能反映出旧目录的异同，也不能增加一些必要的注解。"创始者难为功"，郑樵的创始"纪百代之有无"这个功绩应该肯定，但艺文略本身的参考使用价值并不大，这也是事实。我们应该以公正的态度来对待这部巨制。

（2）《文献通考·经籍考》

作者马端临，字贵与，饶州乐平（江西乐平）人。1254年出生在一个官僚富裕家庭里。父亲马廷鸾是一个比较正直的官僚和史学家，曾有一个时期在馆阁供职，并且做过秘书少监，对于历史文献资料的收藏与编纂具有一定的经验。马端临在1273年中了进士，在这一年他父亲因与奸相贾似道不合，辞了右丞相枢密史之职，马端临随父亲一同回家了。1276年元兵攻陷临安后，马端临便在父亲指导下，开始整理资料和研究史家。

他在学术思想上接受了杜佑、郑樵的影响，很推崇杜佑的《通典》和郑樵的《通志》，他的民族思想和爱国思想浓厚，所以他的史学观和史学成就比杜佑、郑樵更为进步。

1290年后，他在衢州柯山书院做了山长，同时开始了文献通考的编纂工作，前后大约经过二十年的时间才算完成。1322年，也就是他六十九岁的晚年，这部巨制在饶州刻板印行了。

他阅读了大量书籍，依据的材料有两个来源：一是书本上的资料；一是当时社会名流的议论。他是宋末宰相的儿子，搜集材料、接纳名流极为方便，所以他的书中要是录时人议论极多，连他父亲的话都录入了。在书籍方面，就全书来说，他接受了通典的影响。唐代学者杜佑在刘知几的儿子刘秩著的《政典》的基础上编成《通典》二百卷，分为食货、选举、职官、礼、乐、兵刑、州郡、边防等八门，每门又各分子目，成为我国有系统、有门类、专载历代制度最早的一部书。《通典》叙到唐代画面年问便终止了，马端临在这一基础上补足了天宝以后的制度沿革，补救了通典门类太宽的缺点，补充和推广，写成了《文献通考》三百四十八卷。仅以其中"经籍考"来论，大体上是依据晁公武的《郡斋读书志》和陈振孙《直斋书录解题》二个大目录书，除尽录二家解题外，兼引汉、隋、新唐三志及宋三朝、两朝、四朝、中兴各史国艺文志、崇文总目、通志艺文略、各史列传、各书序跋及文集，语录之有关文字，每节都有解题，每类各述小序，凡各种学术的渊源，各书的内容的梗概，读此一篇而各说具备。虽然多是引用成文，没什么新鲜，但对征文考献者是极有帮助的，较之郑樵通志仅列书目，有用得多。复旦大学蔡尚思先生评价极为肯定，他说："他若不是博览群书，便无法写出那些部方面很广、资料很丰富的《文献通考》"。不只是资料丰富，它的体例也很有影响。后世的朱彝尊撰写《经义考》，章学诚撰写《史籍考》，谢启昆撰写《小学考》，都是依照通考的体例。马端临在目录学中别成一派，对于古籍之研究，贡献最巨。

《文献通考》总的体例分为二十四门：

1. 田赋考凡七卷：历代田赋之制，有唐至宋宁宗。
2. 钱币考凡二卷：历代钱币之制，太皞至唐、宋。
3. 户口考凡二卷：历代户口丁中赋役，夏至宋。
4. 职役考凡二卷：历代乡党版籍职役，黄帝至宁宗。
5. 征榷考凡六卷：征商、盐铁、榷酤、榷茶、坑冶、杂征敛，周至宁宗。
6. 市籴考凡二卷：均输市易和买、常平义仓租税。
7. 土贡考凡一卷：历代土贡（进奉羡余）。
8. 国用考凡五卷：历代国用，漕运、赈恤、益蜀贷，周至宁宗。
9. 选举考凡十二卷：举士、贤良方正、考廉、武举……等。周至宁宗。
10. 学校考凡七卷：太学祠祭褒赠先圣先师，幸学养老。

郡国乡党之家，有虞至宋宁宗。

11. 职官考凡二十一卷：官制总序，官数，三公总序：太师、大傅、太空、太宰、司空、大司马

三弧总序，三公三师以下官属、宰相、宰相属官：门下省，侍中、侍郎、给事中、散骑常侍、谏议大夫等。

中节省：中书令、侍郎、舍人等。

尚书省：录尚书、尚书讼、仆射等。

行台省：吏部尚书、户部尚书、礼部尚书、兵部尚书、刑部尚书、工部尚书等。

御史台：御史大夫、中丞、侍御史，监察侍候御史等。学士院：输林学士了承旨、输

林学士、学士、观文殿大学生。总阁学士直学士、总待制、龙图阁、大理卿、秘书监、国子监、军器监等。

枢密院：枢密使、宰相兼枢密、知枢密院等。将军台叙：左右卫、左右金吾卫、左右羽林卫、左右龙武军、左右神策军等。

大将军：都督、元帅、宣抚使、车骑将军等。

三署郎官叙：中郎将、虎贲中郎将，节度使、承宣使、观察使、防御使、团练使、刺使、都统、统制、都总管、兵马都监、巡检等。东官官总序：太子太傅、太子宾客、太子詹事、太子庶子、太子家令、太子率更令、左右卫率府等。其他如：州牧刺史、都督、都护、观风俗使、巡察按察巡抚等使，安抚使、提刑、提举、经略使招讨使、招抚使、宣谕使、抚谕使、京尹、留守、郡太守、邵丞、教授、县令、县丞等各级官职都有较详细的记载。

12. 郊社考凡二十三卷：郊、明堂、祭社稷、祀山川、封禅等。

13. 宗庙考凡十五卷：天子宗高、后纪庙、功臣配享、诸侯宗庙、大夫士庶宗庙等。

14. 王礼考凡二十二卷：朝仪、巡特、田猎、君臣冠冕服章，符节玺印。乘舆车旗卤簿等。

15. 乐考凡二十一卷：历代乐制，历代制造律吕、律吕制度、度量衡、乐歌、乐舞、俗部乐、鼓吹等。

16. 兵考凡十三卷：兵制、禁卫兵、车战、马政、军器等等。

17. 刑考凡十二卷：刑制、徒流、赦宥等。

18. 经籍考凡七十六卷：总叙、经（易、书、诗、礼、春秋、论语、孟子、孝经、经解、乐、仪注、谥法、纬、小学）史（正史编年、起居住、杂史、传记、伪史霸史、史评、史抄、故事、职官、刑法、地理、时令、谱谍、目录）子（儒、道、法、名、墨、纵横、杂、小说、农、阴阳、天文、历算、五行、占筮、形法、兵书、医、房中、神仙、释氏、类书、杂艺术）集（赋诗、别集、诗集、歌词、章奏、总集、文史）。

19. 帝系考凡十卷：帝号历年、太上皇、太皇太后、皇太后、后妃等。

20. 封建考凡十卷：上古至周封建之制，周封建之制，三皇以来至殷末周初诸侯之见于经传者，春秋列国传统本未事迹、秦楚之际诸侯王、西汉异姓诸侯王、西汉同姓皇子诸侯王、西汉王子侯、西汉五臣侯，西汉外戚恩泽侯、东汉王侯、东汉列侯、魏诸侯王列侯、晋诸侯王所侯、宋齐梁了东诸侯王列侯。后魏诸侯王列侯。刘周隋诸侯王列侯、唐诸王、唐天宝以后藩镇、唐未藩镇、五代诸王、宋诸王等。

21. 象纬考凡十七卷：中官三垣、三十八宿、天空、日食、日变、月食、流星星殒、瑞星、支气虹蜺等。

22. 物异考凡二十卷：总叙、水灾、水异、火灾、木异、章异、谷民、岁凶、地震、地陷、地移、川竭、恒雨、甘露、天雨异、物、雹、木冰、冰花、恒风、雷震、物自鸣、物自动、物自坏、人民、服妖、麒麟、马异、牛祸、祸、异、凤凰、鸡祸、鱼异、虫异、蝗异、螟、鼠妖等。

23. 舆地考凡七卷：总叙、古冀州、古　州、古青州、古徐州、古扬州、古荆州、古豫州、古梁州、古雍州、古南越

24. 四裔考：东、东夷总序、朝鲜、马韩、辰韩、夫余、倭、高句丽、百济、新罗、挹娄、勿吉（靺鞨）、渤海、扶桑、文身、侏儒国、琉球、女真等。南：盘种、板蛮、南平蛮、充州、夜郎国、滇、邛都、都、南诏、木绵濮、交趾、林邑、扶南、真腊、罗刹等。西：美夫弋、姚氏、湟中、月氏、胡氏、苻氏、吐谷浑、泥婆罗、大勃律等。西夏：楼兰、且末。车师前后王、吐谷浑、泥婆罗、大勃律等。西夏：楼兰、且末、车师前后王、龟兹、且弥、焉耆、于阗、乌孙、姑墨、大宛、莎车、条支、安息、大夏、大月氏、小月氏、天、狮子国、大秦、丁令、波斯、大食等。北：匈奴、刘渊、石勒、乌桓、鲜卑、慕容氏、托跋氏、高车、突厥、铁勒、仆骨、大漠、契丹、回纥、沙陀等，凡二十五卷。

其中只有经籍、帝系、封建、象纬、物异五考是《通典》原来没有，而是马端临新增辟的；其余十九考，都是在《通典》的原有基础上，离板其门类，加以充实而写成的。《通典》一书的精华，在包含在《义献通考》中了。今天如果单就考证宋以前历代制度，文献通考已统括一切。乾隆十二年（1747年），令采辑宋、辽、金、元，明五朝事迹，成《续文献通考》二百五十二卷，乾隆二十六年（1761）又敕修《续皇朝文献通考》四百卷。直到宣统三年（1911）清朝被推翻为止。中国几千年来的文物制度，便有一系列的书籍，可供查阅了。

清末朱次琦说过："《九通》，掌故之都市也，士不读《九通》，是谓不通"。这是说《通典》《通志》《文献通考》合称为《三通》。后一续再续为"九通"，这其中尚有许多重复之处，只是统治阶级好大喜功自我装饰而已。《文献通考》和它后出的几部续编，倒是我们考证历代典章制度的重要资料。

从这二十四考中，可以看见，这是从上古到宋宁宗的一部中国政治经济文化通史。对一个历史事实和一种制度，都是从它的源头去叙述，来龙去脉十分清楚。

如我们要查考历代户口的情况，可查阅户口考。在'历代户口丁中赋役'项下写道："夏禹平水土九州，人口千三百五十五万三千九百二十三。涂山之会，诸侯执玉帛者万国，及其衰也，诸侯相兼，逮汤受命，其能存者三千余国，方于涂山，十损其七。周武王定天下，列五等之封，凡千七百七十三国，又减汤时千三百国，人众之损亦如之，周公相成王，致理刑措，人口千三百七十万四千九百二十三，此周之极盛也"。前面都有小序，然后各叙述历史朝代的人口情况。举我们熟知的三国为例："魏武据中原，刘备割巴蜀，孙权尽有江东之地，三国鼎立，战争不息。魏氏户六十六万三千四百二十三，口四百四十三万二千八百八十一"。"汉昭烈章武元年，有户二十万，男女九十万。蜀亡时，户二十八万，口九十四万，带甲将士十万二千，吏四万"。"吴赤乌五年，户五十二万，男女口二百三十万。吴亡时，户五十三万，吏三万二千，兵二十三万，男女口二百三十万，后宫五千余人"。这段文字介绍了魏蜀吴三国户口的情况，很有参考价值。

再如"职官考"

通典

"伏羲氏太昊以龙纪，故为龙师名官（师，长也。龙纪其官长，故为龙师。春官为青龙，夏官为赤龙，秋官为白龙，冬官为黑龙，中官为黄龙……）。神农氏以火纪，故为火师火名……黄帝云师云名……"

"虞舜有天下以伯禹作司空，使宅百揆。弃作后稷，播百谷。契作司徒，敷五教。皋繇作士，正五刑。垂作共工，利器用。伯益作虞，育草木鸟兽。伯夷秩宗，典三礼。夔典乐教胄子（胄，长也，元子）和神人。龙作纳言，出纳帝命。（听下言，纳于上）盖亦为六官，以主天地四时也"。接下是逐代叙述秦、汉、唐、宋之官制。

三公总序

"记曰：虞、夏、商、有师、保、有疑、丞，设四辅及三公，不必备，惟其人。语使能也。故天子无爵，三公无官，参职天子何官之称？天文三台，以三公法焉。伊尹曰：三公调阴阳，九卿通寒暑，大夫知人事，列士去其私。周成王作周官，曰：立太师、太傅、太保，兹惟三公，论道经邦，燮理阴阳，少师、少傅、少保，曰三孤（孤，特也。言卑于公，尊于卿）……"总序后面是解释各种官职，如对"太宰"的解释是："太宰，于殷为六太，于周为六卿，亦曰冢宰。周武王时周公始居之，掌建邦之治。秦、汉、魏并不置……"对太宰官职的设置和沿革叙说得十分详尽。

在学习时如要查作者的历史或官职情况，如：我们读范仲淹的《岳阳楼记》时，注解介绍说，他官枢密史。枢密使是什么官？你可查枢密使条，则写道："唐代宗永泰中，置内枢密使，始以宦者为之，初不置司局，但有屋三楹，贮书而已。其职掌惟承受表奏于内中进呈，若人主有所处分，则宣付中书门下施行而已……

看枢密使初设时就是皇帝的私人秘书，不设办事机构，只有三间屋存文件，转达内外来往的文件。但到宋朝就变了。

"宋朝国初因之。建隆二年，以枢密副使、兵部侍郎赵普为检校太保充枢密使，不带正官自普始也……太平兴国六年，以枢密副使石熙载为户部尚书、充枢密使，以文资正官充使，自此始也。大中祥符五年，以知枢密院王钦若、陈尧叟同中书门下平章事、充枢密使，儒臣为枢使、兼使相，自此始也……"又："宋初，魏仁浦以宰相兼枢密使……"

看了这些记述，不但明白了枢密使的官职，而且知道了这一官职的演变沿革。所以有的注解说：枢官付使，相当于付宰相。对这个注解便了然了。

再如唐代杜甫曾做过"拾遗"和"曹率府参军"的官，这两个官职又是怎样的？可查阅职官考的"拾遗补阙"条：

"补阙、拾遗。武太后垂拱中置补阙、拾遗二官，以掌供奉、讽谏……自开元以来，尤为清选，左右补阙各二人，内供奉者各一人，左右拾遗亦然。左属门下，右属中书"。这两段文字告诉给我们拾遗官是个谏官，及其人数、所属衙门。其中小注又引录了当时的童谣，谣曰："补阙连车载，拾遗平斗量。把推侍御史，碗脱校书郎"，说明武则天执政时官职之滥。可见拾遗也不是什么重要官职。而是连车载，多得很，不值钱。

再查左右卫率府条：

记载说："胄曹参军各一人，隋置为铠曹。大唐长安中改为胄曹参军……掌军器仪仗"。这样我们便知道是掌握军器库的小官。

《经籍考》为十八考共七十六卷。

经籍考是杜佑《通典》上所没有，而为马端临所增修的一个文化典籍组成部门。它为什么增修经籍考。可能受了郑樵的一些影响，但主要原因应归结为唐宋时代图书目录事业兴盛繁荣的结果。郑樵倡导于前，马端临和之于后，把史志目录扩展成为别史艺文志。这是时代的客观反映，不可能完全是个人的意志表现。

他在自序里叙述了他撰写经籍考的取材的目的是说："今所录，先以四代史志列其目，其存于近世而可考者，则来诸家书目所评，并旁搜史传、文集、杂说、诗话。凡议论所及，可以纪其著作之本末。考其流传之真伪，订其文理之纯驳者，则具载焉，俾览之者如入群玉之府，而阅木天之藏。不持有其书者，稍加研究，即可以洞究旨趣；虽无其书者，味滋品题，亦可粗窥端倪，盖殚见洽闻之一也。"他在这里叙说作经籍考的思想和方法很具体。经籍考是按四部分类的，经籍考的四部和每部所分的子目内，都是"先以四代史志列其目"。什么是四代史志呢？即是指的汉、隋、唐、宋代的正史艺文志。宋史没有完成。所采用的是宋代的四部国史艺文志，即一朝、两朝、四朝和中兴国朝国史艺文志。在四部及其子目的开端都是引用（或节引）这四代史志的大序和小序做为经籍考的大小序，并把四代史志的四部及子目中著录的图书都数列其后，与觇图书的升沉盛衰。见有不足的地方，马端临则自加按语，有时也引用他父亲马延鸾的话。

经籍考所著录的图书是以现存的书籍为主，大致都是唐、宋时代所流传的图书。所以他说经籍考所著录的图书是"存于近世而可考者"，这是与通志艺文略所不同的地方，也是经籍考比较简略的地方。

凡是经籍考所著录的图书，马端临特别着重辑录"诸家书目所评"和其他书内有关的"议论"。他取材的方法和范围着重在史志目录和公私藏书目录，如采用《崇文总目》和四种国史艺文志的评价解释，都低一格编排。晁陈二家解题，及相关的撰人传志，原书序跋、笔记、语录、诗语、文集内的议论等，则低两格编排。晁陈二家解题之外，还引用了一些专科目录，如宋代高似孙撰写的《子略》等书。有些地方还有马端临自己的按语。这样，经籍考虽然没有撰写解题，但因集各家之说，却成为一部目录资料最丰富的参考目录。正如他所说，"凡可以纪其著作之本末，考其流传之真伪，订其文理之纯驳者"，都汇编在自己的目录之内，自然会产生如自己所编的提要解题一样的作用，而且又汇编了众家的优点，所起的作用也就必然更大。

下面引实例来说明。

卷首是经籍考的总序，足格书写：

古者伏羲氏之王天下也，始画八卦，造书契，以代结绳之治，是由文籍生焉。伏羲、神农、黄帝之书，谓之三坟，言大道也。少昊、颛顼、高辛、唐、虞之书，谓之五典，言常道也。至于夏商周之书，虽设教不伦，雅诰奥义，其归一揆。是故历代宝之，以为大训。八卦之说，谓之八索，求其义也。九州之志，谓之九丘，丘，聚也。言九州所有，土地所生，风气所宜，皆聚此书也。

　　总序到此处则加入解释，低两格书写以示区别。

　　按古书之流传于今者惟六经，六经之前则三坟五典八索九邱，是已周官外史掌三皇五帝之书，则国家所职掌者此也，楚左史倚相能读三坟五典八索九丘。则学士大夫之所育习者此也。今其书亡，而其义则略见于孔氏尚书之序，故录之以为经籍之始。经籍考总序文字较长，而在叙述所及，引用了许多资料，如既引录了汉书儒林传序，又引了汉书艺文志序，以及《演繁露》、《容斋随笔》等书，这些材料综合在一起，使读者能更全面地了解经籍演变的源流。

　　在每一部类里都有序言，以资参考，如经部叙言后，则分易、书、诗、礼、春秋、论语、孟子、孝经、经解、乐、仪注、谱法、伟、小学等十四个子目，著录图书。在著录之前作者自加一段说明，或引其他书籍作一说明，使该目眉目了然。我们以经部小学作一例证说明之。

　　小学

　　汉艺文志：易曰：上古结绳而治，后世圣人易之以书契。百官以治，万民以察，盖取诸夬。扬于王庭，言其宣扬于王者朝廷，其用最大也。古者八岁入小学，故周官保氏掌养国子，教之六书。谓象形、象事、象意、象声、转注、假借。造字之本也。汉兴，肖何草律，亦著其法。曰太史试学童，能讽书九千字以上乃得为史。又以六体试之，课最者以为尚书、御史、史书令史。吏民上书字或不正，辄举劾。六体者，古文、奇字、篆书、隶书、缪篆、虫书。皆所以通知古今文字，摹印章，书幡信也。古制，书必同文，不知则阙，问诸故老，至于衰世，是非无正，人用其私。故孔子曰："吾犹及史之阙文也，今亡矣夫"！盖伤其浸不正。史籀篇者，同时史官教学童书也，与孔氏壁中古文异体，苍颉七章者，秦丞相李斯所作也；爰历六章者，车府令赵高所作也；博学七章者，太史令胡毋敬所作也。文字多取史籀篇。而篆体复颇异。所谓秦篆者也，是时始造隶书矣，起于官狱多事，苟趋省易，施之于徒隶也。汉兴，闾里书师合苍颉，爰历、博学三篇，断六十字以为一章，凡五十五章，并为苍颉篇。武帝时司马相如作凡将篇，无复字。元帝时黄门令史游作急就篇，成帝时将作大匠李长作元尚篇。皆苍颉中正字也。凡将则颇有出矣。至元始中，征天下通小学者以百数，各令记字于庭中。扬雄取其有用者，以作训纂篇，顺续苍颉。又易苍颉中重复之字，凡八十九章。臣复续扬雄作十三章，凡一百二章，无复字，六艺群书所载略备矣。苍颉多古字，俗师失其读，宣帝时征齐人能正读者，张敞从受之，传至外孙之子杜林，为作训故，并列焉。

　　隋经籍志：说者以为书之所起，起自皇帝仓颉。比类象形谓之文，形声相益谓之字，著于竹帛谓之书。故有象形、谐声、会意、转注、假借、处事六义之别。古者童子示而不

第四章 古籍的分类

诳，六年教之数与方名。十岁入小学，学书计。二十而冠，始习先王之道，故能成其德而任事。然自苍颉讫于汉初，书经五变：一曰古文，即苍颉所作。二曰大篆，周宣王时史籀所作。三曰小篆，秦时李斯所作。四曰隶书，程邈所作。五曰草书，汉初作。秦世既废古文，始用八体，有大篆、小篆、刻符、摹印、虫书、署书、殳书、隶书。汉时以六体教学童，有古文、奇字、篆书、隶书、缪篆、虫鸟、并嵩书、楷书、悬针、垂露、飞白等二十余种之势，皆出于上六书，因事生变也。魏世又有八分书，其字义训读，有史籀篇，苍颉篇、三苍、埤苍、广苍等诸篇章，训诂、说文、字林、音义、声韵、体势等诸书。自后汉佛法行于中国，又得西域胡书，能以十四字贯一切音，文省面义广，谓之婆罗门书，与八体六文之义殊别。今取以附体势之下。又后魏初定中愿，军容号令，皆经夷语，后染华俗，多不能通，故录其本言，相传教习，谓之国语，今取以附音歆之末。又后汉镌刻七经，著于石碑，皆蔡邕所书。魏正始中，又立三字石经。相承以为七经正字。后魏之末，齐神武执政，自洛阳徙于邺都，行至河阳，值岸崩，遂没于水。其得至邺者，不盈太半。到隋开皇六年，又自邺京载入长安，置于秘书内省，议欲补缉，立于国学。寻属隋乱，事遂寝废，营造之司，因用为柱础。贞观初，秘书监臣魏征，始收聚之，十不存一。其相承传拓之本，犹在秘府，并秦帝刻石，附于此篇，以备小学。

宋三朝艺文志曰：汉志、六艺以尔雅附孝经，六书为小学，隋沿其制。唐录有诂训、小学二类，乐雅为诂训，偏旁音韵杂字为小学，今合为一。自齐梁之后，音韵之学始盛。顾野王玉篇、陆法言切韵尤行于世。

汉志：十家，四十五篇

汉志、尔雅以下四部，二十六篇，汉字元附孝经今　入小学

隋志：一百八部，四百四十七卷

唐志：六十九家，一百三部，七百二十一卷

宋三朝志：六十七部，六百八卷

宋两朝志：二十部，一百四十二卷

宛四朝志：二十二部，二百七十七卷

宋中兴志：一百二十八家，一百五十五部，一千一百一十三卷

尔雅三卷

尔雅释文一卷，陈氏曰唐陆德明撰

尔雅音训二卷，崇文总目：不著撰人名氏，以孙炎郭二家音训为尚，颇增益之。

说文解字三十卷，晁氏曰：汉许慎纂，李阳冰刊定。伪唐徐铉再是正之，又增加其阙字。

陈氏曰，凡十四篇，并序目一篇，各分上下卷，凡五百四十部，九千三百五十三文，重一千一百六十三。雍熙中，右散骑常侍徐铉奉诏校定。以唐李阳冰排斥许氏为臆说，未有新定字义三条。其音切则以唐孙恼韵为定。

斋洪氏随笔曰，许叔重在东汉与马融、郑康辈不甚相先后，而所著说文，引用经传多与今文不同……

从上面引录的例子看，在小学著录之前，马端临用空一格书写，钞录《汉书艺文志》小学家后面序言的全文。其次是钞录《隋书·经籍志》小学目后的序文，只是"孔子曰：'必也正名乎'？名谓书字。'名不正则言不顺。言不顺则事不成'。"这段话未钞入，其余部分也是全文。再次是钞录《宋三朝·艺文志》中的文字，格式一致，都低一格书写。这三部书关于"小学"的介绍，不但具有权威性，而且很全面，叙述书志的源流变迁很是详尽。翻开文献通考，这三部史书有关文字和记叙都展示在我们面前，这是很方便读者的。

紧接着是著录，书名顶格写，在每书的后面引用各家说法。

《直斋书录解题》在宋代末年已经引起社会上的重视，它的体例大致依照《郡斋读书志》，但是《直斋书录解题》不标经史子集之名，而是把著录的书籍分为53类，详细叙述每书卷帙之多寡、作者的名氏，品评其得失，所以叫做《解题》。虽没有明确标示四部之名，然就其所分53类看，仍然是按经史子集分的，其分类如下：

易类、书类、诗类、礼类、春秋类、孝经类、语孟类、经解类、谶纬类、小学类，这十类是经部。

正史类、别史类、编年类、起居注类、诏令类、伪史类、杂史类、典故类、职官类、礼注类、时令类、传记类、法令类、谱牒类、目录类、地理类，这16卷是史部。儒家类、道家类、法家类、名家类、墨家类、纵横家类、汉家类、杂家类、小说家类、神仙类、释氏类、兵书类、历家类、阴阳家类、卜筮类、刑法类、医书类、音乐类、杂艺类、类节类，这20类基本上是属于子部。

分为经史子集四录，这是"书录"二字的由来。在分类和解题的编写方式方法上，参考了当时的官修目录和私人藏书目录。《宣斋书录解题》共著录图书51180卷，超过了南宁政府的官藏书目。中兴馆阁书目著录图书44486卷，加上续书目14943卷，才仅比《解题》多出八千卷。在使用上比中兴馆阁书目为优，使私人藏书的质与量都压倒了官修目录。

《直斋书录解题》没有总序和大序。在53个类目中，仅有七个类目有小序，小序是在有增创或著录内容有变化的地方才有。陈振孙时代已经把孟子编入四书，又编入十三经。他就把孟子论语合为"语孟类"，这是《解题》首创，所以编写一篇小序来加以说明。另外的六篇小序也都是在这种情形下写的，如在子录中恢复了阴阳、从经录移来音乐，也是同样需要说明的。在音乐类的小序中，陈振孙认为："古乐已不复有书，而前志相承，乃取乐府、教坊、琵琶、羯鼓之类，以充乐类。不得附于礼，春秋。则后之乐书固不得列于六艺"，所以《解题》在杂艺类之前立了音乐类，把乐书看成是杂艺一类的东西。这样的变化当然是合乎情理和事实的，但在封建社会时期不能不说是一个很大的变革。

他在解题中的品评还是公允的。《四库全书总目提要》说"古书之不传于今著，得藉是以求其崖略；其传于今者，得籍是以辨其真伪，核其异同"，这个评语也是中肯的。它保留了许多书，所以与《斋郡读书志》一起被视为是考证的必要参考书。

《解题》在著录分类以后，编写解题的方式有一些新的发展，有一定的贡献，但解题的内容和思想还是比较保守的。陈振孙是永嘉地方的人，又是周行已的外孙。他生于永嘉学派的思想学说发展到了成熟时期，他对永嘉学派的中心人物周行已、陈传良、叶适的著作是没有收藏，不是没有阅读，但在直斋书录解题中，他所钦敬表扬的人物和学说不是陈传良、周行已、叶适，而是道学家朱熹。他对永嘉学派所讲的经济实用功利主义学说，认为"未得为纯光正大"。在南宋民族矛盾那样尖锐的时期，他还不肯讲些对于当时有用的经济实用之学，仍然企图用虚伪的道学来加强统治。当然不能全部否定朱熹，但比之叶适、王安石，朱熹是较保守的。《解题》推崇朱熹，对于王安石的变法和所有受王安石思想影响的著作都一律排斥，这种思想比起晁公武显得保守多了。

《宋史艺文志》不载其书。马端临经籍考虽撷采其说很详尽，而经籍考目录内亦未著录。《宋史艺文志》被载入陈振孙《直斋书录解题》五十六卷。四库全书从《永乐大典》辑录出校定，分为22卷，已非原书的全貌。

清乾隆三十八年（1773年）武英殿聚珍版印本。

上海商务印书馆印《万有文章》《丛书集成》本。

（4）《遂初堂书目》

宋代私家目录陈晁而外，要属尤袤了，号延之，无锡人，绍兴十八年进士，官秘书丞，后任礼部尚书，是当时的"公卿名藏书家"。曾取孙绰的《遂初赋》为自号，光宗书匾以赐之，敬以名其堂，在无锡九龙山下，藏书很丰。

《遂初堂书目》分类如下：

经部分：经总、周易、尚书、诗、礼、乐、春秋、论语、孝经、孟子、小学九门。

史部分：正史、编年、杂史、故事、杂传、伪史、国史、本朝杂史、本朝故事、本朝杂传、实录、职官、仪注、刑法、姓氏、史学、目录、地理十八门。

子部分：儒家、杂家、道家、释家、农家、兵家、数术家、小说类、杂艺类、谱录、类书、医书十二门。

集部分：别集、章奏、总集、文史、乐典、五门。

他的著录方法是只记书名，不作解题，著录十分简单。马氏经籍考上未曾引录尤袤的说法。现在的原本缺少卷数，使后人无从考查，这是缺点。《四库提要》怀疑是被传写者删削了，不是原书。当然这不一定确切。

它的优点是在著每一节时亦载数本，这就开了后世版本学的先河，是晁公武、陈振孙二家书所不及的。杨诚斋在《遂书堂书自序》中说："延之于书靡不观，观书靡不记；每公退则闭户谢客，日记手钞若干古书。其子弟及诸女亦钞书。一日谓余曰：'吾所钞书，今若干卷，将汇而目之，饥读之以当肉，寒读之以当裘，孤寂而读之以当友朋，幽忧而读之以当金石琴瑟也'"。可知尤袤是笃嗜典籍的，而且他又是博学懂书的。

宋人目录书很多，但存者却很少。官修目录《崇文总目》已不完整，私家目录，也多散佚。现在幸存的是尤袤的书目，晁氏的读书志，陈氏的书录解题三种。从这三种书中可以考见宋时典籍存佚的情况，很适合考证家的参考。

(5)《千顷堂书目》

明代福建泉州人黄居中,字明立。万历年间举人,官上海教谕,后迁官南京国子监丞,世称海鹤先生。筑千顷堂,藏书数万卷。年83,闻北京陷,悲恸而卒。著有千顷斋藏书目录。他的次子黄虞稷生活在这样家庭环境里,又喜爱读书,尤精史学。由于生活在明朝末年,荒乱时期,黄虞稷尽力收藏国家和私人的图书秘笈,具籍大备,他根据明代的书籍详加著录,编成《千顷堂书目》三十二卷。他的部类体系是:

经部十二类:易、书、诗、礼、礼乐、春秋、孝经、论语、孟子、经解、四书、小学。

史部十八类:国史、正史、通史、编年、别史、霸史、史学、史钞、地理、职官、典故、时令、食货、仪注、政刑、传记、谱系、簿录。

子部十二类:儒家、杂家、小说家、兵家、天文家、历数家、五行家、医家、艺术家、类书、释家、道家。

集部八类:别集、制诰、表奏、骚赋、词曲、制举、总集、文史。

黄虞稷受汉书艺文志的影响,他著录的思想是要把他这部书修成明朝这一代的艺文志。他在私家目录中兼有史家目录,这是他的创新。《四库总目提要》赞扬说:"集部分八门,其别集以朝代科分为先后,无科分著则酌附于各朝之末。视唐宋二志之糅乱,特为清晰,体例可云最善",指出该书体例上的完备。所以清朝在编写明代史书时,艺文一志,就是以千顷堂作为底本,在它的基础上删增润色的,从而可以说明该书的详备和丰富了。

千顷堂书目在每类的后面,还附录宋金元各代人的书籍。黄虞稷认为宋志太粗略,元史又无艺文,依据隋志的样子,对遗散的书籍进行校对甄别后再行著录。《提要》说它不详备,又不涉及三代之前的书,这是没有了解到黄氏著录的思想。千顷堂著载的宋人著作都是宋史所遗的,因而此书较完备。钱牧斋辑《列朝诗集》,到黄虞稷处借书,读到了他过去未曾见过的书籍,于是他又给黄虞稷作《千顷斋藏书记》。可见黄虞稷的书目不是只抄录《古今书目》,而文中实有其书,所以千顷堂书目才显得丰富完备。

明代,私家藏书目录虽多,但是有影响和起典范作用的,千顷堂书目可列在前面,这是一部极有参考价值的书目。

(6)《书目答问》

此书是张之洞应门弟子询问要籍而作的,它和一般目录书不同。一般目录书都是把所藏之书著录下来而成,书目答问却不是著录所收藏之书的,而是一个要籍目录,即是一个进书单子,供给研究的人按照所开的书目去进修。所以这个书目既列出了重要书籍,也指出这一书有什么好本子,哪是足本,哪是精校本。他除了列重要的书籍外,还列了次一等的参考书,这些书都低一格排。这就是说有必读书目和参考书目,明确轻重缓急,便于适时参考。可使读者省去查阅四库提要的时间,因提要著录书太多,哪一本好,哪一本不好,须进一步阅提要。有时尚需查阅原书,费时费力。答问解决了这一问题,可用该书凡例的话做证,他说:"诸生好学者来问应读何书,书以何本为善,偏举既嫌挂漏。志趣学业亦各不同,因录此以告初学。"又说:"读书不知要领,劳而无功。知某书宜读而不得精校、精注本，事倍功半。今为分别条流慎择约举，视其性之所近，各就其部求之。"所以李慈铭在赵𦈛堂日记里（光绪巳犯二月）评书目答问说："今日阅之，所取既博，条例复明，实为切要之书"。可见这一部书对研究古典书籍是很有用的入门书目，有了它，就可以知道入手先读哪些重要书籍了。

书目答问初刊于光绪二年（1876年），作者张之洞是河北南皮县人，曾做过四川学政。略例说"此编为告语生童而设，非是著述"，他批评生童不知读书，他所说的读书指的是经史之字，词章考据之字。所以他作了这部书，一下就举了2200种左右的书，作为治学门径的书，目的性很明确。此书分类方法大致依《四库全书》分经史子集四大部，每部之中又分为若干类，类的分合不完全依照《四库》，尤其子部的变动较大。每一类中的书籍以时代先后为次序，其中又分小类，但不另立名目，只是在这一类的末一部书名下加"└"号，以资识别，实际起了分类的作用。每一部书名下注明作者姓名、版本出版、卷数异同，择其尤为重要的书，加些简单按语。如郝懿行《尔雅义疏》下注云"郝胜于邵"，意思是说郝懿行的《尔雅义疏》比邵晋涵的《尔雅正义》好，读时应该选择。另如朱骏声《说文通训定声》下注云"甚便初学"，李兆洛《历代纪元编》、《地理志韵编》下注云"此书最便"等，这都是指示读书门径。

此书所收的书都是重要书籍，实事求是，并不以多为胜，炫奇示博，也不追求宋之版本，嗜古好僻，都采用当时常见的版本，或单行本，或丛书本，取其不缺少误、可资参考者，最后附载清代著述家姓名略，分类列举著名学者的姓名籍贯。这虽是当时的选择标准，未必完全妥当，但是从中可以窥见清代学术的大概，也是有益的事情。

此书作者为张之洞本无问题，前人有说书出缪荃孙之手，传说无凭，只是缪荃孙自撰《艺风老人年谱》云："光绪元年，年三十二，八月，执贽张孝达先生门下，命撰《书目答问》四卷。"经人研究考证，缪为张的助手，当时章寿康也参与其事，缪的自撰是掠美之谈。此书作者，自当归之张之洞。

但书目答问毕竟是光绪初年的书，脱漏错误在所难免。学术新著、古籍重刊层出不穷，时间愈久，愈觉答问之不足。近人范希曾撰写《书目答问补正》一书，既包括书目答问全部内容，又为之补正。纠正了书名、作者、卷效、版本、内容等方面错误；补原书漏记的版本，也补光绪二年以后补刊的版本，同时凡书目答问所称的"今人"一概补足姓名；补收一些和原书性质相近的书，绝大部分是后出的书。直到1931年，蒙文通又加了一些按语，实际是补正的补正，"蒙按"只限于经部，所补书的卷效、版本及刊书年月，亦未一一注明，是其不足之处。

《书目答问补正》原版早绝，有影印本，只华书局于1963年2月以影印本为底本，出版发行，这是受学术界欢迎的一本工具书。

《书目答问》优点如下。

指出每门学术重要书籍，次要的低一格。同样重要的把重要的排在前面，这就给读者指出门路来。如楚辞。他列出宋洪兴祖补注，朱熹集注，离骚草木疏辩证和山带阁楚辞注等，这就把离骚的关于字义注解和草木的注解的要籍都列出来了,研究楚辞注解和其他一些问题有这几部书也就够了。王逸注是最早的汉人注,这是必须做根据的,但王注不详备,洪兴祖乃补其未备。而王逸和洪兴祖的只详字训市诂,并没有阐发楚辞的意旨,朱熹为此作集注,在每一段后除了注字义外还阐发章内之意,这就比王、洪二家要透彻些,使读者容易明白些。可是朱熹注楚辞喜欢用诗的传义来比拟,未免太迂腐,于是清人蒋骥取消朱熹这一套迂腐的作法,而注明字义,然后附以解说大意,给以简明的注释,就是山带阁楚辞注。

再如诗经,书目答问列出陈奂的《毛诗传疏》,马瑞辰的《毛诗传笺通释》,陈启源的《毛诗稽古编》,这三部书刊号对毛诗的注是最好的了。陈奂对典章文物制度考证最详;马氏编重编其大义,也重名物制度;陈启源的好处在于注诗经时有着科学的语言学精神,他清楚地看到词义变化很快,有时代性,因此他在凡例中清楚地指出,他注诗经是以同时的材料注解诗,不是同时的材料不用,防止曲解古人。

举出精较本。如荀子举王先谦集解;韩非子举王先慎集解。这两部书是最完备,校刊最精详的书。郝懿行的《荀子补注》把王念孙的读书杂志,俞樾的诸子评议,顾千里、刘台拱、汪中、陈奂的校刊部收进去,注明其人曰,这样极便于研究。韩非子集解也是一样把清人卢文绍、王念孙、俞樾的校刊都收进去了。

注明是本。如杨诚斋集,注明四部丛刊本为是本。丛刊为 132 卷,较四部备要本多 50 卷。丛刊本除诗外,尚有文赋辞等。

举出好注解本。

书目答问在阅读古书上虽是一本有用的工具书,但是有它的特点。张之洞是一个保守的主张"中学为体,西学为用"的人,主张国粹。他编书仍以考证为主,考证也是对经学而言。所以我们用此书时应该特别注意他的尊经倾向,要批判地吸收。他对书的评价也是从他的立场观点出发,他认为好的书刊在前面,我们今天则不一定就认为是好的。书中脱漏错误的地方也较多。

(7)《郑堂读书记》

清代周中孚撰写。字信之,别字郑堂,浙江乌程县人。在读书时深得《四库提要》的教益,认为该书是治学的途径,于是广泛阅读诸史艺文志,考订各书存佚情况,搜辑古籍。曾代上海李筠嘉编《慈云楼藏书志》,书成后,别录副本为《郑堂读书记》。周中孚博学多识,但科场不得意,清道光 11 年去世,年 64 岁。

《郑堂读书记》71 卷,附补遗 30 卷。后来稿本被吴兴、刘承干得到,只存 71 卷,集部仅有清人著作 2 卷,已非全书。商务印书馆重印时,又从《慈云楼藏书志》残本中辑出佚文若干,作为补遗。

李笠《三订国学用书撰要》里说此书"体例仿四库提要。评论书籍。不斤斤于版本字句间,必畅言著述之得失。与书之本身价值。考订古书之真伪。尤多邃密之论",这个评论是恰当的。他在著录书时不但介绍版本源流,而且还评指该书的优劣,至为详尽。所收之书,有与《四库总目提要》重复的,也有四库未收成或以后新出的,可以作为补充四库提

第四章 古籍的分类

要的续编。

《郑堂读书记》仿照《四库全书总目提要》的体例，分经、史、子、集四部，计41类。

经部有：易类、孝经类、五经总义类、礼类、乐类、诗类、书类、春秋类、四书类、小学类计十类。

史部有：正史类、编年类、纪事本末类、别史类、杂吏类、诏令类、奏议类、传记类、史钞类、载记类、时令类、职官类、政事类、目录类、史评类、地理类计十六类。

子部有：儒家类、兵家类、法家类、农家类、医家类、天算类、术数类、艺术类、谱录类、杂家类、类书类、小说家论、释家类、道家类计十四类。

集部有：别集类一类。

摘引史部目录类作为说明。在目录下面都有解题，因文字太多不便全引，只引书目作为参考。

郡斋读书志二十卷
遂初堂书目一卷直斋书录解题二十二卷
汉艺文志考证十卷
文渊阁书目二十卷
百川书志二十卷
经序录五卷
国史经籍志六卷
宋史记目录一卷
澹生堂藏书约一卷
世善堂藏书目录二卷
诸刻题跋一卷续集一卷
赖古堂书目
钦定天禄琳琅书目十卷
钦定四库全书总目二百卷
钦定四库全书简明目录二十卷
钦定四库全书附存目录十卷
季沧苇藏书目录一卷
渔洋书籍跋尾二卷
读书敏求记四卷
也是园藏书目十二卷
汲古阁珍藏秘本书目一卷
楝亭书目无卷数
传是楼藏书目
宋史艺文志补一卷补辽金元艺文志一卷

明史艺文志稿五卷
经义考三百卷
小谷口著述缘起一卷
古今伪书考一卷
读易别录三卷
文瑞楼书目十二卷
元史艺文志四卷
小学考五十卷
浙江采集遗书总录
孙氏祠堂书目内编四卷外编三卷
百宋一廛赋一卷
可庐著述叙例一卷
天一阁书目十卷

上列各目录都有提要，我们只摘天一阁书目全文作一说明，如：天一阁书目10卷。扬州阮氏文选楼刊本。

国朝范懋柱编。范懋柱鄞县人。明范钦之后裔也。海内藏书之家最久者，今惟宁波范氏天一阁岿然独存。其藏书在阁之上，当时范尧卿（钦）本有书目二卷。焦氏经籍志作四明范氏目。朱竹垞（彝尊）称其但着册数而无卷数。抚浙时，命（懋柱）登阁分厨写编。成目录十卷刻之。即以投畀其后人庋阁下，其书冠以圣谕五道。卷一之一。恭载御赐古今图书集成总目。御题魏了翁周易要义。马总意林各诗。御赐平定回部得胜图。平定两金川战图各目。并进呈书目。卷之之二为经部。卷二之一二为史部，卷三之一二为子部。卷四之一至卷四之四为集部。附以补遗及范氏着作。凡已见进呈书目者。四部内不重载。四部内所载者俱详其撰人、卷数。及刊本、钞本之别。又大半节录原序。以存崖略。颇便于循览。虽不及钱氏读书敏求记能自铸伟词。成一家之说。然以视寻常藏书目录。但着其撰人、卷数者。则倜然远矣。前载黄梨州天一阁藏书记。及吾师书目序。

这段提要文字介绍了天一阁书目编制的过程，以及主要内容，使我们能了解天一阁存书的大概情形。

《郑堂读书记》里所列的书目有许多是《四库提要》中所没有的，可以参照阅读。

（8）《贩书偶记》二十卷

著者孙殿起。他在北京开设通学斋书店，专营古旧书籍，历时数十年之久。他在收购时，将目睹经手的书籍逐一地做了详细的记录，所记内容则是书名、卷数、作者姓名、籍贯、刻版的年代等，如果卷数和刻版有异同，作者姓氏要考订，以及书籍内容有待说明的，也时有备注。据原书记录，而不是转抄，所以比较确实。

著录的体例有两个特点。

第一，凡见于《四库全书总目》的书一概不录。如果著录的卷数不定。版本又有所不同的，那么这部书就成为补充"四库"著录的一部版本目录学专著。本书的著录绝大部分是清代的著述，兼及辛亥革命以后迄抗战以前（约止于1935年）的有关古代文化专著，其间也著录了少数明代人的著作，则大多是"四库"所失收的。因此说，基本上是一部清代以来的著述总目，相当于《四库全书总目》的续编。

第二，不是单刻本不著录，间有在丛书中的，也必须有初刊的单行本或抽印本。因此，这部书可以起到补充"丛书子目索引"的缺欠。

这部书虽不汲及旧刻，但他目睹的善本，也稍加著录。同时也记录了近代著者的稿本、钞本等，如王念孙父子许多稿本，吕留良《晚村诗文集》旧抄本等，他也记录，这也是这部书的一大特点。

所著条数约万余条，按照"四库"分类编次，即接经、史、子、集序列。书末有"贩书偶记书名著者名四角号码综合索引"，以便查检；又附"笔画顺序检字"，可以查阅。

这部书与清代邵懿辰编的《四库简明目录标注》有些相似，重点是在版本上，因此也可看成是四库全书没有收录的清代著作的版本目录。

《贩书偶记》在1936年出版刊印以后，作者又在贩书过程中目睹手记了6000余条，但孙殿起同志已在1958年去世，由他的助手雷梦水同志对这些资料进行了整理，编成《贩书偶记续编》，于1977年出版。

八、小说目录

中国古代小说的概念是随着历史文化而发展的，它的内涵非常广泛，因而也很难区分。郑樵在《通志校雠略编次之讹论》中说："古今编书所不能分者五：一曰传记，二曰杂家，三曰小说，四曰杂史，五曰故事。凡此五类之书，足相紊乱。"这五类书很难分类，单就小说讲，古代小说介于子部和史部二者之间，常有出入。以分类而言，一类中有各种不同性质的书；以书而言，一书中也有各种不同的题材，如唐人段成式的《酉阳杂俎》，就很难分入哪一类。古代小说和近世小说的概念是有很大的差异的，但近世小说的概念却是从古代小说概念发展而来的。从目录学上看，小说始终是子部的一家，是最不足道的一家。《汉书艺文志》说是出于稗官，街谈巷语、道听途说；孔子说是小道、刍荛狂夫的言论；总之是浅薄的、不入经传的。它的特点是"小"、"浅"，是不登大雅之堂的东西。所以班固给诸子略作小结说"诸子十家，其可观者九家而已"，当然这也是刘歆的看法，把小说剔除在外了。

历来史志艺文都沿用这种说法，直到《四库全书总目提要》基本上还是如此，仍放在子部内。但中国古代小说的概念还是发展变化的，比较显著的变化表现在《新唐书艺文志》和清代《四库全书》，这是中国小说史的两个重要文献，如古异传、述异记、近异录、搜神记、神录、志怪、幽明录、齐谐记，等等，在《新唐书艺文志》都放在小说类里面了。原先当作历史著作的杂传，如干宝的《搜神记》，作者意图是用以"发明神道之不诬"的，这时候被贬作小说了，这是目录学所显示的作用。从著录分类的变化，我们看到，小说地位的变化，从正统的史学家的观点看，一些讲神怪异的书不该列入史部，所以改列在小说类中。第二次变化表现在《四库全书》，又把一大批属于史部杂史类的作品退入小说，如：唐国史补、大唐新语、明皇杂录等，在《新唐书艺文志》里还是杂史，在《四库全书》里都列在小说类中。再如：山海经历来放在地理类中，四库全书也归在小说类中。至于像穆天子传、神异经、海内十洲记、汉武故事、汉武帝内传、汉武洞冥记、拾遗记等，有的原先属于地理、杂史、杂传、故事、道家等类，在《四库全书》中通通归到小说类中。《四库全书》的小说家类，分三个小类。第一小类是杂史之属，绝大部分是杂史笔记，把这一类书列入小说，既贬低了这些书的史料价值，也搅乱了小说的概念。这些书内的记载往往起到补充正史不足的作用，把它们归入小说也就是取消了小说的艺术性。在正统目录学家看来，一些不合史实的书，列在史部不够合格，只能降为小说。从历史学角度看科学性可能加强了；而从文学史角度看，小说的概念就更加混乱了。因此说，我们在研究小说目录时可以看到，各家的著录的分类都不一样，从中可以看出小说的概念不断在发展和调整，这是我们在研究小说目录中首先要弄清的问题。

1.《中国通俗小说书目》10卷（包括附录3卷）

作者孙楷第。共收书813卷，所收之书以语体旧小说为主，新自宋起至清末1912年止，入民国者一概不收。其书体例大体仿鲁迅先生《中国小说史略》，分为四部：一为宋元部，二为明清讲史部，三为明清小说部甲，四为明清小说部乙。第四部又分四类：即烟粉，灵怪，说公案，讽谕。其存疑目一卷，丛书目一卷，日本训译中国小说目录一卷附于后。

除讲史外，都是以作者时代先后为次序排列。凡是讲一类故事的，都排在一起。讲史则按朝代排列，而在每一朝代讲史目录中，则仍以作者时代为次序，现存者注一"存"字，未见者注"未见"。详谈一书的版本，如《儒林外史》五十六回的，注有卧闲草堂本、艺古堂本、群玉斋本、同治十三年申报馆本，等等。考校收藏人和地点，如贯华堂本水浒，注北京图书馆；醉醒石注郑西蒂，这样便于读者寻找。有时还注明书的内容源流，如《今古奇观四十卷》注出"选《三言》及《初二刻拍案惊奇》"，再如《新造今古奇闻二十二卷》注出"节选《恒言西湖佳话》及《娱目醒心编》"。这是孙楷第先生小说考证一派的做法，遂衍成小说源流考的一派，有时略注作者生平。如《官场现形记》的作者清李宝嘉，注解说："南亭亭长李伯元，毗陵人，小报界之鼻祖也。当其腴笔遂沪时。沪上报纸，祇申报、新闻报、字林、沪报等寥寥三四家。李乃独辟蹊径。创游戏报于大新街之惠秀里，风气所趋，各小报纷纷蔚趣，李顺而乐之。又设繁华报。作《官场现形记》说部刊诸报端。购阅者踵相接。是为小报界极盛时代。尝镌图章一方赠余。即余不时盖用之"漱石"二字。笔意苍古。时余戏创笑林报于迎春坊口。与惠秀里里街对宇。彼此往来甚密。元何，李患瘵疾。卒于惠鑫里旅邸。时年犹未四十。才长命短。良可悲也。"

这部书内容丰富，给我们研究小说提供了丰富的材料。如《水浒传》，他指出刻本相当多，把他所知的所有刻本依据性质分类排列。有些只见于目录之著录，不加内容与回目的本子他也著录下来，以便参考。如：

第四章 古籍的分类

旧本罗贯中水浒传二十卷。未见，也是园书目著录。
忠义水浒传一百卷。未见，百川书志著录。
都察院刊本水浒传。未见，古今书刻著录。
郭勋刊本水浒传。未见，宝文堂书目著录。
忠义水浒传。存，明嘉靖间刊本。
李卓吾先生批评忠义水浒传一百回。存。
钟伯敬先生批评忠义水浒传一百卷一百回。存，明余氏双峰堂刊本。
温陵郑大郁序本水浒传一百十五回。佚。
明刊巾箱本水浒传一百十五回。佚。
新刻出像京本忠义水浒传一百十五回。存。清金陵德聚堂刊本。
水浒传二十卷一百十回。存，明雄飞馆合刻英雄谱本。
文杏堂批评水浒传三十卷，不分回。存，宝翰楼刊本。
水浒全传十二卷一百二十四回。存，坊刊本。
李卓吾评忠义水浒全传一百二十回不分卷。存，明袁无涯原刊本。
金人瑞删定水浒传七十回。存，明崇祯旧刊贯华堂大字本。
征四寇传十卷。存，通行本。
水浒后传八卷四十回。存，旧刊本。
蔡奡评水浒。未见。
别本后水浒。未见。
荡寇志七十卷七十回，附结子一回。存，清咸丰三年徐佩珂刊于南京。

上列书目几乎把水浒传的版本全包罗在内了，无论存的、佚的、见的、未见的，都开列在目，以备参考，足见该书收罗之丰富。

但这部书不足之处在于过分在意注行款，只做纯客观的叙述。把行款、刻板记录下来就完了，对书的内容却很少评价，仅有一点评价也只是从文章的形式上来谈，而不是从内容方面来批评其得失。在收罗书上力求丰富，也就不分好坏一并著录，全是纯客观的态度。

2.《日本东京所见小说书目》

孙楷第撰，6卷，后面附有《大连图书馆所见小说书目》一卷。这是作者于1931年赴日本东京调查小说情况后，归国写成的书目。孙楷第到东京参观了公私藏书，私家静嘉堂岩崎氏、尊经阁前田氏、文求堂田中氏都是博文多识的藏书家，多有宋之孤本，而且在盐谷温、神山闰次、长泽规矩也三位日本朋友的热心帮助下看到了不少宝贵秘籍。作者回国后，在大连住了一个星期，阅览了大连所藏的小说，又写成了《大连图书馆所见小说书目》。在这两部书里，对所著录的每一种小说，都撰有提要，详细地记录了版本的形式、故事的原委、考校的异同，并写出评价文字。如卷四明清部之灵怪类《西游记》提要中说："《西游记》吾国通行者有三本：一为乾隆庚子陈士斌《西游真诠》本；二为乾隆己巳张书绅《新说西游记》本；三为嘉庆间刘一明《西游原旨》本。明本概末之见。余在日京所见。有华阳洞天主人校本。书凡三部，内阁文库、帝国图书馆及村口书店俱有之。有袁慢亭序李卓吾评本。内阁文库及官内省图书寮各有一部；有汪詹漪 评《西游证道书》（此清初刊本）。唯内阁文库有一部。有《鼎锲全象唐三藏西游传》，为村口书店书。其书尤世所仅见。保存旧本。如斯之多。颇可惊叹，今不惮详述之。"

下面便详细介绍他所见这几本西游记的详细情况。从版式、内容、行款直到刻工，极为详尽，这样使读者完全了解到国内和日本西游记的版本流通情况，为读者提供了方便条件。把东京书目与大连书目结合一起阅读，相辅而行，对研究中国小说是很有用处的。因日本所收的旧小说极多，多到我国所无者，所以东京书目有重要的参考价值。大连图书馆所藏小说秘籍也名闻国内，多为读者所参阅，研究小说的人不可不留意。

该书著录特别注重版本行款，介绍内容也多是作纯客观的描述轮廓，这是该书的不足之处。

3.《古小说简目》

撰者程毅中，内容是以古小说为主，即从汉魏以来断至五代。胡应麟把小说分至怪传奇、杂录、丛谈、辨订、箴规六类，《四库全书》小说家类则归并为杂事、异闻、琐记三类，都不同于现代所指小说。本书所收录的以文学性质较强的志怪、传奇为主，也有少量的杂事琐记之类的作品。

所著录的古小说以类相从，并不严格按年代先后为序，同一作者的作品合在一起，便于查找翻阅。

附录有存目辨证、《异闻集》考。例如：

东城老父传。存，（唐）陈鸿祖撰。

《太平广记》卷四八五署陈鸿撰，《宋史·艺文志》传记类著录亦作陈鸿撰，但文中四处自称"鸿祖"，不作"鸿"，明刻《虞初志》卷七即是署陈鸿祖撰，《全唐文》卷七二〇同。今依本文题陈鸿祖撰，参看陈寅恪《读东城老父传》（载前中央研究院《历史语言研究所集刊》）。

由上面这段文字提要可以看出，首先介绍这部书的存佚情况，然后作者，接着引用各书考辨作者。古今有关材料全引，极为全面和方便，有利于读者。

4.《宝文堂书目》三卷

作者是明人晁瑮，字君石，号春陵，开州人，嘉靖进士，官至国子监司业。嘉靖年间（1522—1566年）写成。晁氏为收藏戏剧大家，这部书收的小说戏曲之书极多。这书只在北京图书馆有旧抄本，1929年始发于北京图书馆季刊。此书的发现对研究中国小说史有极大贡献，书名下边多注明板刻，足以考见明代版本源流；收藏宏富，有其他目录中不见或罕见的书名。如子杂门著录《东轩笔录续录》、续录，除见于《宋史艺文志》外，别处几乎未见。乐府类著录《稼轩余兴》是弃疾词的另一个本子，而这个本子几乎仅见于本目的著录，可见收书的全备。从这个书目中可知其来源眉目，如《清平山堂话本》、《三言》所收的话本在该书中大都收了。这部书和在日本发现的《醉翁谈录》同为考订小说史的秘籍，故此书发现后，谭正壁就此考证话本之源流，以及话本存亡之情况，孙楷弟著中国小说书目也有许多依此书著录，此书是研究明以前小说戏曲的重要书目。

上卷分诸经总录、五经、四书、性理、史子、文集、诗词等12目；中卷分类书、子杂、乐府、四六、经济、举业等6目；下卷分韵书、政书、兵书、刑书、阴阳、医书、农圃、艺谱、算法、图志、年谱、姓氏、佛藏、道藏、法帖等15目，可见著录是极为丰富的。他所著录的虽然不全是古本，然在书目下注明某刻，即可以考证版本源流。

这部书的缺点是类目丛杂，复见和偏出都较多；只著书目，不著撰人和提要版本。对初学者不大方便。

5.《百川书志》20卷

撰著高儒，明代涿州人。他是个武人，明代武人中喜爱文学而富有藏书的有两个人，一个是写《毛诗古音考》的陈第，一个则是高儒。陈第藏书薄录为《世善堂书目》，鲍廷博已把它刻入《知不足斋丛书》，久为藏书家枕秘。而高儒的《百川书志》却长久湮没，没在坊肆流传。王士祯在《居易录》中曾称引它，黄虞稷、周在浚所作征刻唐宗秘本书目略说中说"高儒百川书志二十卷，儒，涿州人，志其家藏书和晁公武之例"，可见此书为当时士大夫所推崇。

在每书目下有扼要的内容提要，对读者的用处极大。特别值得重视的是，他在书目里著录了当时士大夫阶级以为不登大雅之堂的小说、戏曲的目录，并且把它们列入史部里，提出了他对这些书的独到看法。书目卷宗六野史、外史、小史三门中对于演义、传奇等创作著录，是今日研究金、元、明文学的重要材料。如"外史"中记有：

西厢记五卷。

秦太师东窗事犯一卷。元金志甫撰。

关大王单刀赴会记一卷。元关汉卿撰。

黑旋风仗义疏财传奇一卷。

李亚仙花酒曲江池传奇一卷。

王十朋荆钗记二卷。

韩文公雪拥兰关记二卷。

太和正音谱，元纪君祥之作。有韩文公退之记，赵明远之作。有韩湘子，疑赵作为陈半街记。而无名氏中又列升仙会记，赵未祥孰作。

上面是摘引的部分剧目，另外尚著录多种剧目便不多引了。总之，此书可补足明代一朝馆阁藏书的缺略。此书体例分：

经志：易、书、诗、礼、春秋、大学、中庸、论语、孟子、孝经、经总、仪注、小学、道学、乐、蒙求。

史志：正史、编年、起居注、杂史、史钞、故事、御记、史评、传记、职官、地理、法令、时令、目录、姓谱、史詠、谱牒、文史、野史、外史、小史。

子志：儒家、道家、法家、名家、墨家、纵横家、杂家、兵家、小说家、德行家、崇正家、政教家、隐家、格物家、翰墨家、农家、医家、卫生术、房中术、卜筮家、历数家、五行家、阴阳家、占梦家、刑法家、神仙家、佛家、杂艺家、子钞、类书。

集志：秦汉六朝文、唐文、宋文、元文、圣朝御制文、睿制文、名臣文、汉魏六朝诗、唐诗、宋诗、元诗、圣朝御制诗集、睿制诗集、名臣诗集、诏制、奏议、启札、对偶、歌词、词曲、文史、总集、别集、唱和、纪迹、杂集。

从分类上看有别于其他目录书，大的项目仍按经、史、子、集，但小的类目中则增加了许多，如子目中分为30类，甚为详尽。其中"德行家、崇正家、政教家"等未免有些牵强，失之过细，有时反而不便查阅。其他各部也有类似的情况，从目录上可以看出。

6.《也是园书目》

钱遵王著。此书第一卷收杂剧最丰，对考订戏曲最有关系，共收戏曲341种。这部书戏曲分类是按朝代按人分的，首先是元人，有名字的先列出名姓、然后著录其作品；无名氏的都列在一起。把这些戏本又依内容分演春秋故事、演西汉故事的、演末汉故事的、演三国故事的、六朝故事的、后朝故事的、五代故事的、宋朝故事的、杂传、释氏、神仙、水浒传故事、明朝故事、教坊编戏等类，钱氏所集之杂剧实为大观。孙楷第为文考订。商务印书馆把书中孤本144种刊行曰孤本明杂剧。这一书目为研究戏曲所必需。

7.《曲海总目提要》

此书乃董康在厂肆行乐府考略四函后，又借愚斋考略32册合成，共著录戏曲690种。该书每剧目下著撰人，并撰提要叙述剧中事实及演变。如墙头马上，注明之白仁甫著，为杂剧，演李千金与裴少俊在墙头马上相见爱恋成亲之事，取白居易"墙头马上每相逢，一见知君即断肠"的诗名为名，又说明代人曾以此改作南曲。

九、丛书目录

汇刻群书而成一书者曰丛书，变称丛刊或丛刻。丛是总、聚的意思，总聚众说而为书者，谓之丛说；总聚众书而为书者，谓之丛书。丛书之名在唐宋时已开始出现。宋宁宗嘉泰二年俞鼎孙编石林燕语辨、演繁露、嬾真子、考古编、扪虱新语上下集、萤雪丛说7种。为《儒学警悟》40卷，这是我国第一部丛书。宋咸淳癸酉（1273），左圭编《百川学海》，其书计分10卷，所收多是唐代以来的短书小记、宋人之诗话笔谈谱录小品等。明清以来的藏书家都很重视百川学海，文人则多读此书，如明吴永的《续百川学海》、《再续百川学海》、《三续百川学海》，冯可宾的《广百川学海》等。明陶宗仪又刊《说郛》100卷，收集经史及百氏杂说汇成丛书，影响极大。

1.《古今说海》142卷135种。

明嘉靖陆楫等辑刊。序言中说："凡古今野史、外记、丛语、脞语、艺书、怪录、虞初、稗官之流，其间有可以裨名教、资政理、备法制、广见闻、考同异、昭劝戒者，靡不品骘抉择，区别汇分。勒成一书。刊为四部，总而名之，曰古今说海。"卷首总目。一说选部，小录家三卷，偏记家有二十卷。二说渊部。别传家六十四卷。三说略部，杂记家三十二卷。四说纂部，逸事家六卷、散录家六卷、杂纂家十一卷。比曾造类说、陶宗仪说郛详赡。

2.《历代小史》106卷，106种。

明李栻辑刊。李栻嘉靖乙丑进士。博采野史，以时方次，自路史汉武故事起至明中叶之复辟录止，每种一卷。遗文逸事，为稗史类钞等书中所未收者颇多。各书有删节，但重要章节还保留下来了。

3.《古今逸史》182卷，42种。

明吴琯校刊。吴琯，新安人，明隆庆进士。本书分逸志、逸记，志分为二，一曰合志，凡九种；二曰分志，凡十三种。记分为三，一曰纪，凡六种；二曰世家，凡五种；三曰列传，凡九种。凡例中说："其人则一时巨公，其文则千载鸿笔，入正史可补其阙。出正史则可拾其遗。"在明刻丛书中，可称为善本。

4.《两京遗编》65卷，12种。

明万历胡维新辑刊。胡为浙江余姚人，嘉靖已未进士，万历间任大名道兵备副使。其地是赵魏古地，文学素盛，因辑此书。所刻有新语二卷，贾子十卷，春秋繁露八卷，盐铁论十卷，白虎通二卷，潜夫论二卷，仲长统论一卷，风俗通十卷，中论二卷，人物志三卷。申鉴五卷，文心雕龙十卷。总称之为两京遗漏编，序言说是十二种，四库总目提要仅为十一种，无春秋繁露。所据为内府藏本，或有残缺。

5.《稗海》448卷，74种。

明商浚校刊。商为浙江会稽人。序言说："吾乡黄门钮石溪先生，锐情稽古，广购穷搜。藏书世学楼者，积至数百函将万卷。余为先生长公馆甥，故时得纵观焉。每若卷帙浩繁，又书皆手录，不无鱼鲁之讹。因于暇日，撮其记载有体，议论之确者，重加订正。更旁收缙绅家遗书，校付剞劂，以永其传，以终先生惓惓之凤心，凡若干卷，总而名之曰稗海大观。"所录唐宋诸家笔记，鉴别颇为精审，几乎应有尽有。明史艺文志列入小说家类，凡三百六十八卷。千顷堂书目则入类书类，凡四十六种，续二十七种，无卷数。

6.《宝颜堂秘笈》457卷，226种。

明万历陈继儒辑刊。陈为松江华亭人，幼时与董其昌齐名，二十九岁隐居昆山之阳，后筑室东佘山，杜门著述，名自己书室为宝颜堂，因得颜鲁公书而得名。《千顷堂书目》类书类"陈继儒宝颜堂二十卷，又续秘笈五十卷，又广秘笈五十卷，又晋秘笈四十六卷，又汇秘笈四十一卷。"所刊之书，多删书。

7.《汉魏丛书》448卷，86种。

明程荣、何允中，清王谟辑刊。这部书先后三刻，首程荣，次何允中，又次王谟。今程本尚存，总目经籍十一种，史籍四种，子籍二十三种，独集籍仅存一行。下无书名。

8.《唐宋丛书》149卷，91种。

明钟人杰辑刊。人杰字瑞先，钱塘人。本书分经翼七种，别史十四种，子余十二种，载籍四十八种，又有书无目者二咱。书名叫唐宋丛书，但不限于唐宋，内载元人著作二种。

9. 《津逮秘书》752卷，144种。

明崇祯毛晋校刊，晋江苏常熟人。家富藏书，喜刻古书，他得到胡震亨的《秘册汇函》残版，增广为此书。四库总目说："版心书名在鱼尾下，用宋本旧式者，皆震亨之旧。书名在鱼尾上而下刻汲古阁字者，皆晋所增。分十五集，凡一百三十九种，中金石录、墨池编，有录无书，实一百三十七种。"

10. 《阳山顾氏文房》47卷，40种。

明正德顾元庆辑刊，元庆字大有，长洲（今江苏吴县）人，家于阳山大石下。藏书万卷，择刊善本，署名为阳山顾氏文房，其中太真外传、梅妃传、高力士传都是十分珍贵的书籍。

11. 清代丛书目录

清代以来，校书刻书事业兴盛。丛书流布多而且精。康雍之间谈经推崇宋元。谈史尊明。其时丛书著闻的有：

昭代丛书	张　潮
通志堂经解	纳兰成德
正谊堂全书	张伯行
楝亭十二种	曹　寅
荆驼逸史	陈湖居士

其他如顾炎武的《音学五书》析义辨音、张士俊的《泽存堂五种》解释文字。经乾嘉之间的朴学开了先导，朴学即朴实之学，也称汉学，汉代儒家治经专重训诂之学，故称汉学，与宋学对称。乾隆时儒士崇尚鸿博，繁于考证，考核一个字则用数千言，管这种考据学风也称为汉学，此时疏解经书推崇马融、郑玄。于是从事诸子的整理、收集佚文、考校文字，遗文密册，纷然而出。于是便选择精本，汇刻丛书。当时有名的丛书，盛况空前。著闻者如：

学津讨原	张海鹏
墨海金壶	张海鹏
士礼居丛书	黄丕烈
抱经堂丛书	卢文弨
知不足斋丛书	鲍廷博
经训堂丛书	毕　沅
拜经堂丛书	吴　骞
平津馆丛书	孙星衍
学海堂经解	阮　元
文选楼丛书	阮　元
问经堂丛书	孙冯翼

逸书考，又名汉学堂丛书	黄奭
玉涵山房辑佚书	马国翰

道光、咸丰年间则有：

粤雅堂丛书	伍崇曜
南菁书院经解	王先谦
惜阳轩丛书	李龄

12. 地理、金石、艺术类丛书目

文史而外、兼收地理、目录、金石、佛求、艺术的丛书有：

海山仙馆丛书	潘士诚
滂喜斋丛书	潘祖荫
古逸丛书	黎庶昌
十万卷楼丛书	陆心源
适园丛书	张钧衡
聚学轩丛书	刘世珩
积学斋丛书	徐乃昌

13. 古文学类丛书

考订秘籍殷墟文字的则有：

吉石盦丛书	罗振玉
古籍丛残	鸣沙石室

14. 词曲类丛书目

勘校词曲的有：

四印斋所刻词	王鹏远
疆村丛书	朱祖谋
双照楼景刊宋元词	吴昌绶
奢摩他室曲丛	陶湘

15. 偏重于应用的丛书

四部丛刊	涵芬楼
四部备要	陆费逵

16. 仅存一代要籍丛书

龙溪精舍丛书	郑氏，收汉魏六朝精校的书籍。
清代学术丛书	坊刻

17. 专收目录的丛书

玉简斋丛书	罗振玉
观古堂书目丛刊	叶德辉

18. 古今丛书子目汇编书目

搜罗古今丛书之子目，汇为一编，便于学子精研学术的有嘉庆年间顾修的《汇刻书目》，罗振玉的《续汇刻节目》，李之鼎的《增订丛书举要》，这部书便于翻阅。

丛书汇集群书在一起，所以难以区分四部。有的略依经史子集释道的次序分别著录，分目比较困难。

十、类书目录

类书，即是把许多性质相同的材料，从各种不同的书籍里按句或按段摘录下来，然后分门别类地综合在一起而编成的一套书。它只是把古代文献的材料汇集在相同的部类里，给人们提供查找材料上的方便。所以读书有两大用处：一是提供诗文典故的出处；二是可供辑佚和校订古书之用。因为类书是原封不动地照抄古代各种文献编纂而成，所以有些散佚的古书却保存在类书中，有的比较完整，有的是残余，有的只剩书目。有些专门学者在类书中做"钩沉"佚书的工作，许多失传了的古书被恢复了原来的面目，例如薛居正编的《旧五代史》，就是从明代《永乐大典》里辑佚出来的，足见类书对我们整理古籍和阅读古书是有极大作用的。下面介绍一下常用的几部类书。

1. 唐代的类书

（1）《北堂书钞》160卷。唐代虞世南撰。北堂，隋代秘书省的后堂，是虞世南任隋代秘书郎时所作。虞师从于顾野王，精思读书，文章出众，书法秀逸，入唐官至秘书监，唐太宗称他德行、忠直、博学、文词、书翰为五绝。他著《北堂书钞》，共801类。在摘录字句而不尽注出处，原本为明代陈禹谟所窜改，亦不是原书的样子了。然后所引录的古书较多，考证家多援以为据。

《艺文类聚》100卷，唐欧阳询等奉敕撰。欧阳询为隋朝太堂博士，入唐官至给事中，太子率更令，称其体为率更体。与令狐德等撰艺文类聚，分48门，类事居前，诗文列后，于诸类书中体例最善，惟其中六目间有繁简失宜、分合未当的地方。所录苏味道、李峤、沈期、宋之问诗，都是后来收入的，不是欧阳询的原作。《艺文类聚》是我国最古的类书之一。中华书局于1965年出有精装本上下两册：该书引用唐以前古书1431种，但绝大部分已失传。全书体例分为46部：即天部、岁时部、地部、州部、郡部、山部、水部、符命部、帝王部、后妃部、储宫部、人部、礼部、乐部、职官部、封爵部、政治部、刑法部、杂文部、武部、军器部、居处部、产业部、衣冠部、仪饰部、服饰部、舟车部、食物部、杂器物部、巧艺部、方术部、内典部、灵异部、火部、药香、草部、宝玉部、百谷部、布帛部、果部、木部、鸟部、兽部、鳞介部、虫豸部、祥瑞部、灾异部，每部下又分细目，例如"天部"又分：天、日、月、星、云、风、雪、雨、霁、雷、电、雾、虹等13个细目。在每条细目下，征引唐以前古书关于天、日、月、星……等的解释。如"日"的名称，据《广雅》曰："日名耀灵，一名朱明；一名东君，亦名阳乌"。下附有关"日"的诗、典赋、歌、赞。所以通过该书，就可了解唐以前有关"日"的资料。例如查"斑竹一枝千滴泪"中的斑竹，可找《木部·竹》条，其中有这样记载："《博物志》曰：'洞庭之山，帝之二女啼，以涕挥竹。竹尽斑。今下隽有斑皮竹'。"我们从《博物志》这段话里知道了斑竹的来历，最早出于晋代，因《博物志》的作者是晋代张华。

（2）《初学记》30卷，唐徐坚等撰，是唐玄宗时官修的类书。唐玄宗对张说曰："儿子等欲学缀文，须检事及看文体。御览之辈，部帙既大，寻讨稍难。卿与诸学士撰集要事并要文，以类相从，务取省便，令儿子们易见成就也。"唐玄宗要给儿子们学习写文章编一本书，要求把要事、要文汇集在一起，但于查阅，易见成效，张说与徐坚、韦述等编成此书，定名为《初学记》。它的作用约有两点：一是保存了失传的古书的片断，其中有不少可供利用的资料。如唐初魏王李泰等修撰的《括地志》是一部500多卷的地理书。原著早已不存，其"序"略仅见于《初学记》卷八，"总序州部第一"。由此可以窥见贞观间政区的划分和州县的数目。清人孙星衍就根据这个轮廓辑成《括地志》八卷。另一个作用，是可以用来校正今本古书的一些错误。

体例是全书共分23部，即：天部、岁时部、地部、州郡部、帝王部、中宫部、储宫部、帝戚部、职官部、礼部、乐部、人部、政理部、文部、武部、道释部、居处部、器物部、宝器部、果木部、兽部、鸟部、虫部。313个子目，如乐部的子目有：雅乐、杂乐、四夷乐、歌、舞、琴、筝、琵琶、箜篌、钟、磬、鼓、箫、笛等。

先是叙事，次为事对，最后是诗文，与一般类书略有不同。以"琵琶"为例：

[叙事]风俗通曰，琵琶，近代乐家所作，不知所起。长三尺五寸，法天地人与五行也；四弦象四时也。释名曰：琵琶，本胡中马上所鼓也。推手前曰琵，引手却曰琶。因以为名。傅玄琵琶赋序曰：中虚外实，天地象也；盘圆柄直，阴阳叙也。释智匠古乐录曰：琵琶出于弦鼗。杜挚以为兴之秦末，盖苦长城役百姓，弦鼗而鼓之。古之善于弹琵琶者，有朱生、阮咸。

[事对]马上、牖下；丹桂、素桐；骇耳、娱心；缓调、急节；奏六引、理五章；梁山象柱、岱谷丝弦；闻促声高、中虚外实。

[赋]晋孙该琵琶赋，晋成公绥琵琶赋，晋傅玄琵琶赋，薛收琵琶赋，虞世南琵琶赋。

[诗]唐太宗皇帝咏琵琶诗，南齐王融咏琵琶，梁徐勉咏琵琶诗，陈叔达听邻人琵琶。

由上所引可见，叙事介绍琵琶的产生、形状，名称由来，着弹奏者等，然后是"事对"，这都是典故。有诗文出处，引录在下面。赋，题目下引录一般赋辞。诗，题目下引出诗句。文太长不便全引，只引唐太宗皇帝咏琵琶诗："半月无双影，金花有四时。摧藏千里态，掩抑几重悲。促节迎红袖，清音满翠帷。驶弹风响急。缓曲钏声迟。空余关陇恨，因此代相思。"

《初学者》里保存了许多唐以前的古赋、古诗、古文，因而引起辑佚的重视。如严可均的《全上古三代秦汉三国六朝文》和丁福保的《全汉三国晋南北朝诗》，其中不少诗文就是从这本书中辑佚出来的。

《四库提要》评论说"叙事虽杂取群书，而次第若相连属"，"在唐人类书中，博不及艺文类聚，而精则胜之，若北堂书钞及六帖，则出此书之下远矣"，这个评语还是公正的。他所引的材料比较精审确凿，因是供皇帝儿子们读的，错误太多，皇帝是不允许的。当然在部类安排和内容概括的名目上，如帝王部、中宫部、储宫部、帝戚部、圣、贤、忠、孝、美妇人、奴婢等，都体现着封建正统观点和伦理道德，封建社会的类书都有这样的缺点，我们使用时应该注意。

2. 宋代的类书

《太平御览》1000卷，宋李昉等编。中华书局1960年彩印精装本，分四大册。该书初名《太平类编》，后因是写给宋太宗赵灵阅览的，改名为《太平御览》。其体例全书分55部，每部分若干类，全书分4558门，共约五百万字，引用古书达2579种。由于该书征引材料丰富，特别是引书比较完整，而且是引用整篇整段的文字，加上分类较细，是便于应用的工具书。体例分目便不列举了，可以参阅原书。这部书有两个用途：一是查找一般诗文典故。如我们读杜甫《丹青引》诗："学书初学卫夫人，但恨无过王右军……弟子韩干早入室，亦能画马穷殊相。干惟画肉不画骨，忍使骅骝气凋丧。"查找"卫夫人"这个典故，前面有"学书"二字，可查《工艺部书门》目，便可看到关于卫夫人的记载有3条，关于王右军的有15条，从这些记载中可以得知卫夫人擅长隶书，曾"传笔法于王右军"（见747卷），卫夫人有论笔法的著作《笔阵图》，王右军曾经题跋并阐发过这一《笔阵图》（见748卷），了解这些材料也就能理解"学书初学"这两句诗了。又在《工艺部画门》目下，记载两条有关韩干的材料：

一引《历代名画记》韩干画马"感神"的故事（751卷）；一引同书郭子仪问韩干与周昉给赵纵画像的优劣，郭子仪的女儿赵夫人认为韩干只能画出赵纵的外貌，而周昉却能画出赵纵的"神气情性笑言之姿"（751卷），从这些材料中，对"弟子韩干早入室"以下四句便能理解了。杜甫借用韩干只能逼真地画马外貌，而不能画出马的精神神态的典故，来说明曹霸绘画的才能。

二是可以据此作校勘用。不举例了。

我们在使用该书时，首先要知道它的目录，每部包含多少目，每目内容怎样，然后按部、按目去查检名物词语的来源。

为了查阅的方便，钱亚新编的《太平御览索引》和燕京大学洪业等编的《太平御览引得》可供参考。

（2）《太平广记》500卷。北宋太平兴国二年李昉等奉敕撰，另有目录10卷，按性质分92类。是小说集，采录自汉至宋初的小说、笔记、稗史等475种，保存了大量的古小说资料，可以说是小说家的渊海。其中引用的书有很多已经散佚、残缺或被后人窜改，凭此书可以考见。

（3）《册府元龟》1000卷，宋真宗命王钦若、杨亿等辑。景德二年（1005年）开始编，大中祥府六年（1013年）编成。所采集以史籍为主，间取经、子、不录小说，体例分31部。

分为帝王、闰位、僭伪、列国君、储宫、宗室、外戚、宰辅、将帅、台省、邦计、宪官、谏诤、词臣、国史、掌礼、学校、刑法、卿监、环卫、铨造、贡举、奉史、内臣、牧守、令长、宫臣、幕府、陪臣、总录、外臣，都有总序，每部再分为门，门有小序，述其要旨，总共1104门。所辑录的材料，都出于正经、正史，以及唐、五代的诏令、奏议等史料，兼及国语、战国策、韩诗外传、吕氏春秋、管子、晏子、韩非子、淮南子、修文殿御览，都是整章整节的引录，去取较为谨严，有的书今已不传，对宋代以前的史籍的辑佚和校勘很有参证价值。

中华书局影印明刊本，附有《类目索引》，把《册府元龟》全部的类目按文字笔画编排，每一类目下，列出所属部别及其所在册、卷和页数。

(4)《事物纪原》10卷。宋高成编。他在序中说"物有万殊，事有万变，而一事一物，莫不有原理，亦莫不有原。不穷其理，则无以尽吾心之知；不穷其原，又曷从而穷其理哉"，说明对于一事一物，都考索古书求其缘起，即"原其始，推其自，详其实"之意。全书共分55部，共1764事。如经籍艺文部之分文字、图书、书契、五经、四部、巾箱、石经、印板、八卦、六十四、繇爻、十翼、二礼、春秋、论语、孝经、尔雅、御制、子、史、实录、著书、类事、山海经、音韵、切字、切韵、押韵、玉篇、诗、五言、七言、律格、联句、唱和、次韵、赋、论、策、议、赞、颂、箴、连珠共四十四事。如在"四部"项下写："今崇文所录书目，经史子集。为甲乙丙丁四部者。善妈始于晋李充。按晋书李充传。充为著作部。时典籍混杂，充以类相从，分为四部，此盖其始也。续事始曰，魏武置四库图书。分甲乙丙丁为部目藏之录云。晋秘书监荀勖。因魏中经更以四部别之，惠怀之乱，及李充始加删正荀勖四部之法，总以甲乙为次也。"这段文字就讲清四部分类法的产生。此书夸论事物起源，虽然有的不确切，但其中也有不少可资考证的。

3. 明代的类书

(1)《永乐大典》22877卷，凡例及目录60卷。明永乐元年（1403年），明成祖朱棣对翰林侍续解缙等说："天下古今事物，散载诸书，篇帙浩穰，不易检阅。朕欲悉采各书所载事物类聚之，而统之与韵，庶几考所之便，如探囊取物尔。尝观《韵府》、《回溪》二书，事虽有统，而采摘不广，纪载大略，尔等其如朕意：凡书契以来，经史子集百家之书，至天文、地理、阴阳、医卜、僧道、技艺之言，备辑为一书，毋厌浩繁。"由此开始编集此书，次年十月全书告成，定名《文献大成》。明成祖仍嫌过于简略，不合原意，于是又命太子少师姚广孝、刘季箎、解缙等共同纂修，参加编写者共有2100余人，至永乐6年（1408年）成书，22877卷，11095册，改名为《永乐大典》。此书每册高一尺六寸，广九寸五分，用黄绢连脑包过，硬面，宣纸，朱丝栏，每叶八行，行大十五字，小三十字，朱笔句逗，书名有的用朱笔写，有的不是。

此书是我国历史上一部卷帙宏富，前所未有的大类书。采集古代图书七八千种，各类具备，无所不言。以《洪武正韵》为纲，按韵分列单字，每一单字下详注音韵训释，备录篆隶楷草各种字体，依次将有关天文、地理、人事、名物，以至奇闻异事、诗文词曲，随类收藏。或以一字一句分韵；或析取一篇，以篇名分韵；或全录一书，以书名分韵。正如凡例所定"用韵以统字，用字以系事"。元代以前的秘册佚文，往往一字不易地全行录入，因此保存了不少古籍。清乾隆 38 年（1773 年）修四库全书时，从《永乐大典》中辑出的佚书，经部 66 种、史部 41 种、子部 103 种、集部 175 种，合计 385 种，4926 卷。有的虽已辑出，未列入四库者，如《宋元两镇志》、《奉天录》、《九国志》等。此后，仍从其中辑录佚书遗文，清代徐松所辑的《宋会要》，其中大部分史料辑自《大典》。而且这些材料有十分之七八是《宋史》所未记载的，由此可见此书的可贵。原存于南京，定都北京以后，始移之北来，正本贮于文渊阁。副本贮于皇史宬。至清代顺治时把正本放在乾清宫，嘉庆时乾清宫火灾，正本遂毁。副本移贮翰林院，缺失 2422 卷。乾隆年间，仅存 9677 册。咸丰 10 年英法联军入侵，翰林院在东交民巷靠近使馆，被帝国主义分子劫走，损失甚巨。光绪元年重修翰林院时，已不到五千册。光绪 36 年庚子八国联军入京，又被焚毁、盗卖、劫走，所余只有 64 册，于清末移存京师图书馆，以后转入北京图书馆。后来经搜集共有 215 册，后又征集到一部分复制本，包括照片在内，共得 714 卷，约当总卷数百分之三。1959 年中华书局借以影印，才开始流传。

4. 清代的类书

（1）《佩文韵府》440 卷，清康熙年间张玉书等编。全书收不同的单字一万个，引录文章典故不下一百四十万条，每条词目下注明出处，有的只注谁人所作，少数引有篇名。体例是按平水韵一零六韵的平、上、去、入四种排列，每字先注音，后释义，再列词语"韵藻"，下有引诗，出处都在该条下查到，"对语"、"摘句"是供做诗词的人参考用的。《佩文韵府》的韵脚排列是按语词的末一字韵部而定其韵目，如果我们不知该字的韵目，先查《辞源》、《辞海》找出该字所属韵目，然后按韵目便可查到卷数、页数和所要找的词语，各以经史子集为次序，查起来极方便。佩文是清帝的书斋名，因而定为《佩文韵府》。

（2）《渊鉴类函》450 卷，清康熙 49 年张英等奉敕撰。此书是在明代俞安期《唐类函》的基础上，补充了唐以后至明嘉靖年间的类书、总集以及子史稗编中的一些材料，分别列入有关各部类。全书分 45 部：天、岁时、地、帝王、后妃、储宫、帝戚、设官、封爵、政术、礼仪、乐、文学、武功、边塞、人、释教、道、灵异、方术、巧艺、京邑、州部、居处、产业、火、珍宝、布帛、仪饰、服饰、器物、舟、食物、五谷、药、菜蔬、果、花、草、木、鸟、兽、鳞介、虫等。每部又分为若干类，以释名、总论居首。次列典故、对偶、摘句、诗文等；释名、总论中，以《释名》、《说文》、《尔雅》等书居前，经、史、子、集等书次之；典故按朝代次序，对偶、摘句不限于朝代，而以构句精练、辞藻美丽者为主，诗文则备依体裁编入其类。内容丰富，卷数虽只是《太平御览》的一半，但篇帙内容，却超过御览的一倍。

（3）《骈字类编》240 卷，清雍正四年（1726 年）成书，是《佩文韵府》的姐妹篇，互相经纬、相辅而行。它的优点是引用古书都注篇名，体例是取古书的骈字，即双单词或词组。二字相连之词，按字相同者排列在一起，分列在 13 个门类下，每条词语下引古书为例证，并举其篇名。如"山雨"，两字相连，查首字"山"，可在该书第 36 卷"山水门"下，找到此条，下载有"许浑咸阳城东楼诗．'溪云初起日沉阁。山雨欲来风满楼'"。如果不知道许浑有《丁卯集》的话，就可以查《全唐诗》，原诗是："一上高城万里愁。兼葭杨柳似汀州。溪云初起日沉阁，山雨欲来风满楼。鸟下绿芜秦苑夕，蝉鸣黄叶汉宫秋。行人莫问当年事，故国东来渭水流。"这首诗是什么意思呢？表达了什么样的感情呢？可以从全唐诗的小传中了解到，他是唐文宗太和六年的进士，在唐宣宗三年官监察御史，这是许浑所处的时代和社会地位。根据这些年代可以查《中西历对照年代》便知是公元 832 至 847 年间，唐亡在公元 907 年。据此再翻阅《中国通史简编》唐代部分，文宗、宣宗时，正是"安史之乱"之后，黄巢农民大起义（874 年）的前夕，这是许浑预感末日来临，哀悼唐帝国日趋没落的心情写照。登上咸阳城楼，满眼愁云，满腹深思；渭水边的芦苇、杨柳恰似故乡江南长江中的绿洲；太阳西沉，溪头雨云翻滚，一场山雨即将来临；狂风满楼，秦苑荒芜，暮鸟乱窜；汉宫萧瑟，寒蝉悲鸣。要问当年秦汉盛世，已经不堪提起，犹如渭水东流，一去不复返了。"山雨欲来风满楼"正是晚唐时代政局动荡，农民革命风暴即将来临的形象反映！

（4）《子史精华》160 卷，清康熙时辑。分 30 部，子目 280。采集子史中的名言名句，按类排比而成，大字标其精华，分注句子的连贯首尾。四部中子史最为复杂。当时读书人用这部书采摘辞藻，最为方便。但今天这部书并不太流行。

（5）《古今图书集成》一万卷，目录 40 卷。清康熙、雍正时陈梦雷、蒋廷锡编，这是现存在我国历史上搜罗最博、内容最丰富的最大的一部类书。其中保存明代文史资料特多。共一万六千万字，外国人称为"康熙百科全书"，它比《大英百科全书》多三、四倍。1934 年中华书局出有影印本，全书 800 册，分 6 汇编，32 典，6109 部，书前有目录索引，书后附有《考证》24 卷，其主要内容为：

历象汇编：包括乾象典、岁功典、历法典、庶征典；

方舆汇编：包括坤舆典、职方典、山川典、边裔典；

明伦汇编：包括皇极典、官闱典、官常典、家范典、交谊典、氏族典、人事典、闺媛典；

博物汇编：包括艺术典、神异典、禽虫典、草木典；

理学汇编：包括经籍典、学行典、文学典、字学典；

经济汇编：包括选举典、铨衡典、食货典、礼仪典、乐律典、戎政典、祥刑典、考工典。

以上是 6 汇编，32 典，每典之中又分许多部，合计为 6109 部。每部之首为"汇考"，其次是"总论"、"图表"、"列传"、"艺文"、"造句"、"纪事"、"杂录"、"外编"等项。"汇考"，即把一事物的因革损益的源流、古今称谓、种类性情，及其制造之法、记其大者，可以概见该事物。"总论"，即把经书及其注疏和子书中关于该事物的论述，予以收录。"列传"，即载历史上各个历史人物的传记。"艺文"，即把涉及该事物的辞藻，包括诗、文、词、赋等，均予收录。"选句"，即多摘涉及该事物的对偶词句。"纪事"，即除汇考记其大事外，将该事物除经书以外的论述,如旁引曲喻或真假难分等材料予以收录。"外编",即收录该事该物各种荒唐无稽的记述。所以,根据上述体例翻检,就可查到所要找到的资料。举《红楼梦》为例:七十八回贾宝玉写的《芙蓉女儿诔》有句"洲迷聚窟,何来却死之香"的话,是什么意思?按"却死香"属该书"草木典、香部"(第 315 卷),在"汇卷"中载有《山海经》、任昉《述异记》,洪刍《香谱》,叶廷珪《名香谱》、李时珍《本草纲目》等 14 种书籍。在述异记中有"反生香"条;在名香谱中有"振灵香"条;在本草纲目中有"反魂香集解",都记有"却死香"的出处。而且在《香部外编》里,载有:"《十洲记》聚窟洲在西海中。……洲上有大山,形似人鸟之象,因名之为人鸟山。山多大树,与枫木相类,而花叶香闻数百里,名为反魂树。扣其树,亦能自作声,声如群牛吼,闻之者皆心震神骇。伐其木根心,于玉釜中煮取汁,更微火煎,如黑饧状。令可丸之。名曰惊精香,或名之为震灵丸,或名之为反生香,或名之为震檀香,或名之为人鸟精,或名之为却死香。一种六名,斯灵物也。香气闻数百里,死者在地,闻香气乃却活,不复亡也。"(318 卷)这段记载却属无稽之谈,但贾宝玉用"却死香"这个典故,是慨叹自己无法使晴雯死而复活,因为他迷失了去聚窟洲的道路,无法得到还魂的"却死香"来使晴雯复活。关于"却死香"的典故,也见于《艺文类聚·灵异部·仙道》、《太平御览·香部·艺文》里载有 53 人的诗、词、赋,《香部·选句》里载有司马相如等 96 人的丽词偶句,《香部·记事》里载有《拾遗记》、《三辅黄图》、《后汉书》等史书、杂志几十种,都涉及有关"香"的各种记载。所以查检该书一事物,即可知其源流以及历史上的各种记载。它不仅能帮助我们解决诗文语句的出处和典故,而且可以提供研究某事物的各种历史资料,用处较大。

  但该书资料多数是转抄其他类书,不是摘自原著,因此对原著有删节和错落字的毛病,使用时要参考后面附加的考证,还须核对原书才为可靠。

  上面介绍了各方面的重要目录书。只从检索作用着眼显然是不够的,目录的作用是反映某一时代的图书情况,从中可以看出该时代文化之盛衰,因从公家图书馆和藏书家藏书情况,完全可以反映出时代的面貌。这份宝贵的文化遗产,只要我们使用好了,对发展社会主义新文化有不可估量的作用。许多学者为了后学的方便,还编了不少索引,如叶圣陶的《十三经索引》、商务印书馆的《十通索引》、燕京大学的《毛诗引得》,以及《二十五史人名索引》、《史记人名索引》等,这类索引书是很多的。只要先翻阅前面的作用方法、使用帮助,我们就可以从不同的角度查找资料,下面再列表介绍一下现存的常见目录。

十一、常见目录一览表

(1) 官修目录

明内府经厂本书目	无撰人
内阁书目	明钱溥
宁藩书目	无撰人

第四章 古籍的分类

文渊阁书目	明杨士奇
新定内阁藏书目录	明张萱
南雍书目	无撰人

（2）史志目录

三国艺文志	清姚振宗
补晋书艺文志	清文廷式
补南齐书艺文志	陈　述
补五代史艺文志	清顾櫰三
补辽金元艺文志	清卢文弨录补
辽艺文志	清缪荃孙
明史艺文志	清黄虞稷
清史稿艺文志	朱师辙

（3）私家书目

古今书刻	明周弘祖
万卷堂艺文目	明朱勤美
菉竹堂书目	明叶盛
李蒲汀家藏书目	明李廷相
世善堂藏书目	明陈第
天一阁书目	明范钦
得月楼书目	明李如一
澹生堂藏书约	明祁承业
绛云楼书目（牧斋书目）	明钱谦益
脉望馆书目	明赵琦美
汲古阁珍藏秘本书目	清毛扆
玄赏斋书目	明董其昌
读书敏求记	清钱曾
汇刻书目	清顾修
潜采堂宋金元人集目	清朱彝尊
传是楼宋元版书目	清徐乾学
传是楼书目	清徐乾学
百宋一廛书录	清黄丕烈
善本书目	清缪荃孙
天禄琳琅书目	清于敏中
爱日精庐藏书志	清张金吾
铁琴铜剑楼藏书目录	清瞿镛

皕宋楼藏书志	清陆心源
开有益斋读书志	清朱绪曾
滂喜斋宋元本书目	清潘祖荫
艺风藏书记	清缪荃孙
双鉴楼善本书目	傅增湘
西谛书目	北　图

十二、目录读书

我国古籍浩如烟海，一个人的精力又有限，如何读书便成了大问题。初学者往往产生无从下手的茫然或畏难情绪，如何根据自己的专业来读书呢？必须找个良师益友来指导，这个良师益友是便是"书目"。这个老师究竟对我们会有哪些帮助呢？分条叙述如下。

（1）利用目录书了解古代学术源流。清人王鸣盛在《十七史商榷》里："凡读书最切要者，目录之学。明录明，方可读书；不明，终是乱读。"又说："目录之学，学中第一紧要事，必从此问途，方能得其门而入。"是要求人们学会使用目录，认为治目是第一紧要事。因为只有弄清书籍流别，才能了解学术源流。金榜说："不通汉艺文志，不可以读天下书。艺文志者，学问之眉目，著述之门户也。"《汉书·艺文志》之所以可贵，是因为它给古籍分辨了源流。汉志序和隋书经籍志序、旧书经籍志序、文献通考经籍志序对经学的源流都进行了较为详尽的叙述，我们从这些书籍著录的体例上也可以了解到学术的流别。

比如研究诗经的源流，从《汉书·艺文志》诗小序上说的"孔子纯取周诗"一段话，以及《隋书·经藉志》诗小序上所说"孔子删诗，上采商、下采鲁。凡三百篇"的一段话，就可以知道诗经的发展贮存和注解源流。原来汉时有四家，后来齐鲁韩都失了，只存毛诗。这样我们注解毛诗就可以参照现存的韩诗外传和一些辑佚，因为四家都是注解诗的，他们只是传授不同，因而字句解释不一样。

（2）目录书解题提要的好处。余嘉锡说："目录者，所以告学者以读书之方，省其探讨之劳也。"又说："治学之士，无不先窥目录以为津逮，较其他学术，尤为重要。"他在《论学杂著》中结合自己读书亲身经历说："然于学问之事实未有所解。阅张之洞《书目答问》，骇其浩博，茫乎失据，不知学之所从入，及读其《輶轩语》曰：'今为诸生指一良师，将《四库全书总目提要》读一过，即略知学问门经矣。'不禁雀跃曰：'天下果有是书耶？'闲请于先君子，为道其所以然，意欣然向往之，遂日求购读。光绪二十六年庚子，年十有七矣，先君子以事于长沙，始为购得之，则大喜，穷日夜读之不厌。"余先生在未读四库提要之前不得学问之门径，读完总目提要之后，经过终身勤奋精研，终于成为近代的一位大学者。这部目录学为什么具有这么大的力量呢？这主要在于提要。

我国的目录书多在著录书名下做一提要，叙述作者爵里、真伪、内容、评介、存在问题等，这就使读者在未读该书之前先有个大概了解。同期也可从各方面介绍中了解这门业务的"门径",这对一个研究者来说是很方便的。马端临《文献通考·经籍考》序也说到了解题的作用和好处。

(3) 目录书可以指示好的注解。一部好的目录书会告诉读者什么书该读、什么书不该读,什么书该精读、什么读该泛读,什么书有哪些家的注释,何家注释为优、何家注释为劣。目录书常常在所著录的书下注上某一注本好,这样我们注解书时就可以利用古人的注解作参考,可以省去很多精力。我们如果注唐诗,注到杜诗,可以查《书目答问集部》,在"杜诗镜铨"条下查到这样话:"杜诗注本太多,仇、杨为胜。"仇即仇兆鳌的杜诗详注,杨即杨伦,《杜诗镜铨》的作者。

(4) 目录书可以指示哪一本子是足本,哪一本子所收内容较少。这对研究目录是很重要的,因为我国古书一本书有几个本子,不同的本子所取的内容也不一样,有多有少,要想知道那一本子比较全,在目录书上可以找到答案。比如研究水浒,它有回数不同的本子,哪本较好,可查小说书目,查中国通俗小说书目明清小说的小说公案部,就可查到。水浒有多种本子,从中可知道水浒传是以120回本为最完整。

(5) 目录学可以指示善本。古书除了收文章足与不足外,还有错误脱漏的问题,这是应该注意的问题,所以读古书当求善本。比如我们注解古文观止,有的篇目可以《唐文粹》校勘,如阿房宫赋,《唐文粹》不同的本子就有的错字很多,这就需要查善本。查《书目答问》指出了许增的校本,这一本子虽未注明善本,再查一下便可知晓《版本通义》中对许增和谭献二人校唐文粹校刊的经过叙述最详,许增曾用全唐文、通典、旧唐书、宋本唐文粹(残本)明嘉靖本唐文粹、文苑英华和唐人别集详细校过,这是一个善本。

(6) 目录书可以告诉我们名异而内容相同。我国古籍常有不同的版刻,给以不同的书名,如果不知道会误以为是两种书。例如,最早记载隋炀帝荒淫暴虐的小说,其中有一种叫"大叶拾遗记",另一外还有一种叫"南下烟花录",还有一种叫"隋遗录",三种书摆在眼前,看完后知道是同一种书,如果没看全,我们很容易当成两种不同的书。一查目录就会知道不是两种书。如四库提要小说家类存目说"大叶拾遗记二卷一名南下烟花录",我们再查《百川书志》(明高儒撰)卷五传记类注,告诉我们南下烟花录又名大叶拾遗记,又名隋遗录。另如我们研究晚明的戏曲,有时要参考一些晚明的杂史,其中有一部比较流行的书,就是吴伟业的《绥寇记略》,而这部书又名《鹿樵记闻》,这在书目答问补正补注上告诉了我们,他说:"此书记流寇始末,原名鹿樵记闻。"再如我们熟知的红楼梦就有几个名字,因较熟就不易弄错了;而不熟的书,借助目录就会省去许多阅读时间。

(7) 目录书可以指示真伪。我国古书常有许多是伪的,有的全部是伪的,有的一部分是伪的。我们在研究时要知道,不然把它当作真的就错了。比如现在有人研究唐王建的宫词,这是描写宫女的宫中生活的,虽然100首,但这里有伪的在目录上也可查到,如四库提要卷150王司马集条下就注出来了,其中有白居易诗、王昌龄诗、乐府诗等。再如研究列子,四库提要卷146告诉我们所以伪的缘故,即列子中所引的都是列子死后的事,这自然是伪的了。四库提要把这些错误事实都一一列出。

（8）目录书可以指示内容相同的各种书哪一种好。同一内容的书常有许多种，我们无法把每一种书都看一遍，但又无从知道哪本好，这就得借助目录书。我们读古书或注古书遇到一些典章文物制度，就得找专载古代典章制度的书，这类书有三通。但三通内容都差不多，看哪一通好？四库提要卷81史部类通典的提要说"宋郑樵作通志与马端临作文献通考，悉以是书为蓝本，然郑多泛杂无归，马或详略失当，均不及是书之精核也。"通志常有错误，通考比通志好，通典虽比通考简练，但详细完备又不如通考，因史实典章只求简略是不行的，所以要采用通考。

（9）目录书可以指示要籍。目录书常常给我们指示出研究某一门学问的参考书，比如我们注唐诗，会遇到给诗人作小传的问题，新旧唐书文苑传所收唐诗人不及百人，显然不够。四库提要史部传记类告诉我们《唐才子传》是一部较完备的书，这部书收唐代诗人397人之多，不但作了传，还对每个人作了评价，讨论了唐诗的演变源流，这对我们注唐诗很方便。我们注具体诗和具体词语时，也有重要的参考书，查四库提要集部诗文评类，指出有两部重要的书，一为《唐诗纪事》，一为《唐单癸籤》。唐诗纪事是按人来汇集有关这一个人的诗评，如研究元白新乐府，他在书目上列有白居易和元稹，按此去找，这里把元白二人来往、探讨乐府的信都收进去了，这里详细论述了他二人对新乐府的主张以及历史背景。这部书收唐代诗人1150人，材料丰富。《唐单癸籤》是明胡震亨作，四库评论这本书的优点是告诉了我们唐代300年来源流演变，除此外还收集了许多唐代的词汇，这对我们注唐诗很必要，如卷20回说："俗谓柔言索物曰泥，谚所谓软缠也。杜子美诗：'忽忽穷愁泥杀人。'元微之忆内诗'顾我无衣搜画匣，泥他沽酒拔金钗'。"再如"处分"，引刘禹锡诗"停杯处分不须吹"，及白居易诗"处分贫家残活计"为证，这样使我们知道五代"处分"不是"处罚"的意思，而是吩咐处理、办理、料理的意思。

从上述介绍中我们可以知道弄清书籍流别，了解学术源流。目录学是很关键的学问，这从古代起便有人提倡，而清代则大力展开了。读书是离不开目录的，读书如同航海，必须有灯塔、指南针，如果没有这些就会迷航，或遇暗流，或触礁石，就不能达到彼岸。要想驾驭书海，这个灯塔和指南针就是书目。凡善治学之士，必善治所学之书目。先知书目，求其书而读之。循序而渐进，方能事半功倍。

第五章　古籍的版本

一、版本与目录的关系

张之洞在《书目答问》中说:"读书不知要领,劳而无功;知某书宜读而不得精校、精注本,事倍功半。"这些话是说给当年生童们听的,实际上对任何时代任何治学的人都有用处。他所说的"知要领"就是通过目录,知道自己所需要的资料有没有,有哪些,主要的是什么,次要的是什么,以及它们在什么地方,这是目录学的知识。他所说的"要得到精校、精注本",就是要判断这种资料的"载体"——本子是否可以信赖,权威性如何,这也是版本学问的知识。《书目答问》就是按这两点要求编撰出来的,这是为了更好地配合目录学而为治学服务。

对书籍版本的研究开始于南宋而大盛于清乾、嘉时。宋代资料不足,如果从明代天一阁的历史算起,到现在也有400多年了。然而藏书或书籍鉴赏家津津乐道的却是宋刻元刊,对明以下的本子都不够感兴趣,以对古董的态度去对待这件事,不是为治学服务。

所谓"善本",有人专指宋刻元刊,这是不全面的。古本离成书时间越近,错误越少,参考价值越强,这是一般的道理,但也不是绝对的。今天所说的"善",是彼善于此的"善",是相对的。张之洞说的"精校、精注",每每是后来者居上。因为古书中的精较、精注本,到今天很多已变成普通的影印本,更有不少是由后人加工而成为更精善的校注本了。例如宋本世采堂的《韩文》,这是宋版本中的精注本,但明代东雅堂的《韩文》比世采堂的好,因为它是以世采堂本作底本而又经过徐时泰重新校过的。而现在的中华书局《四部备要》本的韩文比明版更好,因它以东雅堂本作底本,又附清人陈景云的"点勘"四卷而印出来的,其他还有很多例子,所以书籍的版本越古愈善,并不尽然。倒是后来居上。我国版本学上一直把版本愈古的称为"善本",这是多年沿袭下来的专用术语,是古代印刷的,传世的数量也不多。愈古就愈少见,"物以稀为贵",善本的"善",指的就是这个意思,而不是从学术价值观念出发。

目录学的一般要求是使人通过目录而得到他们所需要的书,指治学的门径,即如郑樵所说"即类求书,因书究学",这是首要问题。找到书以后还必须了解书籍的形态,以及制作与流传情况,如边栏、版口、行款、字体、纸张、墨色、何人收藏过、何人加有题识等,用这些外在因素来区别当时和后世书不同来源的各种版本。版本不同,内容就有差异,可见目录与版本是不可分的,有时甚至要先问某书的版本如何,然后才决定是否使用该书。如目录同样是《清史稿》,但存在着"关内本"和"关外本"的区别,版本不同,内容也不完全相同。而出版商为牟利,往往冒充"古本"、"原本"、"真本"等,以致有版本名异而书实同的现象。研究目录必须把版本搞清楚,版本也必须在目录上正确地反映出来。

目录有三个最基本的事项，就是确定书名、著者和出版者对书的关系，这三项要点同样是版本学要求的事项。例如章太炎的《訄书》和《检论》究竟是一书还是二书？如认为是一书，则《检论》中并无《中国通史略例》；如认为是二书，显然是制造混乱；如认为是一书的两种不同本子，究竟以《訄书》为主，还是以《检论》为主？这是目录与版本纠缠在一起的实例。再如金圣叹批改的七十回《水浒》有金的修改在内，这个本子既非明代原本，又非金的篡改本，应算是什么本子？仍称它是施耐庵原著，科学不科学？这同样是目录问题，也是版本问题，也可说明研究版本不能离开目录，而研究目录同样不能离开版本。

目录学是"辨章学术，考镜源流"的，这是正确的。版本研究如果着重于发掘一书的祖本。知道它的来源与发展过程或传播情况，就和目录学上"辨章学术，考镜源流"的目标相配合了。

二、古书版本发展概况

我国古代时的书籍全是写本。自从印刷术发达以后，出现了许多雕版印刷的书籍，于是才出现"版本"这一词。刘向《别录》中说："雠校，一人读书，校其上下，得谬误为校；一人持本，一人读书，若怨家相对，故曰雠也。"可见汉代已经把"书"称作"本"，取其根本之意。到唐时书籍逐渐装订成册，一册书就称之为本。由雕版印刷的书，装订成册，就称这为版本。开始时"版本"二字含义比较简单，仅仅区别于写本而言。但因为出书较多，有各式各样的本子，新写本和旧写本、新版本和旧版本，彼此都互相关联、互相依存、长短相辅、正误相切磋、互相补充校对而发展，于是"版本"的含义就随之而扩大了。各藏书家著录所藏的书籍时，不但把写本书著录并入版本之中，并且把从石经摹揭而装订居册的揭本。以及近代的石印本和影印本，全算作版本的一种。版本逐渐由普通名词，变为一门专门学问了，即是研究版本的源流、版本的好坏真伪等，称之为"版本学"。版本学涉及的范围很广，举凡写本、历代刊本、历代传录本、批校本、稿本，以及每一书的雕版源流、善本、劣本、原刻，以至印纸墨色、字体刀法、藏书印记、版式行款、装订式样等，都是版本学研究的对象。当然我们不是专门来研究这门学问，只是从读古籍的目的出发来选择善本，作为一般常识了解还是必要的。

1. 写本

在雕版书发明之前，书籍都是手写的。时间大约从三国到南宋的九百年间，因这个时期用纸代替了简帛，雕版印刷还未普遍通行。

唐以前的写本已经不多见。新中国成立前只能见到两晋六朝的一点写本，新中国成立后古物发掘，提供了丰富的实物，敦煌莫高窟发现许多唐写本，写经就有几卷，卷子上还有少数民族所建立的国家年号，可见就是在边远地区，用纸写书也很普通了。荀勖《穆天子传序》说"谨以二尺黄纸写上"，黄纸是用蘗染的麻纸，未入潢的是青纸。《唐书职官志》记载：秘书省有正字四人（正九品下）楷书手八十人。弘文馆有令史二人，楷书手三十人，搨书手三人，熟纸装潢匠九人。集贤殿书院有书直写御书一百人，搨书六人，画直八人。装书直十四人。史馆有楷书手二十五人，装　直一人，熟纸匠六人。搨书人不一定是搨石刻。大概是搨摹古书画。抄书人数固定。有多有少。

有官书，抄写固定标准本、标准注，还规定了标准字样，楷体字样。一般喜用颜真卿字。

有佛道寺观的抄书，也组织了不少抄书人。

有读书人和学童自抄自用。

有知识分子抄书到市场上去卖，以为谋生。

古人抄书的经验有以下两点。

（1）用朱墨点画。《魏略》记载说，董遇善左氏传，更为作朱墨别异。董遇的书作于建安末年（211~220年），用朱墨两色书写。分别主要与次要的方法，从很早便开始了。六朝、唐代经文用朱书，疏注注文用墨书。

（2）用雌黄改错。抄书出错，简牍时代用刀削，用纸写不能削。便用雌黄涂在错字上，掩盖起来，然后另写。用雌黄涂改是很麻烦的，以后用墨涂去，形成墨块不雅观。以后又出现在错字旁注云卜，俗语请之卜煞。卜即半个非字"　"的简化。

1973年12月在长沙马王堆三号汉墓中出土了手写本《老子》一书，其中不避汉高祖刘邦讳、钞写年代甚晚在高祖时期。现存的写本书还有西晋元康六年写的佛经残卷，另外有《三国志·吴志》残卷，唐代李白、杜甫、韩愈等集子写本，明代的《华阳国志》等，但未保留到今天。大型写本书是《永乐大典》和《四库全书》。

2. 影抄本

有人把宋版书用质薄而坚韧的纸蒙上，照原来书的式样和字体抄录下来。到了清代用这种办法抄书的人更多了，于敏中《天禄琳琅书目》特开辟影宋抄本一类，这种办法使名贵的书得以流传于后代。四部丛刊中影印了不少这种影宋抄本。

3. 石经

利用石头雕刻文字，到底开始于何时呢？众说纷纭，莫衷一是，大多数学者的说法是开始于秦代。唐初在陕西凤翔县发现的石鼓文，字体为大篆，内容为韵诗，全文约700多字，可能是春秋时期的秦国。可见又早于秦代。秦始皇到各地巡游，刻石颂功的碑文非常多最早石刻是碑类，其作用是为纪事；志类，是记叙死者生平的；经类，指刻儒、释、道各家经典之石刻。石经形式也多是碑状，其镌刻的内容均为各家成部经典。其中最著者：儒家有汉子平、魏正始、唐开成、五代孟昶、北宋嘉佑、南宋御书、清石经等7种；释家则以北京房山云居寺石经为最，它集历代刻经达800多种，14000多石，实为天下巨著。下面着重介绍几部石经。

汉灵帝时，"邕以经籍去圣久远，文字多谬，俗儒穿凿，疑误后学。熹平四年，乃与五官中郎将堂溪典，光禄大夫杨赐，谏议大夫马日磾、议郎张驯、韩说，太史令单飏等，奏求正定《六经》文字。灵帝许之，邕乃自书丹于碑，使工镌刻立于太学门外。于是后儒晚学，咸取正焉。"（《后汉书蔡邕传》）他把易、书、诗、仪礼、公羊、论语等几部经书写好刻在石板上，前后共刻了 8 年，由熹平四年到光和六年（183 年）刻成，竖立洛阳太学门前，作为儒生学习的范本。石板又厚又大，是丰碑的形式，高一丈，广四尺，共 73 碑。这是我国没有发明雕刻木版印刷书籍的方法以前，把必读之书刻在石板上，作为一个最标准的本子，让学者们携带自己的手抄本到这里校对，没有书本的人也可以到这里来抄写，影响极大，每天有许多人到碑前阅读和抄写，非常拥挤。不久，又采用捶拓的方法，把石板上的文字都打印在纸上，这样流传较广。由于石版上刻的文字，是正面而凹入的形体，捶拓时，是将一大张纸用水湿透后铺在石版上在打平，等到水干，再用一个棉花心的布包蘸了墨，在纸上轻轻地捶下一遍，揭下来，便成一张墨纸白字的榻本。如果把这种方法反转过来，在版面上刻着凸出反写的字，榻完揭下，便成了白纸黑字的读物了。石版捶拓无疑是木版印刷的先驱。

熹平石经以后，历代统治者多加仿效。魏明帝正始年间（公元 204—248）在洛阳太学重立石经，把几部重要经典用古文、篆文、隶书三种字体写，叫"三体石经"。唐文宗开成年间，又在长安太学，用楷书刻了 12 部经典（十三经中无"孟子"）称"唐石经"。五代时后蜀孟昶又刻"后蜀石经"。这些只有唐石经还保存了全套拓本，汉、魏、后蜀都只保存一部分，或仅有残字断片的遗留，对校勘经文还有着重大作用，校雠家都奉为重要依据，学者们更把石经看成群经中最早的版本。

虽宋清两代仿古也刻了石经，但印刷发达书籍增多，很少利用石经来校对书籍了，因而没引起重视。

4. 雕版

雕版印书是有关版本学的一个重要问题。一般说法是我国雕印书籍始于隋朝，胡应麟《少室山房笔丛》甲部，经籍会通四部："载阅陆子渊《河汾燕闲录》云：隋文帝开皇十三年十二月八日，敕废像遗经，悉令雕版。此印书之始。"此说发端于明代陆深。方以智《通雅》卷 31 说："雕板印书，隋、唐有其法。至五代而行，至宋而盛。今则极矣！……废像遗经。悉令雕板。"由上述记载可知，最初只用以雕造佛像、佛经、晚唐懿宗、僖宗时，刻书渐多。今存有：一是咸通 9 年（868 年）4 月 15 日王玠为双亲敬造普施的金刚经；二是僖宗乾符 4 年（877 年）刻的历书；三是中和 2 年（882 年）刻的历书，都是光绪时在敦煌发现的，被英法人掠去，分存伦敦博物馆和巴黎图书馆。到五代才正式雕印经传，至于历代"正史"到宋代才陆续付刊，宋太宗淳化 5 年（994 年）开始以《史记》、前后《汉书》付雕；宋真宗咸阳平 3 年，才把《三国志》、《晋书》、《唐书》付雕；以后又校刊《南北史》、《隋书》、《梁书》、《陈书》等，于是诸史略备。这都是最高统治者吩咐臣工们去做的，亦即后世所说的"官本"。

雕版印书虽起源于唐代，但唐五代的书传流到今天的却很少，我们今天所能看到的古本书是宋本。

宋代的官刻书由国子监管领。刻书之前必须校雠，校勘完了以后，送给复勘官再校，然后再送主判管阁官复加典校，经过三道手续，才能刻书。由此可见，宋代官刻书是很慎重认真的。罗璧在《识遗》中说："在治平（1064年）以前，犹禁擅镂，必须申请国子监。至熙宁（1068年）以后，方尽驰此禁。"熙宁是宋神宗赵顼的年号，这就是说在北宋初年官家刻书的要求是很严格的，不是随便雕刻的，而是要国子监批准。这当然多少能保证质量，所以我们现在还以北宋国子监刻书（简称监本）为善本。

熙宁以后刻书禁例打开，私刻坊刻的群众性刻书迅速展开，使文化事业有了大发展，刻书事业遍及全国。凡书之为人需要，有利可图者，刻书商就广泛罗书本进行雕印。当时所谓建本遍天下，盛况空前，数量最多。今北宋刻的书，流传的较少；南宋刻的，尤其是建本，流传的较多。建本，是就地域而言的，即指福建建阳县的麻沙书坊刻的书。在当时不为人们所重视，而在明清就以叶论价了。《汲古阁主人小传》说毛晋"性嗜卷轴，榜于门曰：有以宋刻本至者，门内主人计叶酬钱，每叶出二百；有以旧抄本至者，每叶出四十"。到清代嘉庆、道光年间，黄丕烈《书跋》说："闻有无锡浦姓书贾，持残宋本《孟东野集》，索值，每叶原银二两。"价码如此昂贵，骇人听闻。建阳有麻沙、崇化有两个市镇，都以刻书著称于世，崇化的稍差于麻沙，两坊并称为图书之府，所刻之书，无远无至。福建榕树多，榕树质柔，适于刻书；闽北盛产纸，这是书籍两大物质条件。程朱理学大儒杨时是浦城人，门生很多，浦城与建阳是邻县，这也是刻书的一大条件——文化繁盛，但书多校勘不精，错误亦多。出名刻书堂有：勤有堂、双桂堂、三峰书舍、广勤堂、万卷堂、勤德书堂。

建本刻得不精，最精者要算杭州刻本，那时国子监本绝大部分是杭州刻的，校勘精确。当时有名的书铺，如"尹家书籍铺""郭宅纸铺""开经书铺""开笺纸马铺钟家"都刻了不少好书。瞿镛《铁琴铜剑楼》藏有宋刊《资治通鉴》294卷，目录后刊记："元祐元年十月四日，奉圣旨下杭州镂板"。唐李复言《续幽怪录》目录后有"临安府太庙前尹家书籍铺刊行"字样。钟家刻的《文选五臣注》。唐人诗文小集刻的多而精，也称为"棚本"，流传得较少。浙江刻本，字体方整，刀法圆润，为宋版中最佳者。

四川刻书仅次于杭州，四川自古有"天府"之称，经济、文化素称发达。蜀地木材资源丰富，盛产纸张，唐代就有四川刻的《唐韵》、《玉篇》两部书。五代孟蜀建都成都，宰相毋昭裔极力提倡刻书，刻《九经》、《文选》、《初学记》、《白氏六帖》等。北宋开宝4年，宋太祖赵匡胤派人到成都主持开雕《大藏经》，即是著名的开宝藏，5000多卷，10年刻成。由四川承担，足以说明其技术力量之雄厚；后来又雕刻《太平御览》、《册府元龟》这样大部头的类书，四川刻书事业出了名，"蜀本"也由此而得名，驰誉全国。靖康之乱，中原沦陷，书籍遭到浩劫，唯有"四川五十余州，皆不被兵"，故得"书颇有在者"。绍兴年间井度为四川转运使，他"天资好书"，凡有异本，"闻之未尝不力求，必得而后已"。又与宋代著名藏书宁晁公武是上下级的朋友，他晚年将"平生所藏书"都给了晁公武。井度除了搜书、藏书以外，还刻了著名的眉山七史，即宋、齐、梁、陈、魏、北齐、周书。这些书几经战乱，几乎丢失，井度收齐了并加以补缀，命眉山刊行，即世称蜀刻大字本眉山七史，今俱影入了百纳本二十四史中。在此影响下，眉山还雕印了《周记》、《春秋》、《礼记》、《孟子》、《史记》、《三国志》等书，蜀刻本也有相当一部分是唐宋名家的诗文集。蜀刻本字体清劲方正，容易辨认，一般为白口，左右双栏，无书耳，行格从八行至十四行不等，其以八行、九行的大字本最为著名。著名的眉山七史、《苏文忠公集》、《苏文宣公集》、《淮海先生闲居集》等。蜀本版心下端一般都有刻工姓名，如单氏、任氏、文氏等，都是一族同姓之人。蜀人刻书注重校勘，翻刊监本一丝不苟，一向受推崇，有《校勘精审》之名。浙蜀两本互有优缺点，二者可以比美。

刻书的种类有官刻、私刻、坊刻三种。官刻即中央官刻，以国子监为首。地方官刻，以公使库本影响最大，宋置公使库招待来往官吏，犹今之招待所，公使库经费有余，则用以刻书。库内设有印书局。专管刻书事宜的，《书林清话》载有苏州、吉州、明州、阮州、舒州、抚州、台州、信州、泉州、鄂州十个公使库。抚州公使库刻的《郑注礼记》最有名，现在还有传本。除公使库外，还有各路茶盐司、漕司、提刑司等机关刻书；还有州学、邵斋、县学等也刻书；还有各处书院也刻书，称为书院本，如婺州丽泽书院、象山书院、泳泽书院、龙溪书院、竹溪书院、环溪书院、建安书院、吉州白鹭洲书院等。

私家刻书，以"赵韩陈岳廖余汪"七家最出名。赵即长沙赵淇；韩即临邛韩醇；陈即解元陈起；岳即岳珂；廖即廖莹中；余即建安勤有堂余氏；汪即新安汪纲。岳珂刻《相台五经》，至清代尚有存者；廖莹中刻韩柳集，今尚有存者；另外私家刻书尚有许多。私人刻书始于五代和凝。

坊刻：除上述几家杭州刻书铺外，尚有建宁府的"黄三八郎书铺"，建安江仲达的"群玉堂"，麻沙坊的"建安堂"等十几处。

总之，宋人刻书以官本为首，因为它刻校都很精审；家塾本次之；坊刻又次之。宋人刻书，均为手写，多是欧柳颜体。宋刻书，行格疏密似有定律，行少者，半叶四行，行八字；多者，半叶二十行，行二十七八字至三十字不等。宋刻书，中缝上端记本版字数及书名卷第，其末则记刻工姓名，书的前后有碑牌，元明而后，相继摹拟，可知刊者之邑里。宋人书，纸坚刻软，用墨稀薄，开卷自有书香，纸墨均佳，字画倍加莹朗。宋刻书，避讳最严，以讳字可以得积知刻书之早晚。

藏书著录，兼及版本，始于尤袤的遂初堂。

我们可以推崇宋本，但不能迷信宋本，宋本错误也多，不能做佞宋者。

辽金刻的书，传本极少，这里就不作介绍了。

元朝刻书，官刻由兴文署掌管，兴文署交属秘书监，地方刻书由书院负责。兴文署曾经刻《资治通鉴》294卷。元朝州县郡有学田，收入供学校用，剩余的钱就用于刻书，大部头书的便由各路儒学合刻。如元本十七史就由十路儒学合刻，太平路儒学刻《汉书》，宁国路儒学刻《后汉书》，池州路儒学刻《三国志》，信州路儒学刻《南史》和《北史》等。

元朝的私家刻书见于著录的比宋代多，沈伯玉家刻赵孟《松雪斋集》10卷，字体完全摹仿赵孟頫。其他如陈仁子古迂书院刻的《增补文选六臣注》和《文选补遗》都较有名。坊刻本也较多，为了牟利，有将别的书坊的书版改换姓名堂记重新刻印。如叶日增广勤书堂的《集千家注分类杜工部诗》就是建安余氏勤有堂原版。清末叶德辉《书林清话》卷七说："宋本以下，元本次之。然元本源出于宋，故有宋刻善本已亡，而幸元本犹存。胜于宋刻者。"

元本出于宋本，《集千家注分类杜工部诗》就是一例。宋本最早，但因年代久远，保存到今天的已经不多了，不得已而求其次，自以元刻本最为可贵，藏书家往往也宋元并称。

元代全国书院有120个，故所刻之书也多。《书林清话》列有兴贤书院、广信书院、宗文书院等23个书院，当然尚不止此。私刻坊刻甚我，《书林清话》介绍有平阳府梁宅、平水许宅、花沈氏家塾等70多家，实际也不止此数。由此可见元代刻书之盛。

元刻有两个特点：一是黑口，二是赵孟頫字体。元刻也有白口，如元刻《玉海》就是白口。但就一般情况看，黑口居多。

元版版心也有上记字数、下记刻工姓名的，也有不记的，并非主要特点。

元刻印字是竹纸，比宋纸稍黑；皮纸极薄而粗黄，但也有较好的洁白如玉而又坚韧的印彩。

元版本书无讳字，这一点与宋刻不同，也是一重要特点。

元代私刻、坊刻大都有牌记，这也有助于审定版本，但翻本照样有牌记，也该注意。

明代官刻书目以南、北二京国子监的本子最有价值。南京国子监印的书称南监本，其中绝大多数为宋监本和元各路儒学本。明成祖朱棣迁都北京，北京国子监也刻了不少经史，称为北监本。内府刻书，由司礼监管领，司礼监为明初设置的十二监之一，设有汉经厂、番经厂、道经厂。汉经厂专刻四部书籍，番经厂刻佛经，道经厂刻道藏，所刻都是大本大字，但校勘不精，不为当世所重视。著名的有《五经》、《四书》、《性理大全》等。经厂本多是黑口，白纸，赵体字，很容易辨别。

明代的坊刻书大约有一百四五十字。就地域而言，苏州府刻书最多，淮安府次之；建阳麻沙、崇化两坊刻书最多、最滥。就时期而言，成化、弘治年间，15世纪中期，犹承接元代刻书风气，多是黑口、赵体字。黄丕烈说："书籍明刻而可与宋元并者。惟明初黑口本为然"，又说："明刻黑口宋人集，世以为珍"，可见此时期刻印均佳。到了正德、嘉靖年间，黑口本没有了，一般都是白口。字体变为方体字，僵硬呆滞。万历以后，字体又变为横轻直重，象颜体字，气派不如嘉靖本。到天启，崇祯字体又变成狭长的横轻直重的字样，气派更小。上述是匠体字，如果名家写刻本则大不相同，各就专长，有赵体，有欧体，有颜体。如新安汪一鸾刻的《淮南鸿烈解》写的就是颜体字。

明人刻书，绵纸较多，绵纸有白有薄，有粗有黄。

明人刻书，有墨佳者罕见，多用煤和面粉以代墨法。价兼，但煤易脱落，面糊有臭味，令人生厌。

明人刻书，其实精刻的也不少。如凤阳郭勋刻的三国演义等、江阴涂祯刻盐铁论、安国桂坡馆刻初学记都是很精美的。特别值得一提的是常熟毛晋，毛晋是有名的藏书家，他的室名汲古阁。他刻书从明万历到清朝顺治初年，历时40多年，刻书600余种，称为刻本或汲古阁本，计有《十三经》、《十七史》、《津逮秘书》、《昭明文选》、唐宋元人别集、六十种曲。特别是《说文解字》，元朝没有刻本，明朝只有一种刻本，对于这部书的流传是有功绩的。

明朝还出现了摹仿原版刻印的影刻本，它可以做到与原本毫无差异。如震泽王延嘉靖四年仿宋刻本《史记集解索隐正义》130卷，和真宋本一模一样，连宋本的本主都识别不出来。

清代刻书：清代300年，文化较盛。刻书也多，校刊精审。有殿版、局版、家刻、坊刻几种。

殿版：官刻本，为前代所无。康熙时在武英殿开始设修书处，刻书极工。一是钦定各书的刊行。如乾隆29年对《大清一统志》的刊行，乾隆12年《续文献通考》，32年《续通志》、《皇朝通志》，康熙42年《全唐诗》，54年《词谱》等书的刊行，其他尚有许多种书，不再列举了。书名的前面多数有"御定"、"钦定"、"御制"等字样，这些殿本大抵以康熙时为最精，乾隆次之，嘉庆以后，江河日下，光绪之际更无巨帙印制了。二是《古今图书集成》之集辑与武英殿之印书。康熙39年（1700年）敕陈梦雷侍皇三子诚亲王编撰《古今图书集成》，45年（1706年）书成。陈后来因事被贬谪，雍正复命蒋廷锡继续编制。殿本以聚珍铜字，这是世间用铜活字摆印的第一部大书，清高宗以"活字"名不文雅，改称"聚珍版"，在武英殿。历年日久，铜字被窃缺少，管理者怕因此犯罪，正赶上乾隆初年京城里钱贵，于是奏请把铜字毁掉铸钱，乾隆批准，但所得不多，消耗却不少，这也可以说是一大损失。《武英殿聚珍版十韵》小序说："校辑《永乐大典》内之散简零编，并搜访天下遗籍，不下万余种，汇为《四库全书》。择人所罕见，有裨世道人心及足资考镜者，刳剔流传，嘉惠来学。第种类多则付雕非易。董武英殿事金简，以活字法为请。既不滥费枣梨，又不久淹岁月，用力省而程功速，至简且捷。考昔沈括《笔谈》，记：'宋庆历中，有毕昇为活版，以胶泥烧成。'而陆深《金台纪闻》则云：'毘陵人初用铅字，视版印尤巧便。'皆活版之权舆。顾埏泥体粗，熔铅质软，俱不及锓木之工致。兹刻单字计二十五万余，虽数百十种之书，悉可取给。而校雠之精，今更有胜于古所云者。第活字之名不雅驯，因以聚珍名之。"从这段文字中可能知道，康熙对武英殿活字铜制，后改成木制的了。金简本是朝鲜人，乾隆中以女人贡得幸，册为贵宾，倚官至户部郎中，后入内府管理书籍。

金简奏用活字后，共刻书134种，名曰《武英殿聚珍版丛书》，每页18行，行21字。起乾隆38年（1773年）迄乾隆59年（1794年）。每印一书，冠以御题五言诗十韵，校对至精。当时敕翰林勘校，有一误字罚俸一年，和《十三经注疏》，句下加圈，校刻甚精。其他如宋司马光《易说》、宋杨万里《诚斋易传》、北周卢辩《春秋繁露》、汉扬雄《方言》、宋王溥《唐会要》、后魏郦道元《水经注》、唐李吉甫《元和郡县志》、宋陈振孙《直斋书录解题》、宋陆佃《鹖冠子解》、宋司马光《涑水纪闻》、宋吴曾《能改斋漫录》、唐张说《张燕公集》、唐颜真卿《颜文忠集》、宋黄庭坚《山谷集》、宋陈师道《后山集》、宋张戒《岁寒堂诗话》等都是精印之本。还有《四库全书》之修纂，都属于殿本。

局版：即官设书局刻书。《蕙风簃二笔》记载："咸丰十一年（1861）八月，曾文正克复安庆，部署粗定。命莫子偲大令，采访遗书，商之九弟沅圃方伯，刻《王船山遗方》。既复江宁，开书局于冶城山。延博雅之儒，校雠经史。改暇，则肩舆经过，谈论移时而去。住冶城者，有南汇张文虎、海宁李善兰、唐仁寿、德清戴望、仪征刘寿曾，宝应刘恭冕，此江南书局之俶落也。"这是金陵局在冶城山的飞霞阁。同治八年（1869）监运使方济国倡立淮南书局于扬州琼花观街,初曰养贤书院,后名书局,同年奏准开设浙江书局。湖北书局、苏州书局也相继成立。接着是南昌、长江、福州、济南、广雅、成都各官书局陆续建立,成为一代官刻的大观。

金陵局:有《四书》、《诗集传》、《仪礼郑注句读》、仿宋《相台五经》、《史记》、《汉书》、《后汉书》、《三国志》、《读书杂志》、《楚辞》、《文选李善注》、《古今诗选》等多种,最著名的为《王船山遗书》、《史记》、《汉书》、《三国志》、《读书杂志》等。

淮南局:有《十三经注疏》,大字本《毛诗注疏》、《经籍籑诂》、《书古征》、《广雅疏正》、《四书集注》、《说文解字》、《隋书》、《旧唐书》、《东都事略》、《白虎通疏证》、《初唐四杰文集》等,以大字本《毛诗注疏》为最好。

苏州局:有《春秋左传贾服注辑述》、段氏《说文》,《辽史》、《金史》、《元史》、影宋《资治通鉴目录》、《资治通鉴》、《小学籑注》翻东雅堂《韩集》、《陆宣公集》、《四六丛话》等,而以《资治通鉴》为最精。

浙江局:有《十三经古注》、《古文渊鉴》、《唐宋文醇》等,所刻皆明秀清朗。

湖北局:有抱经堂《经典释文》、《读史方兴纪要》、《天下都国利病书》、《乐府诗集》,以仿黄刻《仪礼》为佳。

江西局:有《阮刻十三经注疏》、《左传》、《通鉴》、《明史纪事本末》、《朱子全书》、《黄山谷诗集》等,以上《十三经注疏》最为有名。

广东局:有《毛诗传笺通释》、《毛诗后笺》、《经传通释》、《史记索隐》、《少室山房集》等。

其他如福建书局刻《正谊堂全书》,思贤书局刻《玉函山房辑佚书》小字本,存古书局刻《相台五经》、《殿本汉四史》以及《五代史》,山东书局刻《通德遗书》,院版很多,校勘亦精。

家刻:私人刻书很多很盛,分两类:一是丛书;二是精刊诸书。丛书之刻,当始于《儒学警悟》,清代的刻书首推家刻,家刻之中丛书占十之八九,可参阅顾修的《汇刻书目》、杨守敬的《丛书举要》等书。

另外还有秦镤刻《秦氏巾箱本九经》,王士禛《分甘余话》:"近无锡秦氏,摹宋刻小本《九经》,剞劂最精,点画不苟。"详《清话》。

光绪间黄冈王氏于广州刻严可均《全上古三代秦汉三国晋南北朝文》,顺治9年(1652)毛晋刻《列朝诗集》,都是较好的。

《知不足斋丛书》乾道内鲍博廷刊。

《士礼居黄氏丛书》嘉庆间黄丕烈刻。

《小石山房丛书》同治间,顾湘刻。

《十万卷楼丛书》光绪间陆心源刻。

私家刻书举不胜举,为人们所珍视。

书坊:书坊以售书为主,而刻书次之,书估之盛,以北京、苏州为最,次则上海、广州、南昌、成都各省市。李文藻《南涧文集》有《琉璃厂书肆记》一文,叙述最详细的有声遥堂、名盛堂李氏、带草堂郑氏、英华堂徐氏、文粹堂金氏、文华堂徐氏等,以五柳堂陶氏、鉴古堂韦氏最能鉴别古书,二酉堂的历史为最久远。其他如杨州艺古堂、吴门山塘萃古斋钱氏、南京的拜石山房等,都刻了不少名贵的书。

清代刻书有下列五个特点。

一是多人抄写。《清话》说:"清初诸人刻书,多倩名手工楷书者为之。"徐康《前塵梦影录》:"乾嘉时,有许翰屏以书法擅名。当时刻书之家,均延其写样。"许翰屏是书写名手,许多名著都是出于他的手书。

二是刻本纸都好。有的用宣纸古墨,装订也好。

三是绘图精美。书中图像都是名手所绘,镌工也好。

四是钞本多。好的书多是手钞,或据以付梓,或据以校勘,或据以流传。

五是景印盛。繙景之业,清为最盛。象泽存堂的景印《玉篇》惟妙惟肖,最为精彩。

三、几种书本名称

(1)影印本:近代印刷术进步,凡遇古版佳刻,都用影印的办法来保存其本真。即先将原书逐叶照相,用所照的玻璃晒印在黄胶纸上,再把黄胶纸上面的象落在石版上,然后用普通石印方法印行,用这种方法印成的书称为影印本。商务印书馆所印的《四部丛刊》就是影印本,《书林余话》:"江阴缪艺风,华阳王思塵。怂恿张菊生元济以'商务印书馆'别舍'涵芬楼'。征集海内藏书家之四部旧本书,择其要者为《四部丛刊》。即以石印法印之。……惟取世不经见之宋元精本缩至小册,而以原书大小尺寸载明书首。庶剞劂所不能尽施,版片所不能划一者,一举而两得之。菊生以为善也。……自戌午创议。迄壬戌告成,为书二千余册,为卷一万有余。"底本采用以涵芬楼藏本为主,兼及其他官私所藏善本。

百衲本二十四史也是影印本,全书共820册。所谓百衲本是指采用的各种版本,断碎不全,彼此补缀而成,有如僧服称为百衲衣。百衲本校书认真,错误少,百衲本二十四史今天是全史中最标准的本子。

(2)巾箱本:书本很小,叫巾箱本,又叫袖珍本。《南史·齐衡阳王钧传》说:"钧常手自细书写五经,部为一卷,置于巾箱中,以备遗忘,侍读贺玠问曰:'殿下家自有坟素,复何须蝇头细书,别藏巾箱中?'答曰:'巾箱中有五经,于检阅既易,且一更手写,则永不忘。'谱王闻而争效为巾箱五经,巾箱五经自此始也。"这段引文只说"置于巾箱中"并没有提"本"字,箱子中放书并不能标志出书籍之大小。宋元也只是见于记载,实物也未得见。到清代有种影印缩小的书本,便于放在巾箱中携带,但必须将原版大小宽狭、各部尺度,详载于卷首,以存古书之真面目。有的小到长一寸八分,宽一寸一分工部尺,字如蝇头,极费目力,除科场夹带外,无多大实用价值。古人重手帕,巾籍即手帕籍,所以是小箱,盛在手帕小箱中的书籍不会太大。

(3)套印本:即现在的套板,套板有两色、三色、四色、五色者。两色,第一次是黑的，第二次即套印红的，黑的是正文，红的是圈点或评语。两色需两板，三色、四色则需板更多，费工费料，很不经济，因而也较贵重。

套印本来源于两色写本。如前所述唐宋时即用朱笔圈画，有的还用朱墨杂书。以示内容上的区别。

套本书实物是元代至元六年（1340）在湖北江陵县发现的无闻和尚印的《金刚经》，经文是红色，注文是黑色。今天常见的套印本多数是万历间吴兴闵、凌两家印本，闵家著名的有闵齐伋、闵昭明；凌家著名的有凌濛初、凌瀛。凌汝亨。坊刻也有套板，一般的两色的多。清内府印的《古文渊鉴》是四色，套本颜色美观，又有圈点评语，便于阅读，初学者爱读。套印法有两种，即"饾板"、"拱花"，饾即饾饤，堆垛意，是各个小块板拼凑堆垛而印成的，拱花是凸板。这两种板都能分阴阳浓淡。印时用手指、不用刷，印图画最精彩。

（4）书帕本：明代风气，官员回朝，都带些书帕以赠人，这书大都是馈送者自刻。帕，即手帕，一书一帕，也有送一书二帕的，因此称为书帕本。这种书是外官作为礼物用的，以示自己的风雅。刻者本人不一定很有知识，刻时也不太经意，收者也不一定急需，也不重视，所以书帕很少有好的。

（5）手稿本：名家的手稿本最为宝贵，手稿之外又有清稿本，清稿本必须有著者印记为凭，但能作为传抄本。

（6）校本：校本最重要，因为印书时由于作用底本不同，加之印刷技术之高低不一，会出现各种错误。必须有校雠。版本和校雠有不可分离的关系，离开校雠而言版本，乃是鉴赏家所不允的。

《颜氏家训·勉学篇》说："江南有一权贵，读误本《蜀都赋》注，解'蹲鸱，芋也'，乃为'羊'字。人馈羊肉，答书云：'损惠蹲鸱'，举朝惊骇，不解事义，久后寻迹，方知如此。"错把芋当成了羊肉，闹了大笑话。所以一定要读精校本。

四、版本款识

（1）行格：通常以半页为准，即书页的一面。著录时多记每半页若干行、每行若干字，有时只说"××行""行××字。"如果每行字数不等时，就取最多或最少数记之，写上"不等"二字，或用一个"至"字以连接之。

（2）高广：指版框的尺寸说的，多用公厘。为某书板框高××厘米，广××厘米。

（3）边栏：书版四边界格。一道粗线为单边，粗线内又附一道细线为双边。天地两边没有细线，左右两边有细线，称左右双边。天地左右全有细线称为四周双边。元代版本多四周双边，俗称文武栏。

（4）版口：宋版多是白口或小黑口；元版多是大黑口或花口。象鼻中间刻有文字的称为花口，明代则以黑口为贵。

（5）鱼尾：宋之雕版的书名刻在上鱼尾下面，当然也不是篇篇都如此。如果有也不是楷书而是行书，编页数在鱼尾上下不一，或有的在页末栏外，这对鉴定宋版很有帮助。

（6）字体：宋代刻书字体多仿欧阳洵、柳公权、颜真卿三家。三家中尤以颜体最为时尚，欧柳二家书法刻板，但最为美观。元时赵孟頫的书法盛行，刻书家多仿赵体。鉴别古书版本，就其楷书的字体形式，亦可推知其时代的大概。

（7）匠体：匠体指书工所写的字。在宋版中有一种整齐方正的字形，不同于楷体。仍带有楷书风味，版本家称这种字体为宋匠体。明代书工专写一种横轻竖重的字样，颇为流行，称这种字体为明匠体。

（8）异体：古书辗转流传，字体常常讹谬，可以从书中异体的讹误推定辨别年代的远近。

（9）古体：古代刻书喜用古体字。

（10）简体：古书中称为俗体字。元版禮作礼、興作兴，都称为简体字。

（11）讳字：皇帝及其亲戚的名字不能随便呼唤和书写，这叫避讳。或缺末尾，或用同音同义字代替，这种风气起于秦汉，盛于隋唐，严于宋清。元代用蒙古文字，避讳不严，明亦不严。元明两朝的版本中，除影宋的版本外，缺笔避讳的痕迹很少见。

如："忠"字作"诚"，"中"字作"内、里、问、次"，"竖"字作"牢""固""至""刚""永固"，明光宗名常洛，书中常字多改作"尝"，洛字改作"雒"。

缺笔：李世民写作李世𦒱。或缺上笔写成"氏"。乾隆名弘。"弘"字写成"弘"，曆写作"历"。同治名载淳，淳字改为"湻"。

兼讳：宋太祖赵匡胤，匡胤二字避讳，但同音字如眶、恇、筐、洭、䩕、引等字全不能用，这叫做兼讳，甚至连祖宗的名字都要避。

这种避讳是古人使用的，但从所避的字上，可以推测出雕版的年代，是鉴定古书版本的一个重要方面。如北京图书馆藏的小学本《通鉴纪事本末》册，书中凡宋讳的玄、悬、朗、浪以至沟、媾让、援等字，皆缺末笔，又构字下注太上御名四字，敦字下注御名二字。据此可推断是南宋淳熙朝的刊本。

当然从兼讳中还能了解许多古代的音字。

五、怎样鉴别版本

鉴别版本的专门性比较强，没有更多的书籍的知识，没有更多的比较，难以鉴别。当然没有实物的感性知识更谈不到鉴别了，它的专门性又是建立在对书籍综合性认识的基础上。

鉴别版本的目的是为了认识善本，因而首先谈谈什么是善本。

"善本"一词起源很早，但善本的确切含义却众说纷纭，没有定论。善与美二字都从"羊"，与美同义，善就是好，善本就是好本子。从字面看很好理解，但深究一下，什么是好本子，就会因时代、因阶级、因人而异，就很难有一个确定的标准和范围。

《汉书河间献王传》说："修学好古，实事求是，从民得善书，必为好写与之，留其真。"颜师古作注说："真，正也。留真正本。"献三从民间得到善书，很好地抄写一部还给书主，而把原来的正本留下自己收藏。这说明远在西汉景帝时（前156—前140年）写本时代，已产生了善本问题。汉代发明纸后，纸才用来写图书，辗转抄写，就会使书籍篇章、文字收录产生了很多的异同，导致内容造成差别。南北朝时颜之推在《家训·书证篇》中列举了多种本子，如"江南本、河北本、俗本、江南旧本"等，其中提到"旧本"，但未进一步说明"旧本"是否即"善本"的问题。唐代太宗李世民于贞观四年下令"经籍讹舛，今后并以六朝旧本为证"（见宋孔平仲《谈苑》），这里把"旧本"作为校勘依据的善本。这是因为雕版印刷发展了，印书多了，一些重要的古籍转相翻刻，出现了无数的版本。如汉司马迁的《史记》，据《增订四库全书简明目录标注》的粗略统计，刘宋裴、唐司马贞、唐张守节三家注《史记》本，共有46种；裴《史记注解》本，共有7种；司马贞《史记索隐》本。共有10种；张守节《史记正义》本，共有19种，合起来，总共有82种之多，这尚是不完全的统计。这许多本子中，到底哪一本好？是否"旧本"就好？清末张之洞在《輶轩语》中说"读书宜求善本"，"善本非纸白版新之谓，谓其为前辈通人用古刻数本，精校细勘付刊，不讹不阙之本也"，然后又提出了善本的三个方面内容，"善本之义有三：一足本（无阙卷、未删削）；二精本（精校、精注）；三旧本（旧刻、旧钞）。"他也指出了"旧本"。可看出旧本是善本的一个依据方面，但张之洞的观点又前进了一步。与张之洞同时的钱塘丁丙对善本含义提出了四条：一是旧刻；二是精本；三是旧抄；四是旧校。他对"旧本"的提法比张之洞是更具体进了一步，凡旧刻、旧抄、旧校之古书，均可视为善本。

旧本时代久远，在文字内容上一般地说比较接近原书面貌，视为善本，是合于理的。同时旧本在长期流传过程中，由于战乱、天灾、虫蛀、鼠啮，幸存下来确实也可算为稀世之珍。对于某一个时期流传下来的古刻、旧抄，有的尽管在文字的准确性上未必尽善，但作为某一时代产生的文献实物，对于研究那一时代的政治、经济、文化等各方面，无疑是有重要学术资料价值和历史文物价值的。但"旧"是没有明确时代概念的，究竟早到什么时候才称为"旧"，不明确。任何一部古书，看其是否够得上善本，就要看其历史文物价值怎样。周辉《清波杂志》说北宋"庆历间四库书搜补校正，皆为善本。"叶梦得《石林燕语》说："唐以前凡书籍皆写本，未有模印之法，人以藏书为贵，书不多也，而藏者精于雠对，故往往皆有善本。"张之洞善本三定义也提了精校注一条。由此可见，善本的另一重要含义是指书内的文字而言，凡书籍必须精加校雠，使书中文字不缺不讹，方可称为善本。陆游《老学庵笔记》记载了一个故事，有个考官出了一个《周易》题，"乾为金，坤又为金，何也？"考生回答不出，有个考生当时拿个国子监刻的《周易》问他，上面是"坤 釜。"这位考官看的是福建建阳麻沙本，"釜"字刻成了金，一字之讹闹成了笑话。善本。要把旧本与准确性结合起来，也就是把历史文物性和资料的准确性两点结合起来。

前面提到的书籍的行款、印刷制度、用纸用墨、纸色墨色、字体、刀法、流派、装祯形式与技巧等都是鉴定善本必须注意的条件，前文已经涉及，在此不赘述了。

在此介绍另外一点鉴定善本的辅助条件，即藏书印对鉴定善本的作用。

藏书印分官印、私印两大类。

私印又分为姓名印、官印、别名印、斋印、堂印、轩印、室印和闲印等类。

官印：如明宣宗朱瞻基的"广运之宝"印，清代翰林院收藏四库全书底本上钤盖的满汉合文"翰林院印"，清代广州的"广雅书院藏书"印等。

（1）姓名印：如卢文弨的绍弓印，翁方钢印，王懿荣、端方、赵绍祖、博增湘、陶湘、江标、王先谦之印。

（2）字印：琴土、源叔、兰泉、建霞、荃孙等。

（3）别名印：元竞居士，张之洞别号。

大鹤山人，郑文焯别号。

意园，盛昱别号。

（4）斋室印：菉斐轩图书记，是汪泓刻。

飞鸿堂藏，清丁敬刻。

二金蝶堂，赵之谦自刻。

南海康氏万木草堂书藏所藏，康有为刻。

人境庐藏书，黄遵宪刻。

（5）过目：蜕园过目，或有××经眼。

（6）审定、校勘、刊误、秘籍、真赏：

之洞审定，周星誉刊误鉴真之印，吴县潘伯寅平生真赏。

（7）表明个人身世和遭遇印：胡荄父四遭寇难后重买之书。

（8）注明得书时地印：扔叔居京师所买书，沈树镛同治记之后所得。

（9）闲章：引用成语和诗词句：心醉六经，日爱评书兼读书，藏之名山传之其人，贤者而后乐此。不求其解，子孙保之，别时容易见时难，鬻及借人为不孝，万卷藏书宜子孙。

（10）纪念所得罕见珍贵书籍和夸耀藏书之富的："金石录十卷人家"，"临安志百卷人家"，"百宋一廛"，"千元十驾"，"皕宋楼"。

如果只看这些印鉴，还说明不了问题，必须参照有关印谱之类的书籍。如卢文弨的绍弓印章要看《龙泓印谱》，上面介绍卢文弨好校书，所刊抱经堂汇刻书最精审。翁方纲可见《秋影庵印谱》，上面介绍他是乾隆进士，金石、谱录、书画、词章之学都很精审。元竞居士可见《黄牧甫印存》等，从这些印谱中可以了解有关藏书家的印章，便可得知版本的流传时代和书本的优劣。

藏书印与鉴定善本的关系

藏书印起三种作用：

（1）表明某书的所有权；

（2）表明某书由谁读过、审定过；

（3）告诫自己后人要爱惜、保护、不要卖掉。

总的精神就是"子孙永保"四个字。叶德辉《书林清话》卷十"藏书家印记之语"条内举了有关事例，如：毛晋，常熟人，原名凤苞，字子晋。家有汲古阁，传刻古书，流布天下。在明季以博雅好事名一时，刻"津逮秘书"十五集，把赵孟頫写在藏书后面的话"吾家业儒，辛勤置书，以遗子孙。其志何如！后人不读，将至于鬻，颓其家声，不如禽犊。苟归他室，当念斯言。取非其有，无宁舍旃"为印，盖在藏书上。

吴骞的藏书印："寒可无衣，饥可无食，至于书，则不可一日失，此昔贤诒厥之名言，允可为拜经楼藏书之雅则。"

这些藏书印的内容都表明了要把自己爱书的思想传留给后代子孙，叫子孙们世代读下去，当然是当时的善本，否则不会如此珍惜。

藏书印开始很早，马衡先生在"谈刻印"中所说的始见于宋人的图书上，故印章又称图章，是避讳。宋徽宗在书画上盖印章是最早的藏书印。最近罗福颐考证南齐时代的"永兴郡印"盖在敦煌古写本上；又说唐人写本《大般若波罗密经》上盖的"报恩寺藏精印"是藏书印的鼻祖，比永兴印确切，唐宋时的印章便广为流传。

（1）从藏书印可以探讨书的流传授受。四部丛刊影印的毛诗，上面的藏书印、姓名印有汪士钟、瞿绍基、瞿秉冲、瞿启科、启甲的，室印有"于印小谟觞馆"和"铁琴铜剑楼"的。通过这些藏书印，就可找出这部书是由汪士钟处转到瞿氏铁琴铜剑楼的，中间还经过于氏小谟觞馆的收藏。从这部书收藏的来龙去脉来看，当然是一部善本书。

（2）从藏书印可以断定善本，从藏书印可以知道谁收藏过，谁校勘过，谁批注过。收藏的人如果是知名人士，可能就是善本，但也有假的。如光绪末年的杭州一个书店，收进一批劳权、劳格兄弟批校的书，劳权、劳格专攻群书，其姓名印见赵之琛的《补罗迦室印谱》。这个书店主人不懂劳氏兄弟来历，将书贱价卖掉了，后来才知道劳本的珍贵，于是刻了劳氏兄弟假印，盖在批校本盖上，高价出售。

还有一部明代翻刻本《玉台新咏》已够善本条件，但书商欲高抬书价，便故意把明刻序言抽掉，并刻了朱彝尊等名藏书家的印章盖在书上。还有的情况是名藏书家故意把印盖在非善本书上，提高书的身价，用种种手法骗人。所以说光凭印章还是不行。

（3）怎样鉴定书籍上藏书印的真伪。首先要了解各时代印章的风格、字体和布局。每个时代各有风格，其印章字体风格与藏书家活动时期风格相近，藏书便是真的，朝代衔接时应该多注意。其次是篆字的篆法上是否与古代篆法对头。再次从使用的印泥去鉴定印章的真伪。用朱砂调制印泥，始于南北朝，普遍使用于唐朝；用油和艾同朱砂调制的印泥，明代开始用；用水或蜜和朱砂调制的印泥有明显的区别。质量好的印泥，颜色较厚、永不变黑，盖在纸上有立体感。质量坏的印泥，刚盖时红，过时色浅了，没有立体感，时间久了，变黑走油，渗出印的背面。藏书家喜爱书不用坏的印泥去盖章。同时看印章盖的位置是否合于习惯。古人盖印有一定习惯，一般把姓名印盖在字印、别号印的下面，斋堂室印盖在边栏处或卷末。识别这些条件，才会利用印章对进行善本鉴别。除行款、印章以外，其他的标志还有：

（1）圈发：是分辨字音的。对于难于读音的字，在任何一角上刻上一个小圆圈，用以表示这个字的读音。宋岳珂《九经三传沿革例》说："音有平上去入之分，则随意圈发。"从左下开始。

（2）句读：一般古书，在应断句处的旁边，刻上一个点或一个圈，用来表示断读。宋岳珂在《九经三传沿革例》说："监蜀诸本，皆无句读，惟建本始仿馆阁校书式，从旁加圈点，开卷了然，于学者为便。"以此也可断定版本。

（3）墨围：书中某几个字或某个别字的周围用墨线围起来，以表示注疏和上标题之用的。它的作用同于冒号或破折号，有时也做表示专名之用。

（4）阴文：是书中特刻的白文。它的作用与墨围略同，而专用于表示增补的文字，以白文为别。

（5）阙文：即表示此书尚有阙文，等待有善本时校对补刻。一般分"空白"与"墨等"两种。空白也称白框，原起于古书抄本，以后雕版也用其例。行文中出现囗形墨围，即表示阙文之处。墨等也叫墨钉，即是用一个四方黑块表示阙文，待校刊正确时另行补刊。南宋时就有这个办法。

（6）口题：在版口中，有刻书名或卷次的，有刻叶数和字数的，还有刻上刻工的姓名和刊行人的姓名的，这些统称为口题。其刻法，大抵书名只刻一二字，刻全书名的，乃在明之万历朝以后。其叶数、字数多刻在白口或小黑口的空白地方，刻工的姓名都刻在下端，刊行人的姓名大都刻在栏外左下角。

（7）耳题：书边栏外左上角或右上角，另刻一个小框，称为书耳，所刻文字标为耳题，此例起于岳珂所刻之九经三传。不论有无书耳，凡边栏外左、右上角所刻的文字，便称为左、右耳题。

（8）栏外题：凡边栏外，左下角右下角刻字的，称为栏外题。在右方的称为前栏外题，在左方的称为后栏外题。

（9）书版（木记）：宋人刻书往往在书的卷宗或封面后边，刻印一个墨色图记或牌记，称之为书牌或木记，元明以后刻书也这样做。其文字有长有短，边框的形状也不一样，有钟式的，有炉式的，有亚字形的，还有不画边框的。

六、版本鉴定中应注意的问题

有些古书失去了原来刊刻的标记，即便没失去也有作伪的现象存在，因而必须进行版本的辨识，以利使用。在鉴定版本中应注意下述三个问题。

（1）不能单纯从版刻风貌臆断，而应留意于著书人的生平。版本鉴别家或收藏家，很早以来就从纸墨、行款、版式上总结了一套鉴别版本的经验。如"宋人之书，纸坚刻软，字画如写。格用单边，间多讳字。用墨稀薄，虽水湿燥无湮迹。开卷一种书香，自生异味。""元刻仿宋，单边，字画不分粗细，较宋边条阔多一线。纸松刻硬，用墨秽浊。中无讳字，开卷了无臭味。"明初则沿元代风格，多黑口本，赵体字，明中则多仿宋体。这些经验是可贵的，但不能生搬硬套。只从每个时代刊书风貌来断定。即便像清代名版本学家也容易断错。如《杜诗分类四卷》明傅振商辑，明万历41年杜浃重刻本，在时间上有了错误。

查杜浃，是山东滨州人，咸丰间大学士杜受田的祖先，顺治4年进士，所著《湄湖吟》11卷，内有王士祯撰的《墓志铭》说他"生天启壬戌<二年>"，距万历41年整10年，是不会刻书的，应订为清顺治8年杜浃重刻本。注重刻书人生平很重要。

（2）不能只根据序、跋，要细读内容。序、跋是鉴定版本时应注意的又一重要方面，序、跋在每书正文的前后，阐述成书主旨或刻书经过，后面书明年代，往往是断定刊刻年代的重要依据。但有些序跋并无明显年代，甚至有的一点也不提刻书情况。除了注意著者或刻书人的生平外，还应细读内容。如《靖海纪》二卷，清施琅撰，清康熙刻本，书前有自序，但无刊刻年代，所记都是康熙间事，就定为康熙刻本，但就内容看，《谕祭文》中有"圣祖"二字，圣祖是康熙的庙号。文中又有"钦定八旗通志名臣列传"，《八旗通志》是嘉庆时修成刻印的，引用了《八旗通志》的记载，可能是嘉庆年间的补辑本，时间相差七八十年。再如《梅村集》20卷，清吴伟业撰，清顺治刻本，此本前有顺治庚子钱谦益序，刻工也近于明末清初的风格，不少版本家定为顺治刻本，但书文中的"玄"字都缺笔避讳，康熙的名字叫玄烨，所以这本书刊刻年代应在康熙年间。

（3）不能忽视丛书零种。不少目录把丛书零本都当做单行本著录了，把丛书零本单刻著录，会引起同一本书版本源流的混乱。单刻前面有一总序，每种书前一般只有原序，有年代也是原序写成的年代，这就要核对一下《丛书综录》看是不是丛书本。

综上所述，鉴别古书版本要根据多方面的条件，如上面所介绍的各个方面，作综合性的判断，不能单独地只抓住某一特征或特点，尤其要注意书的内容，只有这样才能辨识善本。介绍版本知识的目的是要我们识别书，读好书。

七、记载的版本的书目

有些研究目录的学者，在研究目录的基础上又另辟一途，开始研究版本。版本研究开始于南宋，大盛于清朝中叶。开始著录版本的是南宁尤袤的《遂初堂书目》，在书目中所载的同一种书，其版本多到几种以上。例如有成都石经本、秘阁本、旧监本、京本、江西本、吉州本等名称。岳珂刻《九经三传沿革例》，同一种书，不同版本竟有二十三种之多。到明代则注明某书是宋版、某书是元版、某书是抄本等。到了清代《天禄琳琅书目》遂将宋版、元版、明版、影宋本、抄本，各从其类地分别叙列，并对于刊刻的时代和地址、收藏家的姓名、所盖的印章等一一记载。这是官家藏书目录研究版本的开端，专叙版本的书目于是便兴盛起来。

现将各藏书家关记载版本的书分列如下：

《遂初堂书目》　　　　　　尤　袤

《菉竹堂书目》　　　　　　叶　盛

《得月楼书目》　　　　　　李鹏翀

《天一阁书目》　　　　　　范　钦

《世善堂藏书目录》　　　　陈　第

《汲古阁珍藏秘本书目》	毛 扆
《述古堂书目》	钱 曾
《季沧苇书目》	季振宜
《传是楼书目》	徐学乾
《天禄琳琅书目》	清内府
《知圣道斋读书跋尾》	彭元瑞
《曝书杂记》	钱泰吉
《拜经楼藏书题跋记》	吴 寿
《士礼居藏书题跋记》	黄丕烈
《百宋一廛书录》	黄丕烈
《爱日精庐藏书志》	张金吾
《经籍跋文》	陈 鱣
《开有益斋读书志》	朱绪曾
《结一庐书目》	朱学勤
《四库全书简明目录标注》	邵懿辰
《孙氏祠堂书目》	孙星衍
《带经堂书目》	陈树杓
《卧雪庐藏书簿》	袁芳瑛
《铁琴铜剑楼书目》	瞿 镛
《善本书室藏书志》	丁 丙
《持静斋书目》	丁日昌
《宋元善本书经眼录》	莫友芝
《郘亭知见传本书目》	莫友芝
《楹书隅录》	杨绍和
《皕宋楼藏书志》	陆心源
《仪顾堂题跋》	陆心源
《日本访书志》	杨守敬
《艺风堂藏书志》	缪荃荪
《藏园群书题记续记》	傅增湘
《清学部图书馆善本目录》	缪荃荪
《郋园读书志》	叶 德
《经籍访古志》	森立之
《古文旧书考》	岛田翰
《静嘉堂文库》	静嘉堂
《静嘉堂秘籍志》	河田罴

第六章 古书的校勘

一、什么是校勘

古代书籍流传于后世的一个是多,一个是久,即所谓卷帙浩瀚,年代久远。辗转抄写刻印难免会出现错误,一般地说出现四方面错误是常见的,即:衍、脱、误、窜。衍,即衍文增句;脱,即语句脱落;误,以讹传讹,字体缺谬;窜,语句的改动位置,或注文并入了正文。这样就歪曲了古书的原来面目,给读者带来困难,甚至知识上的误谬;对整理古籍的人也带来了麻烦,莫衷一是。所以对古书来说必然存在一个校勘的问题,研究校勘古书的方法也就成为一门专门之学,即校勘学。"校"是考合、比对异同的意思;"勘"是审核订正的意思。"校勘"即是综合群书,互相校对,发现异同,正其讹误,也称之为"校雠"或"校对"。商代时便有校书之说,孔子读书必逐字校对,《孔子家语》曾记载说,有读《史记》者曰:"晋师三豕涉河。"子夏曰:"非也,是己亥也。"从古代字形上看己与三相近,豕与亥相似,可见先秦时期读书人已很重视校书。

《汉书·艺文志》上有"诏光禄大夫刘向校经传诸子诗赋,步兵校尉任宏校兵书,太史令尹咸校数术,侍医李柱国校方技于天禄阁上。"这是因为战乱、焚书,造成书籍上的混乱缺遗。由官家出力组织校勘,遂成一代伟业,树千载校雠之基。《太平御览》618卷引风俗通曰:"案刘向别录,雠校,一人读书,校其上下得谬误,为校。一人持本,一人读书,若怨家相对,故曰雠也,盖所以名为校雠者,直欲使书之脱误,悉从而辨订之耳。"从这段记载,可知当时校书是两个人,一人念书,一个持书本校对,两人相对有如仇敌,任何错误也不放过,"雠"字形象地表示认真之意。魏晋时发现汲冢古文竹书,晋武帝以其书付秘书,校缀次第,寻考指归,可见校书是整理古籍的必要手段。历代在政治上安定时都要进行一番图书校勘事业,所以说,历代官府都没有校书之官;私藏书也自己亲手校对,无论公家、私家对校书都十分重视,但发展成为一门专科的学问则时代较晚,校雠学是随着版本学之兴起而建立起来的。

古书在唐代以前都是写本,当然手写容易以讹传讹,但总的说错误还是较少的。晚唐以后雕版印刷盛行,一般书籍都有刻本,刻本一出,得书容易,好的古写本书也就逐渐散失,使刻书失去了极可靠的根据。印刷事业发展,图书广泛流传,但所刻的书所根据的底本是否为足本、善本,刻版的时候曾否跟原本校对过,有无错别字等,都是问题。宋代刻书繁盛,同一种书则有不同的刻本,卷数多少也不一致,板刻也有粗细美恶之分。官刻本或家刻本经过用心校对,一般说错误较少;书坊所刻,为了求利,早出书,就不认真校对。而且书籍几经翻刻,手录不慎,也容易出现错误。南宋时学者已开始重视版本文字的校勘了，如岳珂刻九经三传，便广聚众本，订正误谬，所刻"相台五经"最为出名。

元代所刻的书也有不少胜过宋刻的，但种类不及宋刻的多。到了明代，宋元刻本由于种种原因，流传日少，于是传刻古书颇为盛行。可是明人有个毛病，每遇有不懂之处往往主观臆改，讹误反多。刻本不同，文字也大有出入，因此读书就不能不讲求版本了。明清两代藏书家竞购宋元旧本，风靡一时，版本之学由是而兴。书籍既然讲究版本，当然离不开校勘以判断文字的正误。因此校勘学随着版本学的建立，逐渐发展成为一门专科的学问。

校勘古书盛于清朝乾嘉之际，王念孙、王引之父子考校最精，成就最大，他们的《读书杂志》是很重要的一部书。以后有俞樾著的《古书疑义举例》和《诸子平议》，孙诒让著的《礼迻》，都有新的发明，这些书都是对校勘很有用的。

校勘古书所需要的知识是相当广泛的，一方面要有古籍的知识，如古书的制度、古书的传抄、古书的版刻，以及有关书籍目录的知识。另一方面要有文字、音韵、训诂的基本知识，包括文字的假借、字体的流变、古今声韵的通转、词义的引申等，除此之外，对古代的历史文化、典章制度等知识也需要有所了解，并且要求能运用不同种类的工具书，以解决书本上所出现的问题。然而各门学科又自有其专门知识，校某一类书，就要有某方面的专门知识，这就无须多说。

二、古书为什么必须校勘

如前所述，古书的错误较多，王念孙在《读书杂志·淮南内篇第二十二》中曾就《淮南子》一书所出现的错误情况列举出64项。可以说错误现象或多或少都是普遍存在的，但错误的表现形式又是多种多样的。

（1）文字的形误有一般文字形误；"古文"形近而误；篆文形近而误；隶书形近而误；草书形近而误；简体、俗体形近而误；行书形近而误；异体形近而误；某一时代特殊的写法造成的错误；一字误为两字；两字误为一字，等等。如"文"字的古文写法和"宁"字的形体相近，古书中就有很多原文是"文"字的地方，都讹为"宁"字了。《尚书·大诰篇》中的"前宁人"、"宁考"、"宁王"、"宁武"、都是"文人""文考""文王""文武"的误写，这是吴大澂根据全文加以订正的。

《管子》"九守篇"，"修名而督实、按实而定名"，"修"是"循"字之误，字形相近，把"循"错写成了"修"，即是修。

《战国策·赵策》，"太后明谓左右：有复言令长安君为质者，老妇必唾其面。左师触龙言愿见太后，太后盛气而揖之。"这段文字是根据姚宏本、鲍彪本作"左师触龙言愿见太后。"《史记·赵世家》同《汉书·古今人表》也作"左师触龙"，可见姚体合"龙"、"言"两字为一字，传讹多年。

贾谊《过秦论》，"故先王者见终始之变"，"者见"二字应该是"者睨"字误分为二。遂错为"者 见"二字。

(2) 声误，有的由于发音而造成的错误。如颜之推在他的《家训勉学篇》里记载了一个读音的错误，洛阳有一才学重臣，将"许绿反"错作"许缘反"。对别人说：从来谬音"专旭"，当音"专翾"尔。这个人才学有名，大家相信，跟他念了。过了一年以后，更有个名儒，各方面探索考订，才知道读错了。

(3) 由于不明意义而造成的文字错误。有不明一字一词的古义而误；不识假借字而误；不明虚词用法而误；不明古代语法而误；不明古文修辞而误；不明文义而误；不明古代名物典章制度而误，等等。例如：明陆深《河汾燕闲录》："隋文帝开皇十三年十二月八日，敕废像遗经。悉令雕撰。此印书之始，又在冯瀛王先矣。"此句"雕撰"理解成为"雕版"，这里指的是雕塑佛像、撰写经文。

《大戴礼记·武王践阼》："机之铭曰：皇皇惟敬。口生口后，口戕口。"这里的"口"字是墨围口，表示阙文的意思，用为口字则文意不通。

(4) 错简。就是一整段文字错排在书的其他地方。如《汉书李广利传》"困其城，攻之四十余日"一段，上下文意不相属，其中有错简，一段文字放到下文去了。

(5) 错乱倒文。古书中有时一两个字或一句话排错了，或是颠倒了。如《诗·皇矣篇》"维此王季，帝度其心。貊其德音，其德克明。克明克类，克长克君。王此大邦，克顺克比。比于文王，其德靡悔。既受帝祉，施于孙子。"应作"维此文王……比于王季。"因为王季是父，不能父比子，应当是子比父。陈奂《诗毛氏传疏》已改为"维此文王"。

再如《墨子·非儒下》，"夫仁人事上竭忠，事亲得孝，务善则美，有过则谏。"得与务是倒文，应说"事亲务孝，得善则美"。竭忠、务孝，得善、有过，都是相对成文。

(6) 夺文，就是脱落字，又叫脱文，翻刻时造成文字上的脱落。近人章钰校订《资治通鉴》发现脱文有5200余字。

(7) 衍文，就是行文中多出的字。有作注时衍生的，有旁记的字误入正文的。如《三国志·蜀书·马良传》"及先主入蜀，诸葛亮亦从后住"，"后"字为衍文。再如《伍子胥变文》"遂杀牛羊千头，烹羊万口"，上一"羊"字是衍文。

(8) 误文，就是传抄错了。如古时凡重文都作"二"这样的符号，传写的人不明白而弄错了。如《硕鼠》"逝将去汝，适彼乐土，乐土乐土。爰得我所。"过去的"乐土"后面划"二"，是重文，应写成"适彼乐土"。《韩诗外传》即如此。

抄写时又常常发现注文误入正文，正文误入注文时的现象。如《韩非子说难》："且夫物众而智寡，寡不胜众，知不足以遍知物，故则因物以治物。下众而上寡，寡不胜众者，言君不足以遍知臣也"，都是注文误入了正文。

旁记误入正文。古人读书常在某一字旁记上读音的同音字，再刻的时候便误入正文了。如《战国策·赵策》："夫董阏安于，简主之才臣也。"阏和安古时同声，读时标"安"于"阏"之旁以记其音，后人刻书便刻成"董阏安于"了。再如，《史记·刺客列传》："臣欲使人刺之，众终莫能就。"在"众"旁标记一个"终"字，众和终是一音之转，后人就刻成"众终莫能就"了。

由避讳而错误。在封建社会对帝王以及本家族祖先父母的名字，都不能直呼其名，或者改字，或者缺笔。后人翻刻书不了解前人避讳的情况，照字刻下来了。造成错误。如《诗·小雅·无将大车》："无将大车，祇自尘兮。无思百忧。祇自痕兮。""痕"本作"疷"与"尘"为韵。唐代为避李世民讳。把"民"字缺笔成"氏"。历代官名、地名、人名。随着各朝代帝王名字多次更改，使书籍行文造成了混乱，这也是我国古书错误的另一原因。

三、校书的依据

要依据本书内在的联系，发现问题，订正讹误，校勘书籍。有求证于本书以外的，叫做"外证"，也称"旁证"；有求证于本书以内的，叫做"内证"也称"本证"。

象王念孙校书运用外证法比较纯熟，得出不少精确结论；另一方面也由于运用内证方法而取得了很大成绩。如订正《老子》："夫佳兵者不详之器"的佳兵二字，当为"唯兵"之讹。"释文"批注说："佳，善也。"王念孙说："今案'佳'当作'唯'字之误也。'佳'，古'唯'字也，唯兵为不详之器，故有道者不处。上言'夫唯'，下言'故'，文义正相承也。八章云：'夫唯不争，故无尤……古钟鼎文'唯'字作'佳'，石鼓文亦然。"这段考究是根据文字的形体和全书行文通例，综合比较得出通达的结论，尽管没有旧本作对证，结论是可信的。封建社会写书，对于避讳特别重视。钱大昕校书便十分注意从这方面找线索，以发现问题和说明问题。当他读《通典》时，发现其中有后人妄改之处，便根据历代避讳的习惯进行考证。在《潜研堂文集》卷28"跋通典"中说："杜歧公撰此书于贞元中。改称健宗为今上。而'州郡篇'书恒州为镇州。且云'元和十五年改为镇州。'此后人附益。本书于'恒'字初不避也。'刑制篇''十恶：六曰大不敬。'注云：'犯庙讳。改为恭。'按唐诸帝无史敬著。前卷即有'大不敬'字。读此一条。乃宋人传写添入。非本文也。'州郡篇'改豫州为荆河州。或称蔡州；改豫章郡为章郡；括苍县曰苍县；皆避当时讳。今本或于'荆河'下添'豫'字又有直书。'豫州'、'豫章'者。皆校书之人妄改也。书中'虎牢'，皆避讳作'武牢'。而'州郡篇'汜水县下直书'虎牢'，且有'获虎'字。又如韩禽虎。或作'擒虎'。仕宦不止。执虎子。或作'兽'子。或作'虎子'。皆后人妄改。又改之不尽也。"完全是根据唐宋两代避讳的习惯。来考定通典一书中有后人妄改。又改之不尽也。"这完全是根据唐宋两代避讳的习惯，来考定通典一书中有无后人妄改的笔迹，因为通典成书于唐德宗时，凡是德宗以前的唐代帝王之名和德宗的名都是避讳。唐高祖李渊的祖父名虎，所以通典中改"虎"为"兽"或"武"；代宗名豫，所以改豫州为蔡州；德宗名适，所以改括苍县为苍县。今通典中仍有写"虎"字、写"豫"字的，自然有后人回改的痕迹。至于唐穆宗名恒，宋太祖赵匡胤的祖父名敬，都不是杜氏作通典时所能预知的。今本中，避"恒"，避"敬"字，原是后人传写时改易的明证。

取外证比较容易，从本书内发现问题而且加以考究是很不容易的，必须博学深思才行。

外证法除采用旧本外,还要依靠古代类书和旧注来发现问题。因为古人编纂类书和撰述注解所见到的本子,和古书的原来面目比较接近,可以根据它们所引的文字进行校书。

类书中如唐代虞世南的《北堂书钞》、欧阳询的《艺文类聚》、徐坚的《初学记》;宋代李昉修的《太平御览》、王钦若修的《册府元龟》等,其中材料丰富。

唐以前的旧注如裴松之的《三国志注》、裴骃的《史记集解》、刘孝标的《世说新语注》、郦道元的《水经注》,唐张守节的《史记正义》、司马贞的《史记索隐》、颜师古的《汉书注》、李贤的《后汉书注》,都是古书的渊薮,可以依据每书注义来校定本书传写的正误。

但应该注意,古人引书不一定完全符合原文。做到一字不差,有时节略其辞,也有引用书意的。有时文字异错或内容颠倒了的,不可胜数。类书、古注虽在引用旧文时比较审慎,但缺点仍多。如果专依据类书来改本书,便在不注意中造成了混乱。清代学者校书就犯了这方面的错误,王念孙父子就是。柳诒征在《中国文化史》第三篇第十章说:"高邮王氏校订群书,最为精善。然其法,大抵先取宋人所辑类书。如太平御览,册府元龟,玉海等书。比其异同,即所为已意。先立一说,而后引类书以证之。"这个评价是正确的,王氏校书工作卓越成就应该肯定,但所犯的毛病也应该给予指出。

校书过程中都愿意依据宋元的旧本,因其最早最珍贵。但不能完全盲从它、迷信它,因宋元刻书也不免有错字、脱句、增损。杭世骏《道古堂集》中说:"今之挟书以求售者,动称宋刻。不知即宋亦有优有劣。有太学本,有漕司本,有临安陈解元书棚本,有建安麻沙本,而坊本则尤不可更仆以数。"他所说的只是宋刻的一部分,其中以麻沙本最劣,而流布又最广,讹文脱字,所在皆是。宋本如此,元刻可知,所以也不能把宋元刻本当作校书的唯一依据。

明代刻本讹误就更严重了。顾炎武在《日知录》中指出:"万历间人,多好改窜古书。人心之邪,风气之变,自此而始。……不知其人,不论其世。而辄改其文,谬种流传,至今未已。"指出明文人的恶习。古卷数多的,明人可任意缩减,并有的将其他书的材料搀入原书;有的还改头换面,把书名和作者都变了样。明本缺点,至为严重,我们应该知道,方不致为其所误。

尽量依靠清代学者的精校本和精刊本来校书。因为清代学者针对明人妄改古书的弊害,特别讲求校勘,纠正俗本的讹谬。对经书、历史书和子书,都找出宋元精本进行校刊,为我们留下了丰富的精校和精刊本。如孙星衍所刻宋本说文、古文苑、唐律疏义,黄丕烈所刻国语、战国策,胡克家所刻宋本文选、元本资治通鉴等,书后还附有勘记等,极为方便。再如卢文弨所刻《抱经堂丛书》,除附刻自己文集笔记外,大部分是他校订的古书,如经典释文、孟子音义、仪礼注疏详校、贾谊新书、春秋繁露、荀子、白虎通、逸周书、方言、西京杂记、颜氏家训等,都经过了他的精校,然后才刻印的。另外如王念孙、王引之父子的校勘群经,钱大昕、钱大昭兄弟的校勘诸史,都较好,何焯和焦循校书也有成就。所以我们要尽量应用这些成果,帮助我们学习和校书。

而近代的俞樾、孙诒让、张佩纶、陶鸿庆、刘师培、章炳麟、闻一多、郭沫若等人,在校书方面也是取材丰富、考订多精，其成就在前人之上。我们利用这些新的研究成果，就会节省时间，收到事半功倍之效。

四、怎样进行校书

首先要了解古书上出现错误的一般规律，如我们前面所介绍的情况，错简、倒文、讹文、夺文、衍文、误文、避讳等。只有掌握这些规律，在我们读不懂古文时，便会知道它可能出现哪一种情况的错误。

外证法要依据古代类书和旧注来发现问题。但必须注意到，古人引书不一定完全符合原文、做到一字不差，特别是在引用时，有时还节略其辞，有时也只引用书意，有时还把文字弄错、内容弄颠倒，这类错误也很严重。清末朱一新在《无邪堂答问》中明确地谈到这个问题，他说："高邮王氏之于经。精审无匹。顺往往据类书以改本书。则通人之蔽。若北室书钞、太平御览之类。世无善本。又其龂初非为经训而作。事出众手。其来历已不可恃。而以改数千年诸儒书斷考定之本，不亦慎乎！然王氏犹必据有数证而后敢改，不失慎重之意。若徒求异前人。单文孤证，务为穿凿。则经学之蠹矣。"他指出王念孙父子校刊经书，依靠类书尚且出错，而一般学者依靠单文孤证便来改书，害处就更大了，因此说不能够毫无原则地信任类书。在校书过程中不依靠类书是不行的，但完全盲从它也是不对的。

要根据各代刻书的情况来使用旁证书。宋代刻本书好，最珍贵，但其中也难免出错；元刻本也较好，但保存量不多；宋元版也有毛病；建本就最劣，而且流布又广；明代刻书，往往有意地对古书进行窜改。我们要明白各个历史时代刻书的特点、所存在的倾向，才不致为其所误。

尽量利用清代和近代人的校书成果。清代的校勘家比过去任何历史时代都要多，在纠正俗本的讹谬上，在精校刊上，下了许多工夫，取得了很大成绩。在校勘方面，愈靠我们近愈精确，因材料多、借鉴多，自然要后来者居上，不能抱持"尊古卑今"的陋见。

不要随便根据自己主观喜爱去改古书。因为轻易改古书，往往把正确的地方反而改错了。清代学者改动一个疑字异文都是十分审慎的，如《文镜祕府论》即把"祕"改成"秘"了。这种情况很多。不多列举了。

发现书籍错误后，要从众多的材料中找根据，进行校勘，不要只掫一说，便改易古书，要在众多材料中择善而从。

死校、活校要相并而行。死校是根据一个善本照录而不改，发现误字，必存留原文。活校是从群书旁证中把原文的错误改过来，择善而从。这两种校书法各有优点，也各有缺点。初学校书的人，先从死校下手较好，等到读书较多、学问较博的时候再从事活校，而且尽量把两种校书法结合起来，要灵活地交相为用。初学校书者要不怕麻烦，不怕费事，要多动笔，多读书，多找善本，随读随校。

要多读原本古书，勤考原始材料。多参考原始材料，了解当时社会情况，所处的时代，行文所涉及的各种制度。风俗习尚、文物典章、史料传说、古今文字的演变差异、远古生活习惯、农家耕作、思想学说、科举制度、避讳制度等。这些都是纵横联系着、互相制约着，因为每一事物都不是孤立的。要注意到广泛了解，把知识面铺宽一些，分析问题才不会流于片面，才会找到事物的真相。

校勘是个严肃的问题，必须有审慎谨严的治学态度，不怕劳累、不怕吃苦的读书精神。这样，你才会在读书的道路上，一步一步地登上科学的顶峰。

第七章 古典文献的收藏与阅读

一、历朝古典文献的收藏和官、私藏书

1. 殷商、周、春秋时期

中国古典文献的收藏从文献有了文字记载以后就开始了，现在可以知道的应当从商代开始。

商代安阳小屯殷墟出土的约有十万到十五万片甲骨文，但龟甲、兽骨只是用以占卜，并契刻占卜文字。《尚书·多士》："惟殷先人，有典有册。"

甲骨文里也有"典"、"册"字，证明在商代普通文献是用竹木简来书写的。《吕氏春秋·先识览》："殷内史向挚见纣之愈乱迷惑也，于是载其图法，出亡之周。""图法"是指图籍法典之类，属于重要文献，向挚也就是掌管者，内史应是向挚的职务。可见，商代已有成熟的文字，还有大量的书面文献的管理人员，这是大体可以确认的。

周代文献更加丰富，文献的收藏、管理更趋制度化。《周礼·大官》："大宰之职，掌建邦之六典。"六典指治典、教典、礼典、政典、刑典、事典，"典"是指法则、典则，各主要机构对职责之内的法则文献是分工掌管的。

春秋时，老子为周之管理藏书之官。《庄子·天道》："孔子西藏书于周室，子路谋曰：'由闻周之征藏史有老聃者，免而归居。夫子欲藏书，则试往因焉。'孔子曰：'善'。往见老聃，老聃不许。"唐成玄英疏："周征藏史，犹今之秘书官职，典坟籍。"坟籍，就是今天所说的书籍。《史记·老子韩非列传》则说老子是"周守藏室之史"，都说明老子是周朝藏书官。

2. 秦、汉时期

秦统一天下后，图书亦有专门藏所，《史记·太史公自序》："秦拨去古文，焚灭《诗》、《书》，故明堂、石室、金匮玉版图籍散乱。"《史记·张丞相列传》谓张苍"秦时为御史，主柱下方书。"《汉书·百官公卿表上》："御史大夫，秦官，位上卿……在殿中兰台，掌图籍秘书。"这里的明堂、石室、金匮是指藏书的地方，可见秦统一天下后，图书有专门场所典藏，有专职官员典守。

汉朝处在国家空前统一时期，在社会经济文化迅速发展的形势影响下，图书事业亦随之兴起，汉朝政府曾动员社会力量，进行大规模的集结与整理古典文献工作。西汉建立伊始，统治者就注意到搜集文献典籍工作，萧何入咸阳即"收秦丞相御史律令图书藏之。"武帝、成帝相继运用政权力量，颁布求书命令，进行了规模广泛的文献集结工作。两汉之际，文献典籍虽然散失严重，但经东汉光武、安帝、顺帝各代继续搜求，逐渐恢复旧观，并略有增加。

汉朝国家藏书日益宏富，"其储之地，外有太常、太史、博士之藏，内有延阁、秘室、

兰台、东观及仁寿阁、文德殿、华林园、观文殿诸所。"汉朝著名学者司马迁、刘向、刘歆、班固、傅毅等人都是主管文献典籍事业的重要人物。

在此形势影响下，私人藏书也有所发展。著名藏书家刘德，汉景帝时袭封为河间献王，此人"修学好古，实事求是，从民（间）得善书，必为好写与之，留其真。"他很重视文化遗产，还用金帛重价收买古籍。因此，"或有先祖旧书，多奉以奏献王。"所以献王"得书多与汉朝等"。汉朝有力之家，"搜之不为不力，聚之不为不专"，对图书典籍的搜集整理做了大量工作。

3. 魏晋南北朝时期

魏晋南北朝时，社会处于分裂动乱时期，文献典籍多次遭致浩劫，尤其经永嘉之乱，国家藏书衰落，多有赖于私人之藏，文献典籍才得以保存流传。西晋时，范蔚"家世好学，有书七千余卷，远近来读者，恒有百余人，蔚为办衣食。"张华亦好藏书，"身死之日，家无余财，惟有文史，溢于几箧。尝徙居，载书三十乘。秘书监挚虞撰定官书，皆资华之本，以取正焉。"文献收藏家任昉，"昉坟籍无所不见，家虽贫，聚书至万余卷，率多异本。昉卒后，高祖使学士贺纵共沈约勘其书目，官所无者，就昉家取之"，可见其家藏书之富。

4. 隋唐时期

隋唐统一，国家采取各种办法搜访典籍异本，并制定奖励办法。唐朝自太宗至文宗，历朝均有求书活动，国家藏书日益繁富。专设的图书机构与职官，隋唐时期可称完备。由秘书省总掌其事，秘书监为主官，"掌邦国经籍图书之事。有二局：一曰著作，二曰太史。皆率其属而修其职，少监为之贰，丞掌判省事。"当时的图书典藏较前代大有改进。隋因搜求到的图书，纸墨书法不佳，乃召工书之士补续残缺，重缮正付，并分书为三品，加以不同装帧。唐则分库藏书，文宗时建有十二藏书库，并采取染黄及装潢匠署名等措施以保护图书和提高工艺水平。

唐代私人藏书数量可观，质量也很讲究。韦述藏书二万卷，黄墨精谨，胜于国家藏书。开元时邺侯李泌筑有大型藏书楼，积书三万余卷，各类书籍均有特殊标记：经书用红牙籤，史书用绿牙籤，子书用青牙籤，文集用白牙籤，"新若手未触，"德宗贞元中（795年左右），苏弁藏书达二万余卷，皆手自刊校。宪宗时，柳公绰家藏典籍万余卷，"经史子集皆有三本：一本尤华丽者镇库；又一本次者长行披览；又一本又次者后生子弟为业。皆厨格部分，不相参错。"管理井然有序，反映了当时图书事业的发展情况。

5. 宋朝

宋朝自赵匡胤统一中国后，除将所平各国藏书集中外，还诏募亡书散篇。太宗、真宗也相继下诏求书。国家藏书逐渐兴盛。在雕板印刷事业的推动下，社会藏书和典籍流通与日俱增。

宋代典藏图书，主要有国家、书院与私人三个系统。国家藏书多集中于玉宸殿、四门殿、太清楼、崇文院、秘阁等处，设有专官管理；宋代学术思想文化异常活跃，大家辈出，各地建有许多书院，理学家从事讲学辩论，以书院为中心搜集大量图书文献。如鹤山书院藏书多达十万卷，并按制度向院生出借，从而发挥了图书传播知识的功能。

宋代私人藏书家，不仅名家辈出，而且个人藏书量多达数万卷以上。宋初藏书家当推江正，江氏字元叔，江南人，尝为越州刺史，藏书数万卷。后为安陆刺史，"遂家焉，尽辇其书，筑室贮之。"北宋著名藏书家，据周密讲："宋室承平时，如南都戚氏（戚同文，楚邱人，喜读书，藏书甚富，著有《孟诸集》），历阳沈氏（沈立，初仕蜀，悉以公粟售书，积卷数万，神宗问其所藏，立上其目录），庐山李氏，九江陈氏（陈巽，德化人，祥符八年进士，历任著作郎、秘书监，专攻声音星历之技，有名于时），番阳吴氏（吴良嗣，有《籯金堂书目》三卷）、王文康，李文正（李昉，字明远，饶阳人，太宗朝官至平章事，藏书至富，奉敕负责撰修《太平御览》、《文苑英华》、《太平广记》等）、宋宣献（宋绶，博通经史百家，家富藏书，多秘府所不及，亲自校雠，实胜诸家，其子宋敏求，藏书三万卷）、晁以道（晁说之，元丰进士，其家五世藏书，虽不及宋绶，而校雠最为精审）、刘壮舆（刘羲仲，高安人，史学世家，藏书甚富），皆号藏书之富。邯郸李淑五十七类二万三千一百八十余卷（真宗进士，累迁龙图阁学士，有《邯郸图书志》收书57类23180余卷），田镐三万卷（承其父博古堂典籍，藏书三万卷）"。

北宋另一位大藏书家王钦臣，字仲至，南都人，嗜收藏古书，亲自校雠，世称善本，据载："所见藏书之富，莫如南都王仲至侍郎家，其目至四万三千卷，而类书之卷帙浩博，如《太平广记》之类，皆不在其间。闻之其子彦朝曰：'先人每得一书，必以废纸草传之，又求别本参校，至无差误，乃缮写之。必以鄂州蒲圻县纸为册，以其紧慢厚薄得中也。每册不过三四十页，恐其厚而易坏也。'此本专以借人及子弟观之。又别写一本，尤精好，以绢素背之，号镇库书，非己不得见也。镇库书不能尽有，才五千余卷。盖尝与宋次道相约传书，互置目录一本，遇所阙则写寄，故能多致如此。"

南宋著名藏书家，以晁公武最为有名。晁氏，字子止，清丰人。其先人以文章德业，事真宗、仁宗两朝，继掌内外制，赐第京师昭德坊，因称昭德家。晁家书香门第，几乎人人有文集，故家多藏书。公武于绍兴初进士及第，居官四川，为四川转运使井度属员。井度罢官，以五十箧书赠与晁氏，合其家旧藏共24500卷有余，著有《郡斋读书志》、《昭德易诂训传》、《昭德文集》等，享名于时。其次是叶梦得，号石林，吴县人，平生好收书，逾十万卷，置于霅川弁山，建书楼藏之。著述甚多，如《石林燕语》等。"其后齐斋倪氏（倪思，字正甫，乾道进士，有《齐山甲乙稿》），月河莫氏（莫君陈，字和中，归安人，嘉祐进士，有《月河所闻集》），竹斋沈氏（沈瀛，字子寿，吴兴人，少入太学，仕四十余年，生平嗜文字若性命，家颇藏书），程氏（程贲，字季长，江阴人，喜藏书，自称五十余年简册铅椠未尝离手），贺氏，皆号藏书之富，各不下数万卷。""近年惟直斋陈氏（陈振孙）书最多，盖尝仕于莆，传录夹漈郑氏、方氏（方渐）、林氏（林霆）、吴氏（吴兴），旧书至五万一千一百八十余卷。"周密自家，"三世积累，先君子尤酷嗜，至鬻负郭之田，以供笔札之用，冥搜极讨，不惮劳费。凡有书四万二千余卷，及三代以来金石之刻一千五百余种。皮置书种志雅二堂，日事校雠，居然籯金之富。"总之，周密在《齐东野语》中，举述宋代大藏书家达28家，可见宋代私人藏书之富。

6. 明朝

元末农民大起义推翻元朝统治以后，为中国封建社会继续发展提供了可能条件。明太祖即位初期，除接收元朝大都（北京）全部藏书，运回南京外，又下诏求书，收藏于文渊阁。明成祖时期，迁都北京，将文渊阁藏书拨归内阁，取消了历史上长期形成的国家藏书机构。直至清初，典籍文献只归内府收藏，不另设专门机构藏书，开展书籍流通业务。封建统治阶级秘藏垄断，严重阻碍了典籍文献的流传。

明代藏书事业的特点，在于私家藏书的兴盛。据统计，明代著名藏书家有427人，其中影响较大的藏书家，成化时期（1465—1487年）有叶盛，此人生平嗜书，手自校雠，至数万卷，藏书堂名"菉竹"，有《菉竹堂书目》。弘治时期（1488—1505年）有李廷相，历官南京户部尚书，家富藏书，筑"双桧堂"藏之。明朝中叶以后，开州晁瑮喜藏书，有《宝文堂书目》三卷。宗室朱睦㮮，号西亭先生，就宅西建"万卷堂"，有《万卷堂书目》。麻城周弘祖，累官至福建提学使，有《古今书刻》传世。涿州高儒，家藏典籍宏富，有《百川书志》。山阴祁承爍，家藏抄本，多人所未见，校勘精覈。藏书处"澹生堂"颇有影响，撰有《澹生堂藏书约》。闽县徐𤊹，积书至33000余卷，仿郑樵《通志艺文略》例为《红雨楼家藏书目》四卷。连江陈第，历蓟镇游击将军十年，边备修饬，性无他嗜，惟书是癖，家藏万卷，有《世善堂书目》。常熟赵琦美，网罗古今载籍，损衣削食，假借缮写，编有《脉望馆书目》……

明代藏书家中以天一阁与汲古阁最为有名。天一阁主人范钦，字尧卿，号东明，嘉靖11年（1532年）进士，历任江西、广西、云南、陕西、河南、福建、广东等地方官，后任兵部右侍郎。嘉靖40年（1561年），为避严嵩父子专横，离职携书万卷而归宁波原籍。范氏一生专于购求典籍，嗜好抄藏，所到之处，无不留心征购，并抄实录、邸报、方志、登科录、诗文集以及各种石刻碑版拓片等。嘉靖40年至45年（1561—1566年）特建天一阁藏书楼，楼上六间合而为一，分间用书橱隔开；楼下分作六间，收藏各类文献。天一阁环境幽美，古木参天，具有良好阅读条件，至今保存完好。

范氏几十年如一日，访求古籍，至83岁去世时止，天一阁藏书已达七万卷。所藏文献，有宋、元、明历代刻本，尤以明代的地方志、登科录最为珍贵。范钦曾延聘刻工，翻印《竹书纪年》、《虎钤经》、《穆天子传》等二十余种典籍，冠以"天一阁奇书"，广为发行交流，为传播文化作出了重要贡献。阁内珍藏的一千多片藏书版，刻工精湛，是研究古代雕板的重要资料。清朝乾隆皇帝曾派人前往宁波考察天一阁的设计结构与书橱式样，依此修建文渊阁、文源阁、文溯阁、文津阁、文澜阁书楼，珍藏《四库全书》。

范钦平生酷爱文献典籍，唯恐后代将其藏书散失。为此，他于去世前，曾将家产分为两份，叫二子各挑选一份。长子范大冲分得天一阁，次子分得万两白银。范钦死后，子孙遵奉他的"代不分书、书不出阁"的遗训，族中规定，阁门与书橱门钥匙分房保管，各房家长不到齐不得开门，严禁烟酒火烛登楼。后来在天一阁竖起家族规牌：子孙无故开门入阁者，领亲友入阁及擅开书橱者，擅将藏书借出外房及他姓者，以及典押鬻卖者均按规定严厉处罚。

近代以后，天一阁历经沧桑。鸦片战争时，英军侵入宁波，闯入天一阁，掠走《大明一统志》等舆地书数十种，以作为他们进一步入侵中国的形势材料。1861年太平军攻入宁波，英国传教士乘机大肆偷窃大量图书。1914年帝国主义分子勾结上海书商雇佣大盗，偷挖天一阁楼顶，潜入十余日，依照奸商圈定的书目，盗窃珍贵书籍千余种。直至新中国成立前夕，天一阁仅存书13000余卷。新中国成立后，人民政府十分重视天一阁藏书，积极收集散失典籍，修缮藏书阁楼，藏书已达三十万卷。其中有各种珍本、善本书达八万卷，有的属于海内孤本，具有极大的文献价值。

汲古阁主人毛晋，名凤苞，字子晋，江苏常熟人。生当万历、崇祯年间，社会刻书风行于时，南京的三山街书铺林立，苏州、杭州、徽州、扬州、湖州等地书铺普遍发展，而且刻书插图精美，竞相争强，套版多色印刷益臻精美。毛氏少为诸生，喜读书，年三十左右，开始收藏、刻印、经营古书事业。创办汲古阁，独树一帜，专一购求宋、元刊行的珍本书，不惜高价。他于自家门前张贴收购古籍布告："有以宋椠本至者，门内主人计叶酬钱，每叶出二百。有以旧抄本至者，每叶出四十。有以时以善本至者，别家出一千，主人出一千二百。"因此，湖州一带书商，满载古籍船只运往毛家。当时常熟流行谚语曰："三百六十行生意，不如鬻书于毛氏。"毛晋先后购置珍本书达84000册，建汲古阁、目耕楼藏之。书架上下三楹，用十二生肖编成十二书架的号码，井井有条。毛氏于楼下书房专心攻读校勘，态度严肃认真，并将其所藏珍本公之于世，借以校正古书传刻中的错误，对整理古籍发展文化事业作出了巨大贡献。

毛氏汲古阁出版的书籍，大多数用宋版书作为底本，并于书后跋语中介绍其书作者身世、版本流传及其优劣，"务使学者穷其源流，审其津涉。"毛家不惜高价雇佣精工刻书，三分银子刻一百字。经济上不但未获暴利，相反遇到不少困难。汲古阁校刻《十七史》、《十三经》，从崇祯元年（1628年）开始，毛晋每年校订经史各一部，13年如一日，至庚辰年（1640年）除夕，已刻完《十三经》，但由于灾荒，只好变卖田产300百亩，继续刻印《十七史》。虽遭明末社会动乱，版片水火虫鼠损伤十之二三，也仍坚持继续补刻，直至完成为止。

毛氏从天启末年（1621年）开始刻书，三十余载致力于文献流通事业，苦心经营出版典籍，"夏不知暑，冬不知寒，昼不知出户，夜不知掩扉"！毛氏晚年，"头颅如雪，目睛如雾"，全副精力贡献于古籍流通事业。他对文化事业的贡献，远远超过历史上与之同时的书商。因此顾湘曾说"汲古阁之名，照耀宇内。"据《汲古阁校刻书目》不完全统计，刻版共109567页，以每版刻200字计，共21913400字。大约全部统计，校刻的字数总有三千万以上。尤其值得提出的是，有不少宋版书，是靠毛氏翻刻得以流传至今。汲古阁刻的《三唐人集》、《四唐人集》、《五唐人集》、《六唐人集》、《六十种曲》等，清代学者都称之为校刻善本。他的大量刻印中，虽然苦心校勘，但仍有不少错误，尤其《十七史》因于动乱中刊印，所以错误较多。

毛晋于清顺治16年（1659年）去世后，他的第五子毛康仍继续刻书，但由于改朝换代，社会动乱不安，汲古阁刻书亦日渐没落。

7. 清朝

有清一代，藏书大家辈出，康熙、雍正、乾隆、嘉庆盛极一时，"浙东西有静惕、潜采、云在、道古、小山、振绮、瓶花、开万、寿松、知不足、拜经、向山、蝶隐、汉唐、文瑞；吴会有朴学、红豆、桂宦、小玲珑、来雨、陶庐、滋兰、稽瑞、爱日；河北则有沽水、梧门、万卷、笥河、宝苏、南涧。"这些藏书楼所藏典籍十分丰盛，而且各具特色，或以版本称著于时，或以精校享名儒林。据洪亮吉讲：清代"藏书家有数等，得一书必推求本源，是正缺失，是谓考订家，如钱少詹大昕、戴吉士震诸人是也；次则辨其版片，注其错讹，是谓校雠家，如卢学士文昭、翁阁学方纲诸人是也；次则搜采异本，上则补石室金匮之遗亡，下可备通人博士之浏览，是谓收藏家，如鄞县范氏之天一阁、钱塘吴氏之瓶花斋、昆山徐氏之传是楼诸家是也；次则第求精本，独嗜宋刻，作者之旨意纵未尽窥，而刻书之年月日最所深悉，是谓赏鉴家，如吴门黄主事丕烈、鄢镇鲍处士廷博诸人是也；又次则于旧家中落者，贱售其所藏，富室嗜书者，要求其善价，眼别真赝，心知古今，闽本、蜀本一不得欺，宋椠、元椠见而即识，是谓掠贩家，如吴门之钱景开、陶五柳、湖州之施汉英诸书估是也。"

由于种种原因，许多藏书家所藏典籍并不能保持始终，有散失、集结的演变过程。明末清初常熟大藏书家钱谦益的图书，主要来自刘凤子威"胐载阁"、钱谷功父"悬磬室"、杨仪五川"七桧山房"以及赵用贤汝师"脉望馆"等四家藏书，同时又不惜重金收购，书贾奔赴钱家无虚日，所收典籍，几埒内府，以"绛云楼"藏之。后毁于火，其书一传于钱曾"述古堂"与毛晋"汲古阁"，再汇为黄氏"士礼居"与汪氏"艺芸书舍"。黄、汪两家藏书于道光末年（1850年）又多转归上海郁松年。郁氏，字万枝，号泰丰，家财富有，不吝重赀，搜罗典籍达数十万卷之多。长洲周仲涟"水月亭"、吴县袁又恺"五研廔"等大家藏书，亦多归于郁家"宜稼堂"。同治初年（1862年），"宜稼"之书散出，其宋元旧椠，名校精抄，又多归于顺丰丁日昌"持静斋"，归安陆心源"皕宋楼"等大藏书家所有。

清代藏书家中以瞿、杨、陆、丁诸家最为有名，号称天下四大藏书家。他们对古典文献的整理考订、集结收藏与流通传播起了重大作用，有功于文化事业。

瞿绍基，字荫堂，常熟人。明经不仕，隐归家乡，书斋名"恬裕"，读书乐道，广泛购置四部，旁采金石，历十余年，积书十万卷。时在嘉道间（1796—1850年），常熟稽瑞楼、爱日楼两家，竞事储藏，先后废散，瞿氏多收其世珍宋元善本，由是瞿家藏书遂甲于吴中。其子瞿镛，字子雍，承继先人遗志，更加多方搜讨典籍，瞿家铁琴铜剑楼藏书名传中国，成为四大藏书家之一。

杨以增，字益之，号至堂，历任道、县、藩、抚等地方官，官至江南河道总督、漕运总督，发家致富。此人承继父业，道光5年（1825年）开始收藏宋元珍本，任漕运总督时，又得"士礼居"大部藏书。道光20年（1840年）建成"海源阁"私家藏书楼，位于山东聊城，坐北朝南四间中国式楼房，下为杨氏家祠，上为宋元珍本书收藏处。其子杨绍和，历任编修、侍读，又得到清宗室弘晓"明善堂"藏书，使"海源阁"藏书更为宏富。其孙杨保彝又继续增加典藏。杨家藏书 3200 余种，二十万卷以上，其中宋元秘籍约 460 余种，11000 余卷。其他如唐人写经、宋元抄本以及明清珍本尚未统计在内。

海源阁藏书，曾得到杨以增同年友好梅曾亮、包世臣等人协助，除收藏、鉴别外，还先后印行《海源阁丛书》数十种，以及《禹贡九州图》、《皇朝一统图》、《万国地球图》等多种。杨氏收藏多以宋元本为主，1927 年杨敬夫经手将其家藏书移藏天津，其间损失不少。1931 年杨家曾以八万银元抵押于天津某私人银行，后来辗转归于北京图书馆，只有部分图书流散于山东济南与全国其他著名图书馆。

陆心源，字刚甫，号存斋，浙江归安人，官至福建盐运使，清末著名藏书家。其典藏与"双丁"同时称著于两浙，陆家"皕宋楼"为清末四大藏书楼之一。陆氏收藏典籍始于同治初年。当时社会处于动乱时期，江南许多藏书家典籍散失，陆氏先收郁家宜稼堂藏书，从而奠定了皕宋楼的典藏基础。据载："方是时受丧乱后，藏书之家不能守，大江南北，数百年沈蕴于瑶台牛箧者，一时俱出。而心源时备兵南韶次，权总闽鹾，饶于财。于是网罗坠简，搜扶缇帙，书贾奔赴，捆载无虚日。上自苕溪严氏芳茉堂、乌镇刘氏瞑琴山馆、福州陈氏带经堂，下迄归安韩子蘧、江都范石湖、黄荛圃、仁和平甫季言二劳、长洲周谢禽、归安杨秋室、德清许周生、归安丁兆庆、乌镇温铁华及元、钱塘陈彦高等，有一无二手稿草本，从飘零之后撮拾之，尽充插架，以资著作。素标缃帙，部居类汇，遂为江南之望矣。"凡得书十五万卷，远胜江南藏书之家，当时天一阁只藏五万卷，宋本不过十余卷。因此，皕宋楼典藏名震全国，引起社会普遍重视。光绪 20 年（1894 年），陆氏去世，年 61 岁。陆心源生平著述 940 余卷，有《潜园总集》传世。

陆氏藏书，分楼上构书室为"皕宋楼"。皕字意为二百，按嘉庆中藏书家黄丕烈得宋版书百余种，藏书楼题为百宋一廛。陆氏声称收藏宋版书 200 种，因题皕宋楼以夸其富。谓储宋本 200 种，实核原目所载，分析一书为数种，以充 200 种，实不过百十部，元本 155 部，约四千册。"十万卷楼"收明朝以后秘刻、名人手抄手校以及清儒著述。皕宋楼、十万卷楼虽分为二室题名，实分一室为二。陆氏又别于潜园中建"守先阁"，藏普通刻本，间及钞本。

陆氏死后 12 年，即 1906 年，日人岛田翰登皕宋楼观书，目击全楼尘封狼藉，蠹鱼累累的颓败情景，遂生并吞之心。他代表日本财阀三菱副社长岩崎小弥太，与陆氏不肖之子陆树藩谈判收购全部藏书。据岛田翰说："顾使其书在我邦（日本），其补益文献当非鲜少，遂怂恿其子纯伯观察树藩，必欲致之于我邦，而树藩居奇，需值甚昂，始称五十万两，继称三十五万两，后稍退至二十五万"，终议定为十万银元卖与日人。陆氏几十年收藏的皕宋楼、十万卷楼、守先阁藏书，舶载尽归于日本岩崎家族。岩崎小弥太其人曾留学于英国剑桥大学，深知掌握大量中国古典文献会对三菱财阀的扩张带来莫大的利益，遂以陆氏藏书为基础，创建静嘉堂文库。1945 年日本战败后，三菱财团奉命"解体"，岩崎家族的静嘉堂文库基金告竭。1949 年日本创立国会图书馆，静嘉堂文库则归其统管。陆氏藏书出卖国外，在国内影响巨大。"皕宋"藏书运至日本不久，中国藏书家董康即发出慨叹："闻皕宋楼既至日本，全国学子，动色相告，彼此相较，同异如此，世有贾生，能无痛哭?!"中国古典文献遭致如此重大损失，应从历史与社会中找寻原因。

丁丙，字嘉鱼，钱塘人。先人丁颙，宋人，藏书八千卷，藏书处因名"八千卷楼"。其祖父丁国典曾说："吾聚书多矣，必有好学者为吾子孙！"丁丙父亲喜读书，往来南北，尝得秘籍以归，丁丙兄弟晨抄夕写，补其未备，贮藏益富。清末太平军攻克杭城，丁家遭毁，避居海上。乱后归里，窃叹诸家所藏，荡然无存。乃振作精神，穷搜博采，历30年，又得万余卷。光绪5年（1879年），浙抚谭锺麟受命修复文澜阁，遂命丁丙经营阁工，将遗书还藏旧地。丁家八千卷楼所藏典籍，皆四库所未收采，以甲乙丙丁标其目，凡八千余种，如制艺、释藏、道书，下及传奇小说悉附藏之。光绪丁未（1907年），丁家经商破产，变卖家财，其藏书遂归金陵图书馆。丁丙著有《善本书室藏书志》、《庚辛泣杭录》、《北隅赘录》等书。

丁丙与其兄丁申，有"双丁"之称。丁申目击文澜阁书遭摧裂，不畏形势险恶，入阁收拾残余，得万余册，依类编目，借储于郡学"尊经阁"。丁氏慨然以阁目为本，朝蓄夕求，远自北京，兼及海国，或购或抄，随得随校，积20年，聚书八万卷，约得阁目十分之九。因之，丁氏对搜集文澜阁散失典籍作出了贡献。

二、古典文献的典藏

1. 鉴定

书籍鉴定十分重要，正如孙庆增所说："藏书而不知鉴别，犹瞽之辨色，聋之听音，虽其心未尝不好，而才不足以济之，徒为识者所笑。"祁承煠从多年实践中认为："夫藏书之要在识鉴，而识鉴所用者在审轻重，辨真伪，核名实，权缓急，而别品类，如此而已。"他从传统的观念出发，认为"得史十者不如得一遗经，得今集百者不如得一周秦以上子，得百千小说者不如得汉唐实录一，此其书之不相及也。购国朝之书十不能当宋之五也，宋之书十不能当唐之三也，唐之书十不能当汉与六朝之二也，汉与六朝之书十不能当三代之一也，此其时之不相及也。"他对经、史、子、集伪书的论断，以及举述造成伪书的许多原因，很有参考价值。由于书籍积聚与散失变化很大，"乃有实同而名异者，有名亡而实存者，有得一书而即可概见其余者，有得其所散见而即可凑合其全文者。又有本一书也，而故多析其名以示异者。"因此，覈名实对典籍收藏、保管、阅读及流通十分必要。所谓权缓急，是以"尊经"为主，"就三部而权之，则子与集缓，而史为急。就史而权之，则霸史、杂史缓，而正史为急。就正史而权之，唐以前作史者，精专于史，以文为史之余波，故实而可循，唐以后能文者，泛滥于文，以史为文之一体，故蔓而少实。然唐任李淳风等于志表，则有专门于汉者，宋采范祖禹等之持论，则有核实于唐者矣。所急各有在也。"所谓区别品流，即指考镜源流，辨章学术的目录而言。祁氏提出的命题是有参考价值的，但其所论具体内容则值得研究，有些糟粕应予剔除。

孙庆增对鉴别古书作了若干具体说明，诸如"某书系何朝何地著作，刻于何时，何人翻刻，何人抄录，何人底本，何人收藏，如何为宋元刻本，刻于南北朝（指宋金之间）何时何地，如何宋元精旧抄本，必须眼力精熟，考究确切。"孙氏鉴别古籍方法与祁氏提法不同，前者侧重于典籍表面，后者则偏重予典籍的内容，两者互相照应，将对全面鉴别古籍有所裨益。

叶德辉在其所著《藏书十约》中谈及鉴别古籍时认为："最要者无论经、史、子、集，但系仿宋、元旧刻，必为古雅之书；或其书有国朝考据诸儒序跋题词，其书亦必精善；明刻仿宋、元者为上，重刻宋元者次之，有评阅者陋，有圈点者陋。……抄本有元抄、明抄之分，有蓝格、绿格、朱丝阑、乌丝阑之别，且有已校未校之高低……证以书中避讳，始于某帝，终于何时，尤易辨别。……有经名人手抄手校者，贵重尤过于宋元。"叶氏多从技术上鉴别典籍，不失为一家之言，也有相当参考价值。

2. 购求

古人很讲究购求典籍，郑樵论求书之道有八：一即类以求，二旁类以求，三因地以求，四因家以求，五曰求之公，六曰求之私，七因人以求，八因代以求，可谓典籍中之经济矣。祁承㸁认为在"八求"之外，"更有三说；如书有著于三代而亡于汉者，然汉人之引经多据之。书有著于汉而亡于唐者，然唐人之著述尚存之。书有著于唐而亡于宋者，然宋人之纂集多存之。每至检阅，凡正文之所引用，注解之所证据，有涉前代之书而今失其传者，即另从其书各为录出。如《周易坤灵图》)、《禹时钩命诀》、《春秋考异》、《邮感精符》之类，则于《太平御览》中间得之。如《会稽典录》、张璠《汉纪》之类，则于《北堂书钞》间得之。如《晋简文谈疏》、《甘泽谣》、《会稽先贤传》、《诸官故事》之类，则于《太平广记》间得之。诸如此类，悉为裒集；又如汉、唐以前，残文断简，皆当收罗，此不但吉光片毛，自足珍重，所谓举马之一体，而马未尝不立于前也，是亦一道也；又如一书之中，自宜分析，如杜氏《通典》著于唐，惟唐之典故可按耳，乃后人取欧阳永叔、吕伯恭辈议论附其后，不几淄渑乎。如《水经》一书，注乃侈于其经，奇诡宏丽，后人但知郦道元之有注，而桑钦著经之名反隐矣。又如《世说》，词旨本自简令，已使人识晋人丰度于眉宇间，若刘孝标之注，援引精核，微言妙义，更自灿然，可与《世说》各为一种，以称快书。如此之类，析而为两，使并存于宇宙之间，是亦一道也。"

3. 收藏

古人藏书，十分注意防火、防潮、防蛀、防鼠以及防贼工作。一些大藏书家藏书楼有严密的责任制，即所谓"每一书室，一人经理，小心火烛，不致遗失。"凡"藏书之所，宜高楼，宜宽敞之净室"，"四方开窗通风，兼引朝阳入室，遇风生虫之候，闭其东窗"，以防止生虫。"书要透风，则不蛀不霉。"凡藏书不可用套，常开看则不蛀。柜顶用皂角炒为末，研细，铺一层，以防鼠害。凡属白蚁地区，藏书楼内"用炭屑、石灰、锅锈铺地"，以防潮湿与蚁害。

古代藏书家在典藏文献的长期实践中，积累了许多行之有效的经验，并有文字总结资料传世，对具体收藏古籍确有指导作用。明祁承㸁著《澹生堂藏书约》、清孙庆增著《藏书记要》以及叶德辉著《藏书十约》等专著，篇幅都很短，不过一卷小书，但对古典文献的收藏作了精辟的论断，言之有物，生动具体，反映了个人藏书经验的结晶，对典藏古籍有所借鉴。尤其值得提出的是孙庆增著的《藏书记要》，此书共八则，计有购求、鉴别、钞录、校雠、装订、编目、收藏、曝书等项目，对于收藏古籍的一些技术问题，讨论透彻详尽。谭卓垣在《清代图书馆发展史》中用英文介绍《藏书记要》的全部内容，并作了极高评价："孙所写这本手册是整个十九世纪时代唯一的一本向私人藏书家交代图书馆学术的参考书。令人惊奇的是它所提出的建议，一向为收藏家们所谨守不渝，直至今日对现代的中国图书馆犹具有影响。编辑珍本书目时用的许多术语皆出自该书，更不谈鉴别宋元版本规范之胥以此书为圭臬了。"

4. 装订

古书的装订，多用双丝线，"书内破损处，觅合色旧纸补缀。衬纸之处钻小孔"，"以日本薄茧纸捻条、骑缝跨钉，而后外护以纸面，再加线订。"如此做法，"日久线断而叶不散，是为保留古书之妙法。断不可用蝴蝶装及包背本。蝴蝶装如裱帖，糊多生霉，而引虫伤。""蝴蝶装虽出于宋，而宋本百无一二；包背本明时间有之，究非通用之品。"可见古人对书籍的装订是十分考究的，同时根据地区的不同，还采取了相应的措施。"北方多用纸糊布匣，南方则易合潮，用夹板夹之最妥。"书套对保护古书是有益处的，但也有人认为："书套不用为佳，用套必蛀。"毛氏汲古阁古籍虽用书套，但于"伏天糊裱，厚衬料，压平伏，裱面用洒金墨笺，或硝石绿棕色紫笺，俱妙。内用科举连裱里，糊用小粉、川椒、白矾、百部草细末，庶可免蛀。"

古书易散失或残缺，所谓"旧书往往多短卷，多缺叶，必觅同刻之本影抄补全。""凡书经手自抄配者最佳，出自佣书之手，必再三履校，方可无误。""抄而不校，校而不精，不如听其短缺，尚不至鱼目混珠也。"

5. 曝书

收藏古籍须时常检查，有计划地进行曝书通风，以防潮湿或霉烂。"曝书须在伏天，照柜数目挨次晒，一柜一日。晒书用板四块，二尺阔，一丈五六尺长，高凳搁起放日中，将书脑放上面，两面翻晒，不用收起，连板抬风口凉透，方可上楼。"曝书在初秋季节亦可，汉唐时期有"曝书会"，是为藏书家重要活动。

对于曝书季节选择，十分重要。"古人以七夕曝书，其法亦未尽善。南方七月正值炎薰，烈日曝书，一嫌过于枯燥，一恐暴雨时至，骤不及防，且朝曝夕收，其热非隔宿不退，若竞收放橱内，数日热力不消。不如八九月秋高气清，时正收敛。且有西风应节，藉可杀虫。南北地气不同，是不可不辨者也。"

6. 流通

古书流通对发展繁荣文化必不可少，曹溶在《流通古书约》中明确指出藏书家的社会职责不仅在于收藏保管，更重要的是流通阅读，务使作者心血结晶，不以珍蓄秘藏而与世隔绝。曹氏倡行流通之法有二：一是"节谦游玩好诸费，可以成就古人，与之续命。出未经刊布者，寿之梨枣"，积极出版，大量发行流通；一是"有无相易，精工缮写"，互相交流。这种主张，在清朝文化界颇有影响，因之当时刻书、抄书日益增多，从而不断丰富了古典文献宝藏。

在保守落后的封建社会里，有的藏书家得书以后，"无不绨锦为衣，旃檀作室，扃钥以为常。有问焉则答无，有举世曾不得寓目，虽使人致疑于散失，不足怪矣。"为此，曹氏提出一个流通简便的方法；"彼此藏书家，各就观目录，标出所缺者，先经注，次史逸、次文集、次杂说，视所著门类同、时代先后同、卷帙多寡同，约定有无相易，则主人自命门下之役，精工缮写，校对无误，一两月间，各赍所钞互换。此法有数善，好书不出户庭也，有功予古人也，己所藏曰以富也，楚南、燕北皆可行也。"

为了阅读流通，有的藏书家个人之间订约阅读。如宋朝王仲至曾与宋次道相约传书，互置目录一本，遇有所缺，则交换阅读或传抄，彼此藏书日益增加。又如清朝藏书家丁雄飞与黄虞稷的交换图书阅读故事：丁氏居于山水最佳的江浦县乌龙潭，藏书数万卷，尤多秘本，有《古今书目》七卷，黄氏与丁家同乡，与乌龙潭相去十余里，藏书宏富，有《千顷堂书目》三十二卷。丁、黄二人友善，订立《古欢社约》如下：

每月十三日丁至黄，二十六日黄至丁。

为日已订，先期不约。

要务有妨则预辞。

约会日不入他客，恐涉酬应，兼妨检阅。

到时果核六器，茶不计。

午后饭，一荤一蔬，不及酒，逾额者夺异书示罚。

舆从每名给钱三十文，不过三人。

借书不得逾半月。

还书不得托人转致。他们之间，"尽一日之阴，探千古之秘，或彼藏我阙，或彼阙我藏，互相质证，当有发明"，对流通古籍、研讨学问、促进文化发展颇有贡献。

7. 惜书

书籍为人类智慧的结晶，是知识的主要来源。因此，古人对书籍有深刻认识："夫天地间之有书籍也，犹人身之有性灵也。人身无性灵，则与禽兽何异？天地无书籍，则与草昧何异？故书籍者，天下之至宝也。人心之善恶，世道之得失，莫不辨于是焉。天下惟读书之人，而后能修身，而后能治国也。是书者，又人身中之至宝也……而我独得之，又不至于埋没于尘土之中，抛弃于庸夫之室，岂非人世间一大美事乎？"此种认识，虽有不完善之处，但却反映了中国古代士人的优良传统，重视书籍，爱惜书籍，并致力于从书籍中吸取营养，修身治国而平天下。

宋代著名政治家司马光，家藏万卷，专设有"读书堂"，"晨夕取阅，虽累数十年，皆手若未触者。尝语其子公休曰：贾竖藏货贝，儒宗惟此耳，然当知宝惜。"司马光本人身体力行，爱护书籍，"至启卷，先视几案洁净，藉以茵褥，然后端坐展看。或欲行，即承以方版，非惟免手汗渍及，亦恐触动其脑。每竟一版，即侧右手大指面，衬其沿，而覆以次指面拈而挟过"，十分小心，唯恐污损书页。

明代大藏书家祁承㸁，一生嗜书之笃，"虽童子之所喜，吸笙摇鼓者，弗乐于此也。"而时常登楼，摩挲其父遗下的五十七架藏书。祁氏结婚后，尝以夫人陪嫁衣物兑换书籍，并"手录古今四部，卷以千计"，甚至"十指为裂"。其后家遭火灾，半生所购万卷典籍，片楮无存。他每向市门倚椟看书，甚至招致友人嘲笑。不久任地方官，又发奋聚书，结果"以视旧蓄，似再倍而三。"为此，告诫其子孙："尔翁一生精力，耽耽简编，肘敝目昏，虑衡心困，艰险不避，讥诃不辞，节缩饔飧，变易寒暑，时复典衣销带，犹所不顾，则尔辈又安忍不竭力以守哉？"祁氏规定，凡书"入架者不复出，蠹啮者必速补。子孙取读者，就堂检阅，阅竟即入架，不得入私室。亲友借观者，有副本则以应，无副本则以辞。正本不得出密园外，书目视所益多寡，大较近以五年，远以十年一编次，勿分析，勿覆瓿，勿归商贾手，如此而已。"

三、古典文献的阅读

古典文献是在漫长的历史发展过程中形成的，是中华民族长期社会实践、世代相承积累起来的一笔巨大的精神财富。古典文献具有自身特点，其形式、内容、章法、体制、字句、声训都与现代文献不同，后人在阅读古典文献中遇到许多障碍是很自然的，因此，除须具备一般的古汉语基础知识修养外，还须注意一些特殊问题。古籍内容复杂，文体多样，如不具备广博知识，很难读通、读懂，加以运用。尤其是阅读经书，前人有许多经验之谈，如戴震曾在《与是仲明论学书》中讲道："求其一经，启而读之，茫茫然无觉。寻思之久，计之于心曰：'经之至者，道也；所以明道者，词也；所以成词者，字也。由字以通其词，由词以通其道，必有渐。'……至若经之难明，尚有若干事：诵《尧典》数行，至'乃命羲和'，不知恒星七政所以运行，则掩卷不能卒业；诵《周南》、《召南》，自《关雎》而往，不知古音，徒强以协韵，则龃龉失读，诵《古礼经》，先《士冠礼》，不知古者宫室衣服等制，则迷其方，莫辨其用，不知古今地名沿革，则《禹贡》、《职方》失其所处；不知少广旁要，则《考工》之器不能因文而推其制；不知鸟兽虫鱼草木之状类名号，则比兴之意乖；而字学、故训、音声未始相离，音与声又经纬衡从宜辨……中土测天用勾股，今西人易名'三角'、'八线'，其三角即勾股，其八线即缀术……管吕言五声十二律，宫位乎中，黄钟之宫四寸五分为起律之本。学者蔽于钟律失传之后，不追溯未失传之先，宜乎说之多凿也。凡经之难明，右若干事，儒者不宜忽置不讲。"这虽然是指攻读经书而言，实际上概括了研读古代文献所应具备的全面知识，诸如文字、音韵、训诂、名物、典制、天文、地理、算术、乐律等。

1. 古字

第一，要认识繁体字。獲、穫二字现今简化为"获"，但在古籍中二者一般不通用，"获得"的"获"写作"獲"。如李斯《谏逐客书》："獲楚魏之师，举地千里；""收获"的"获"

写作"穑"，如晁错《论贵粟疏》："春耕，夏耘，秋穑，冬藏。"復、複二字现今简化为"复"，而古书中并不通用：復是"再"的意思，又作"恢复"解，如《韩非子·扁鹊见桓公》："居十日，扁鹊復见；"複是"重复"的意思，如沈括《活板》："每字有二十余印，以备一板内有重複者。"餘、余简化为"余"，古籍中剩余的"余"字写作"餘"，如《史记·孙膑传》："后百餘岁，有孙膑；"当"我"讲的"余"写作"余"，如柳宗元《捕蛇者说》："余闻而愈悲。"徵、征简化为"征"，古书中一般不通用，征求、征召、征验的"征"写作"徵"；征伐的"征"写作"征"；人名魏徵不能写作魏征。

第二，要区别同音异体字。所谓同音异体字是在古籍中，一字有两种以上的写法。如"线"字在古书中，既可写作"线"，又可写作"綫"；"于"字既可写作"于"，又可以写作"於"。两种写法，字义相同。此外，诸如"無"、"无"，"傑"、"杰"，"淚"、"泪"，"樑"、"樑"、"德"、"惪"、"匆"、"恩"等。

第三，要了解字形与字义的关系。以形表义为汉字特点之一，字的初义称"本义"，与形有关系；字的其他意义一般是从"本义"派生出来的，称为"引申义"，与形体无关系。例如"涉"字，本义是蹚着水过河，所以左边是水字。苏轼《日喻》中的"七岁而能涉"，即用"本义"；《吕氏春秋》刻舟求剑故事中的"楚人有涉江者"，即用"引申义"，不是蹚着水过河，而是乘舟过河。又如"载"字，从车，哉声，本义是车载。《史记·孙膑传》"窃载与之齐"，即为本义；柳宗元《黔之驴》"有好事者船载以入"，即为引申义，船载也叫载。

第四，要注意特定读法。在古籍中对一些字，不能按习惯读法，而有特定读法。如《岳阳楼记》"浩浩汤汤，横无际涯"的"汤"字不能读汤，而要读商（shang）。《战国策·魏策》"王之动愈数，而离王愈远耳"，"数"字不能读树，而要读说（shuo）。又如"商贾"的"贾"不读甲（jia），而读古（gu），"陆贾"的"贾"不读古而读甲。"纶巾"的"纶"不读伦（lun），而读关（guan）。"游说"的"说"读 shui，而不读 shuo。

2. 古音

古籍中读音复杂，有的利用语音的某种配合关系来构词，有的利用声音上的联系来训释词义，有的利用声音的近同来通假文字，有的利用读音的转变来区别词义和语法作用，有的利用声音有规则的重复出现来构成诗义的声音美，人为地改变字音的读法，用以保持古韵文读音的和谐，等等。

第一，声训。古人有鉴于某些词（字）音近义通的现象，在研究词义时就从声音的关系上来加以训释。于是，产生了一种通过声音的相同或相近来训解辞义的方法，也就是一般所说的"声训"。掌握"声训"要领，对了解古籍文义很重要。"声训"的出现，是古人认为"义寄于声，声同者义多相类"的结果。例如《诗·硕鼠》："逝将去女，适彼乐土"，"逝"是"誓"的假借字，《公羊传》徐彦《疏》中引此诗作誓，"誓"表示坚决之意，这就是"因声求义"的训诂方法。有关"声训"方法，早在战国时期即已出现，汉代刘熙著《释名》，是我国古代声训的专著工具书，此书对词义的解释多从声音上来推求训释。如，功："攻也，功治之乃成也。"襟："禁也，交于前所以禁御风寒也。"其他古籍如《周易》、

《白虎通义》、《说文解字》以及《玉篇》等书中，也多有使用声训之处。

第二，读破。在古籍中也往往出现以改变读音区别词义和语法作用，此种作法称之为"读破"。"读破"与"如字"是相对的。凡是字用本义，按照本音读出的称为"如字"。如《经典释文·周礼音义》下，"华山"注云："如字，刘胡化反。"如华字仍按照本音念为平声huā（如字），按刘昌宗读为去声huà（胡化反），这是专表"华"字作为山名的特殊读法。这种情况就叫"读破"，其作用有二：一是作用于分辨用字的意义，一是作用于区别语词的词性（即在读法中的作用）。如"藏"字作隐匿动词解时，念cáng；而作库藏、宝藏名词解时，念zàng。"风"字作为"教化"解时，念fēng；作为"下刺上"解读fěng。东汉郑玄注《三礼》、高诱注《吕氏春秋》以及服虔、应劭撰《汉书音义》等书中，"读破"注音字很多。这种由于"读破"所造成的语音区别，从汉朝至晋宋以后，各代经师为经书注音，分辨日趋严格，到唐朝陆德明撰《经典释义》而集其大成。后来，传授《文选》、《史记》、《汉书》之学的儒者学士，论音定义，也都遵从"读破"的规则。在点书时，碰到一个字有几个读音并随声分义的，便用朱笔点发，以表示这个字当读某声。后来改点为圈，就是平常所说的圈发之法。

第三，不同音义。古籍中有一些并非生僻字，往往有不同音义。如何进行分辨并正确地读音与讲解，是阅读书籍中应注意的重要问题。如把"于戏"念成"鱼细"而不读"呜乎"，把"军中无见粮"中的"见"字念成"箭"，而不读现，把"洗马"的"洗"字念成喜而不读先，是根本不解词义的反映。

第四，古音。古籍中也有古音残留的字词，如《论语·述而》："暴虎冯河，死而无悔者，吾不与也。"冯应读凭（ping）。广东省县名番禺的番字，应读潘（pan）。凭、潘读音均属古音残留，在阅读古籍中应予注意。

3. 通假字与多义字

第一，通假字。通是通用，假是假借。所谓通假字，就是两个字通用，或这个字借用那个字的意思。东汉郑玄说"仓卒无其字，或以音类方假借为之。"所谓"比方假借为之"，即指通假而言。通假字在古书中常见，特别是在先秦著作中，这种现象尤为普遍。如无通假字的知识，则不易读懂古书。例如《史记·项羽本纪》中有一句话："愿伯具言臣之不敢倍德也。""倍德"二字不解其义，查《汉书》中则写作"背德"，由此可知《史记》作者写了别字，后人则认定为通假。《墨子·非攻篇》："此可谓知义与不义之辩乎？""辩"字当作"辨"才能通顺。"辩"字的意思是"巧言"，"辨"字的意思是"判别"，如以"巧言"训释本句，则与原意不合，应作"判别"解释才是，这是借用同音字。《战国策·赵策》："鄂侯争之急，辨之疾。"这里的"辨"作"判别"解，不通，应作"争辩"（巧言）解才是。古书中音同或音近的字，常常可以假借通用的。这是古人利用语音的相同、相近来通假文字、使用文字的办法，但为后人阅读古籍增添许多困难。

第二，多义字。由于古时文字较少，人们对文字掌握不全面，通假字用多了，往往会造成一词（字）多义，而引申发展。如"矢"字，原义是箭，由于与"屎"字同音，古人常借用为屎字，后来一般也就承认"矢"字有"屎"的意义了。因此，"矢"变成为多义词，"屎"是它的假借义。"遗矢"一词不再是单作"丢失弓箭"训释，而往往必须作"拉屎"训释。

第三，古音通假。据黄承吉撰《义府》载："凡古字之用为通假者，皆同声也。"古音通假，对阅读古籍尤为重要，不了解古音通假，容易望文生训，误解原文。如《庄子·逍遥游》的"不龟手之药"一句中的"龟"字，并不是龟蛇的龟，而是"皲"字的假借，"皲"即皮肉冻裂的意思，"皲"与"龟"的声母和主要元音及声调都相同，因之假借。如不明此义，则不可解"不龟手"。《韩非·五蠹篇》："夫离法者罪"中的"离"字，并非离开之意，而是"罹"字的假借，应作"触犯"解，如果作离开解，则与原句文义相违。

第四，古今字。古今字的不同与通假字无关，而是写同一个字，古代用的字与后代用的字不同。如"债"字，古代写"责"（见于《战国策·齐策》），就是"债"字。《说文》中也无"债"字，可见"债"字是后来兴起的，它们不是借字跟本字的关系，而是古今字的关系。因之，"责"、"债"二字即为古今字。它们很象古音通假，但不是古音通假字。如"反"与"返"、"弟"与"悌"、"说"与"悦"、"孰"与"熟"、"竟"与"境"、"田"与"畋"、"内"与"纳"、"见"与"现"、"共"与"供"、"昏"与"婚"、"大"与"太"等等，均属古今字。

4. 典故

古籍中引用的古代故事和有来历出处的成语，叫作典故。例如"殷鉴不远"（《诗经》）、"越俎代庖"（《庄子·逍遥游》）、"守株待兔"（《韩非·五蠹》）、"滥竽充数"（《韩非子·内储说》）、"缘木求鱼"（《孟子·梁惠王》）、"刻舟求剑"（《吕氏春秋·察今》）、"破釜沉舟"、"四面楚歌"（《史记·项羽本纪》）"望梅止渴"（曹操行军故事）、"煮豆燃萁"（曹植七步诗）、"老骥伏枥"（曹操诗句）、"黄粱一梦"（唐李公佐《南柯记》）等。引用这一类典故，既能使文章寓意深远，又能节省篇幅，而达到文章的特殊效果。因此，古代许多名家著述，常用典故，借以表现个人的文章风格。魏晋南北朝时，社会流行韵文，特别讲究用典，一篇文章用典多至几十个，以示风雅。所以，了解典故的来历与含义，在阅读古籍时十分重要，有时必须首先读懂典故，然后才能理解句子内容及其文义。

古人用典概分为二种，一是"死典"，直接用其典故文义；一是"死典活用"，如"下逐客令"出自李斯《谏逐客书》，而文天祥在《指南录后序》中用此典则有引申含义："留二日，维扬帅下逐客令"。这里，文天祥活用秦始皇下逐客令的典故，指维扬帅李庭芝不能相容，下令要杀他。又如"处囊脱颖"出自《史记·平原君列传》："毛遂曰：臣乃今日请处囊中耳，使遂蚤得处囊中，乃颖脱而出，非特其末见而已。"后来马中锡《中山狼传》："今日之事，何不使我得早处囊中，以苟延残喘乎？异时倘得脱颖而出，先生之恩，生死而肉骨也。"这里马中锡活用毛遂自荐的典故，"使我得早处囊中"，指东郭先生让狼躲进口袋里，"脱颖而出"，指赵简子走后，狼从口袋里出来。由此可见，死典活用，尤须注意掌握。

5. 避讳

讳者，隐也，避也。古时人死之后，其子孙为了崇敬祖先，不愿别人直呼其父祖名字，而采取避讳的办法，加以解决。因之，古时有入境问禁、入门问讳之礼。皇帝、官僚、贵族地主统治者死后避讳更为严格，对他们的名字必须缺笔改字，加以隐讳，否则就要受到社会舆论的谴责或以大不敬的罪过予以惩罚。

避讳往往是用改字、空字或缺笔的办法。改字之例，秦汉典籍常见。《史记·秦始皇本纪》："二十二年，秦王召王翦使将击荆"，荆即楚，司马迁撰《史记》，为了避讳秦庄襄王子楚之名，遂改楚为荆。汉高祖刘邦，《汉书》作者为避其讳，遂改邦为国。当时流行的经典著作《尚书》中"安定厥邦"，《论语》中"何必去父母之邦"，都改邦为国。如不改字，即作空字，或作空围，或曰某，或直接写避讳字。唐朝避讳，始创缺笔或改音之法。

避讳种类很多：有改姓，据《通志·氏族略》，籍氏为避项羽讳改为席氏，庄氏为避汉明帝讳改为严氏；有改名，或称其字，或去其名一字。《晋书·邓岳传》："本名岳，以犯康帝讳后竟改名为岱焉。"《新唐书·刘知几传》："刘子玄，名知几，以玄宗讳嫌，故以字行。"此外，还有改官名、地名以及物名者，十分繁杂。如《野客丛书》：五代时"钱王讳镠，以石榴为金樱。杨行密据扬州，扬人呼蜜为蜂糖。"

一般讲来，避讳也有规律可循。如汉朝皇帝名刘邦、刘盈、刘恒、刘启、刘彻、刘弗陵、刘询、刘奭、刘欣，所见古籍多将邦改为国、盈改满、恒改为常、启改为开、彻改为通、弗改为不、询改为谋、奭改为盛、欣改为喜。后来帝王讳名，大致如此。如宋代雕板刻印的古书，凡属皇帝名胤、炅、恒、祯、曙、顼、煦、佶、桓、构、慎、惇、扩、昀、基、旦等字，都缺笔避讳，而且要求特别严格。清朝满族贵族入主中原，统治者十分忌讳胡、虏、夷、狄等字，凡属行文书写刻印书籍均须避讳。为此，雍正11年（1733年）4月谕内阁："朕览本朝人刊写书籍，凡遇胡、虏、夷、狄等字，每作空白。又或改易形声，如以夷为彝，以虏为卤之类，殊不可解。"其实可以理解，乃为避讳所致。

6．纪时

阅读古籍，往往会碰到许多复杂的纪时方法，必须寻求其规律，方可顺利阅读。据《史记·历书》记载，夏、商、周三代历法不同：夏代以孟春之月为岁首（即冬至后二月，相当于今夏历正月），夏正建寅（"建"指"斗建"，即北斗星所指的时辰，由子时到亥时，每月迁移一个时辰），平旦（天明）为朔，即为当月初一之始；殷代以冬季之月为岁首（即冬至后一月，相当于现今夏历十二月），殷正建丑，鸡鸣为朔，即为当月初一之始；周代以仲冬之月为岁首（即包括冬至的月份；相当于现今夏历十一月），周正建子，夜半为朔，即为当月初一之始。因之，阅读先秦古籍时，须注意各书记载历法很不统一，甚至夏、商、周历法兼有。比如《诗经·七月》就有两种历法：一是夏历，如"七月流火，九月授衣"，即指夏历而言；一是周历，如"一之日觱发，二之日栗烈"，即用周历。汉宋经学家对此颇有了解，如"毛传"谓"一之日，周正也；二之日，殷正也，三之日，夏正也。""朱传"云："七月斗建申之月，夏之七月也。后凡言月者放此。一之日谓斗建子，一阳之月；二之日谓斗建丑，二阳之月也。……后凡言日者放此。盖周之先已用此以纪候，故周有天下，遂以为一代之正朔也。"

春秋时，宋国采用殷正，鲁国采用周正，晋、齐、郑各国均用夏正，见于典籍者不一而足。鲁国虽然采用周正，但也不废夏正。《论语》所云"暮春"，即指夏正三月而言。到了战国时代，夏正终于取得一尊的局势。汉初，曾以夏历十月为岁首，到汉武帝时更定历法，创行《太初历》。此后，夏历独自推行二千余年。

夏历纪时，采用干支：甲、乙、丙、丁、戊、己、庚、辛、壬、癸为十天干；子、丑、寅、卯、辰、巳、午、未、申、酉、戌、亥为十二地支。干支依次相配，如甲子、乙丑、丙寅之类，六十一周循环，统称为甲子纪时。殷人主要用以纪日，后人主要用以纪年。夏历年、日均用干支纪时。西周纪月方法，周原发现的卜辞中采用月象记时法，即根据月亮接受太阳光照区分，把一个月分成四个阶段，用初吉、既生霸、既望、既死霸表示，与殷人用甲子记日法不同。

二千多年，历代王朝均推行夏历，其间也有例外。唐朝女皇武则天执政，曾于天授元年（690年）正月，改元为载初，以十一月为岁首，十二月为腊月，来岁正月为一月。新法推行十年，至久视元年十月恢复唐历，改一月为正月，仍以为岁首，正月依旧为十一月。在此期，有关典籍纪时较为混乱，有的用唐历，有的用武周新历，阅读时应予特别注意。

7. 名号

古文献中行文有关国名、族名、地名、人名以及专用名等，非常繁杂，阅读时如果区别不清，难以理解字义、读通语句。以人名而论，古时"男子二十，冠而字"。"女子许嫁，笄而字。"就是说，人必有姓名，男子二十岁以后，又须有表字。《史记·老子列传》："姓李氏，名耳，字伯阳。"古书中李耳其名常见，李伯阳其字少见，如不了解名与字，则往往误以为二人。有的名士，除姓名表字外，还有别号。如陶潜有时自号为五柳先生。所谓陶氏别号由来"宅边有五柳树，因以为号"。古时多以别号高雅尊贵。《周礼·春官》"辨六号"注称："谓尊其名更为美称焉。"因此，古时著名文士多有别号，唐代诗人杜荀鹤号九华山人，宋代文人黄庭坚号山谷道人，元代戏曲家关汉卿号已斋叟，明代学者王夫之号一瓢道人，清代藏书家卢文招人称为抱经先生……我们对名号、别号应予留心掌握，以便于阅读古籍。此外，有关室名、堂名，或以爵里、职官等代替姓名者，如杜工部（杜甫）、王右丞（王维）、司马文正公（司马光）、王荆公（王安石）等，更不可忽视。

8. 专用名词读法举例

第一，人名：

女娲，传说远古补天人物。不读女娃，应读女寡（gua）。

契，传说中的商朝始祖。不读气，应读屑（xie）。

皋陶，传说中夏初人，被禹选为继承人。不读高桃，应读高摇（yao）。

关龙逢，因谏夏桀被杀者。不读关龙冯，应读关龙庞（pang）。

妲己，殷纣王妃。不读旦己，应读达（da）己。

赵衰，春秋时文公卿士。不读赵摔，应读赵崔（cui）。

南官适，孔子弟子。不读南官适，应读南官括（kuo）。

高渐离，战国燕人，荆柯好友。不读高见离，应读高尖（jian）离。
角里，汉初隐士。不读角里，应读录（lu）里。
郦食期，汉初刘邦谋士。不读郦十其，应读郦亦基（yi—ji）。
金日䃅，汉匈奴休屠王太子。不读金日碑，应读金汩低（mi—di）。
曹大家，东汉史学家班固之妹。不读曹大加，应读曹大姑（gu）。
不准，晋汲郡人。不读布准，应读否（fou）准。
员半千，唐高宗时人。不读园半千，应读运（yun）半千。
万俟禼，南宋人。不读万四禼，应读莫其谢（mo—qi—xie）。

第二，地名：
九京，春秋地名。不读九精，应读九原（yuan）。
函谷，关名，在今河南灵宝县南。不读寒古，应该读咸（xian）谷。
天姥，山名，在今浙江境内。不读天老，应读天母（mu）。
恶池，水名，在今河北滹沱河。不读扼迟，应读乎沱（hu—tuo）。
澶渊，湖名，在今河南濮阳县西南。不读谈渊，应读蝉（chan）渊。
曲逆，秦汉县名，在今河北完县东南。不读曲逆，应读曲玉（yu）。
东莞，古郡名，在今山东莒县。不读东完，应读东管（guan）。
费都，春秋鲁国地名，在今山东费县西南。不读肺都，应读必（bi）都。
茶陵，古县名，在今湖南省。不读茶陵，应读邪（xie）陵。
冤句，古县名，在今山东菏泽。不读冤巨，应读冤勾（gou）。
朱提，古县名，在今云南昭通。不读朱提，应读书实（shu——shi）。
允吾，古县名。不读允吾，应读铅牙（qian—ya）。
际氏，古县名。不读际氏，应读权精（quan—jing）。
单父，古县名。不读旦父，应读善甫（shan—fu）。

第三，古民族名（或古国名）：
月氏，古西域族名或国名。不读月氏，应读入支（ru—zhi）。
龟兹，古西域国名。不读龟资，应读丘慈（qiu—ci）。
吐谷浑，古族名。不读吐谷浑，应读吐玉（yu）浑。
吐蕃，古藏族名。不读吐番，应读吐播（bo）。
身毒，古印度古译名。不读申毒，应读元（yuan）毒。
牢解，古西羌族名之一。不读牢解，应读牢紫（zi）。
高句丽，古朝鲜国名。不读高句丽，应读高勾（gou）丽。
阏氏，匈奴王后号。不读于氏，应读烟支（yan—zhi）。
休屠，匈奴王号。不读修徒，应读朽楚（xiu—chu）。
冒顿，匈奴太子号。不读冒盾，应读莫都（mo—du）。
谷蠡，匈奴官号。不读古离，应读鹿离（lu—li）。

第四，职官名：
大夫，爵名。不读代夫，应读大（da）夫。
仆射，官名。不读仆射，应读仆夜（ye）。
洗马，官名。不读喜马，应读先（xian）马。
乘田，小吏。不读成田，应读剩田。
扈从，护驾人员。不读户从，应读户纵（zong）。
腊人，周代官名。腊与臘二字不同，简化后混而为一。不读辣人，应读西（xi）人。

第八章 主要诗文集版本举要

一、《诗经》

《说文》说:"诗,志也。"《虞书》说:"诗言志。歌永言。"《诗序》说:"诗者志之所之也,在心为志,发言为诗。"这些话都说明把内心的意志说出来就是诗,诗是表达人们志向的。

诗起源于民间歌谣。《汉志》:"古有采诗之官,王者所以观风俗,知得失,自考正也。"《礼记》:"天子五年一巡守……命太师陈诗,以观民风。"故夏有道人,商有太师。岁八月乘輶轩。周遊列国中,采取歌谱,陈于天子,即诗之为风所由来。朱熹《诗集传》说:"风者,民俗歌谣之诗也。"

《史记》说:"古者诗本三千余篇,去其重,取其可施于礼义……存三百五篇。"孔子云:"吾自卫返鲁,然后乐正,雅颂各得其所。"又说:"诗三百,一言以蔽之,曰:思无邪。"诗,是孔子删定的,但朱彝尊不同意孔子删诗说。《汉志》:"遭秦而全者,以其讽诵,不独在竹帛故也。汉兴,鲁申公为诗训故,而齐辕固、燕韩生皆为之传。或取春秋,采杂说,咸非其本义。与不得已,鲁最为近之。三家皆列于学官。又有毛公之学,自谓子夏所传,而河间献王好之,未得立。"毛公,鲁公亨,称大毛公。作诂训传,授赵国毛苌,是为小毛公。自东汉郑玄作毛诗笺,三家诗衰,鲁诗亡于西晋,齐诗亡于魏,韩诗亡于宋,只存《韩诗外传》。"诗序"风雅颂为诗的体,赋比兴为诗的用。"风",诗序说:"风者,教也。上以风化下,下以风刺上,主文而谲谏,言之者无罪,闻之者足以戒,故曰风。至于王道衰,礼义废,政教失,国异政,家殊俗,而变风、变雅作矣。"朱熹说:"风则闾巷风土、男女情思之词。""雅",诗序说:"言天下之事,形四方之风,请之雅。雅者,正也,言王政之所由废兴也。政有小大,故有小雅焉,有大雅焉。"朱熹说"雅则朝会燕享公卿大夫之作","颂则鬼神宗庙祭祀歌舞之乐";"赋者,敷陈其事而直言之也";"比者,以彼物比此物也";"兴者,先言他物以引起所咏之辞也"。

国风,160篇。周南11篇,召南14篇,邶风19篇,鄘风10篇,卫风10篇,王风10篇,郑风21篇,齐风11篇,魏风7篇,唐风12篇,秦风10篇,陈风10篇,桧风4篇,曹风4篇,豳风7篇。

小雅,80篇。鹿鸣10篇,白华10篇,彤弓10篇,祈父10篇,小旻10篇,北山10篇,桑扈10篇,都人士10篇。

大雅,31篇。文王10篇,生民10篇,荡11篇。

颂,40篇。周颂:清庙10篇,臣工10篇,闵予小子11篇。鲁颂4篇,商颂5篇。

较好参考版本：
毛诗正义　　　汉毛亨传，郑玄笺，唐孔颖达疏。
诗集传　　　　宋朱熹。杂采毛传郑笺、间用三家诗义。而以己意为取舍。破除诗序迷信。
诗毛氏传疏　　清陈奂。
毛诗稽古编　　清陈启源。
毛诗草木鸟兽虫鱼疏　　吴陆玑。内容丰富。
诗经通论　　　清姚际恒。顾颉刚校点，可参考。

二、《孟子》

相传为孟轲所作。《史记·孟子荀卿列传》说："孟轲，邹人也。受业子思之门人。道既通，游事齐宣王，宣王不能用。适梁，梁惠王不果所言，则见以为迂远而阔于事情。当是之时，秦用商君，富国强兵；楚魏用吴起，战胜弱敌；齐威王、宣王用孙子、田忌之徒，而诸侯东面朝齐。天下方务于合从连衡，以攻伐为贤，而孟轲乃述唐、虞三代之德，是以所如者不合。退而与万章之徒，序诗、书，述仲尼之意，作孟子七篇。"这段话简要地说明了孟轲所处的时代和著书过程。《孟子》七篇，凡261章，34685字。但后人因书中对国君都称谥号，如梁惠王、齐宣王、滕文公等，而对孟子的门人也称为子，如乐正子、公都子等，惟万章、公孙丑二人不称子，便认为《孟子》一书是他二人的追求，也未可知。

孟子发展了儒家学派，他反对杨墨。《滕文公下》说："圣王不作，诸侯放恣，处士横议，杨朱、墨翟之言盈天下。天下之言，不归杨则归墨。杨氏为我，是无君也。墨氏兼爱，是无父也。无父无君，是禽兽也。"仍然是从维护儒家正统思想出发。他主张性善论和"劳心者治人，劳者治于人"，以及儒家天命论把历史发展看成是循环重复等，都是他的局限，但在当时历史条件下，他的思想有不少具有进步意义。主张"仁政"，反对兼并虐民；主张民贵君轻；主张社会分工，反对绝对平均等。

孟轲生于战国游说很盛的时代。虽自称不好辩、而言语之间亦不能辩，发之于文，便如长江、大河波涛泛滥，滔滔不绝，气势磅礴，论理透彻，富有雄辩力和说服力。其次善用比喻，把要表达的思想精炼地表现为常识，使读者直接感受。"辞不迫切，而意已独至"，如夹泰山以超北海、缘木求鱼、拔苗助长等。再次善于把寓言故事作为说理工具，简练而富有形象性，对我国散文发展有很大影响。

《汉书·艺文志》著录为11篇，现存7篇。赵歧说："又有外书四篇，性善、辩文、说孝经、为政，其文不能弘深，不能与内篇相似，似非孟子本真，后世依放而托之者也。"可知今所传七篇，即为孟子的内篇。好的版本有：

孟子注疏。《四部备要》本，东汉赵歧注
宋孙奭疏。赵注保存汉人解释，有价值
孟子集注。《四部备要》本　宋朱熹集注。汇集宋儒解释，兼采赵歧注。极力阐发义理。尽毕生精力的注释。影响较广。

孟子正义　《四部备要》本　　清焦循疏。在解释名物制度方面考订极精，发展赵注。

孟子文选　今人李炳英选注。人民出版社。

孟子译注　杨伯峻译注。采取前注极详，内有译文，较准确。中华书局本。

孟子译注　兰州大学中文系孟子译注小组。以朱熹《孟子集注》和焦循的《孟子正义》为主要依据，中华书局印。

三、《墨子》

《墨子》一书，《汉志》著录71篇，现仅存53篇。相传为墨翟所作，他主张兼爱、非攻，反映了当时人民的愿望，他推求天下大乱的根源。一是战争，二是篡夺，三是盗窃，四是乖忤，五是欺诈，起因出于不相爱，只有"兼相爱"才能"交相利"，这正是战国时代的症结所在。他崇尚功利，主张节用、节葬、非命、非乐，"以自苦为极"，从"腓无胈、胫无毛"做起，为万民谋利，这精神是可贵的。

墨子散文的最大特点是逻辑性强，通过具体事例说理，反复证明自己的主张。其次，善用譬喻，把同一性质或同一道理的话排列一起进行推论，由浅入深，具有无可辩驳的说服力量。再次是文字素朴劲捷，警切动人，工于达意，反对华巧，怕人"爱其文，忘其用"，文风接近于口语，质朴实用。

《四库全书》把墨家列为"杂家类"，这是有偏见的。儒和墨当时是显学，在古代哲学体系上儒、道、墨三派是对峙的。

较好的注本有：

墨子闲诂　　清孙诒让著。《书目答问》说："瑞安孙诒让墨子闲诂十五卷目录一卷、附录一卷、后语二卷，采集群说，断裁精核，附录后语尤有统贯……张惠言墨子经说解二卷，上海神州国光社影印手稿本。"

墨经校释　　梁启超著。涵芬楼排印本。

四、《曹子建集》

曹植，字子建，曹操的第三子，年少有才，因恃才傲物，不拘礼法，失掉曹操宠爱。曹丕打击他，忧愁过甚而死，年仅41岁，最后封于陈，谥曰思，世称陈思王。谢灵运说天下才共十斗，而他独得其八，世有"才高八斗"之称。《诗品》说："陈思之于文章也，譬人伦之有周孔，鳞羽之有龙凤，音乐之有琴笙，女工之有黼黻，俾尔怀铭铅墨者，抱篇章而景慕，映余晖以自烛。"评价不为不高。

诗歌多为五言，前期诗主要抒发诗人的壮志和社会的动乱，后期由于自身受迫害，对下层人民的痛苦表示同情，能反映社会现实。善用比兴手法，语言精练，词采华茂，继承了诗经、楚辞的优秀传统，发展了两汉以来乐府民歌和五言诗的形式，提高了诗歌的艺术性。对两晋南北朝、唐代诗歌的发展有积极影响。

版本有：

曹子建集　曹植，原集久佚，今本十卷乃宋人所辑，凡赋四卷，诗一卷，乐府一卷，文四卷。有影印宋大字本和明活字本。别有明舒贞刻十卷本。薛应旗刻四卷本，张溥刻四卷本，均名《陈思王集》。

曹集诠评　清丁晏撰，依据明万历程氏刊本，用明张溥本和《昭明文选》加以校订，又参照各种类书，收辑佚文，补正缺失。可以说是较为完善的本子。

曹子建诗注　黄节注。人民文学出版社印本。《曹集诠评》有评有校，但没有注释。黄节汇集诸家评注，加上自己见解，内容丰富。

五、《史记》

作者司马迁，汉夏阳（今陕西韩城县）人。据王国维《太史公行年考》说生于汉景帝中元五年（前145年），卒于汉武帝征和三年（前90年）。

《太史公自序》："二十而南游江、淮，上会稽，探禹穴，窥九疑，浮于沅、湘，北涉汶、泗，讲业齐、鲁之都，观孔子之遗风，乡射邹、峰，厄困鄱、薛、彭城，过梁、楚以归。于是迁仕为郎中，奉使西征巴、蜀以南，南略邛、笮、昆明，还报命。"他父亲死三年后，在元封三年（前108年）任太史令，得入国家图书馆，抽读石室金匮所藏的书而编写史记。

正史是史籍的正宗。就其记载的方法可分为"纪传体"、"编年体"、"纪事本末体"三类。史记为纪传本，共130篇，其书上起黄帝，下穷汉武。本纪十二、表十、书八、世家三十、列传七十。注家有宋裴骃集解、唐司马贞索隐、张守节正义。

本纪：以序帝王，司马贞说："纪者记也，本其事而记之，故曰本纪。"裴松之说："天子称本纪，诸侯曰世家。"本者，系其本系，故曰本；纪者，理也，统理众事，系之年月，名之曰纪。这便是"本纪的"命义。项羽本纪，因他曾为霸王，统治诸侯；吕后本纪，因她一度掌握政权。

表：以系时事。司马贞说："应劭云：'表者，录其事而见之。'案《礼》有《表记》，而郑玄云：'表，明也'。谓事微而不著，须表明也，故言表也。"这是"表"的命义。

书：以详制度。司马贞说："书者，五经六籍总名也。此之八书，记国家大体。班氏谓之志，志，记也。"刘知几《史通》说："司马迁曰书，班固曰志，蔡邕曰意，华峤曰典，张勃曰录，何法盛曰说，名目虽异，体统不殊。"这是"书"的命义。史记八书是纪典制的。《汉书》因之作"十志"，如礼乐志则本于礼书乐书；食货志则本平准书。

世家：以纪侯国，司马贞说："世家者，记诸侯本世也，言其下及子孙常有国。"董仲舒说："王者封诸侯，非官之也，得以代为家也。"这是"世家"的命义。孔子列为世家，因为他道高德尊，为子孙相传。列陈涉为世家，因为他首先起义抗秦建国称王，把他们的功绩比于周之列国。

列传：以志人物。司马贞说："列传者，谓叙列人臣事迹，令可传于后世。故曰列传。"这是"列传"的命义。

《史记》的文学价值：

本纪、世家、列传三部分可称为传记文学，又以记载特殊人物的列传最为精彩。反映了人民的生活和社会的利益，具有突出价值。

善于描写人物性格。在一个细节上把当时的情况深入细致地表现出来。如写项羽"才气过人"到"乌江自刎"，性格活现，极为精彩。下层社会人物写得典型、丰满。

善于采用口语、谚语。《陈涉世家》上的"夥颐"质朴中见生动；周昌谏废太子的"期期不奉诏"神情活现；鸿门宴上的项、樊对话栩栩如生，都具高超艺术技巧。

《史记》对后世之史书、小说、戏曲、散文、碑志都深远的影响。

《史记》的版本：

史记　　　明南北国子监本《二十一史》。

　　　　　明毛晋汲古阁本《十七史》。

　　　　　清武英殿《二十四史》本和江宁、苏州、扬州、杭州、武昌五书局合刻本。

史记集解　　南朝宋裴骃。

史记索引　　唐司马贞。

史记正义　　唐张守节。

史记志疑　　清梁玉绳。光绪年间会稽章寿康刻本。

中华书局编辑部，用金陵局本作底本，把散列正文之下的裴、司马、张三家注移到每段之后，由顾颉刚等分段标点，1963年6月出版。全书十册，现在通行本。

史记书录　　贺次君撰，1958年上海商务印书馆出版。此书辑录史记版本六十余种，依时代排列。每种版本详记其行款、刊款、流传、现存卷数和优缺点、承先启后的关系。

六、《陶渊明集》

陶潜（365—427年），字渊明。一说他原名渊明，字元高，晋亡后始改名潜，曾怀有济世之志，从二十九岁起曾出任过江州祭酒、镇军参军、建威参军和彭泽令。到四十一岁时，他看厌了离乱，感到有志不得施展，而又不愿改易自己的素志，于是由彭泽令任拂辞归，隐居田园，躬耕自资，直至死去。辞官归隐，集中表明了他的政治态度，对后世的影响深刻而久远。归隐既有不与腐朽残暴的统治阶级合作的一面，又有逃避现实斗争的一面。在晋宋易代时期政治十分黑暗的情况下，归隐是有一定积极意义的。他还参加了一些农事活动，有更多的机会去接近人民，在"贫居依稼穑"、"但道桑麻长"的生活环境中，他的诗就不能不多少反映战乱后农村的破败和饥荒，不能不产生"秋熟靡王税"的生活理想，憧憬"黄发垂髫，并怡然自乐"的世外桃源。鲁迅在《魏晋风度及文章与药及酒之关系》一文中说："陶潜之在晋末，是和孔融于汉末与嵇康于魏末略同，又是将近易代的时候。但他没什么慷慨激昂的表示,于是便博得'田园诗人'的名称。但《陶集》里有《述酒》一篇,是说当时政治的。这样看来,可见他于世事也并没有遗忘和冷淡,不过他的态度比嵇康阮籍自然得多,不至于招人注意罢了……由此可知陶潜总不能超于尘世,而且,于朝政不断是留心,也不能忘掉'死',这是他诗文中时时提起的。用别一起看法研究起来,恐怕也会成一个和旧说不同的人物罢。"这就是指出不能单纯地把他看成"篇篇有酒","不染尘俗",脱离现实的田园诗人,他的生平事迹,在《晋书》、《宋书》、《南史》的《隐逸传》中都有记载,一传而能入三史,这在历史上颇为罕见,说明其历史地位的重要。

他的诗别具一格。冲淡隽远,自然质朴,去掉雕琢涂饰。描写农村景物感情真挚,风格朴素;他的金刚怒目式的诗篇,也抒发了自己内心的不平和与黑暗社会决裂的意志,如《咏荆轲》、《读山海经》、《杂诗》、《饮酒》等诗。尤其《桃花源记》,提出人人参加劳动,人人过美好生活的乌托邦理想,反映当时农民的意志和要求,从思想意义和艺术成就看,都放射出灿烂的光辉。

历代对陶诗的看法多有不同。南朝时不被重视,《文心雕龙》只字未提,钟嵘《诗品》列为"中品"。梁肖统虽曾编辑《陶渊明集》,序言中亦给以肯定,但选诗不多。直到唐代才得到重视,李、杜、白都曾写下赞颂的诗句。到宋代《陶集》得以传钞、补辑、校订以至于注释、刊布,流传既广,版本亦多,各本亦有差异。

较好的版本有:

笺注陶渊明集　宋末元初李公焕笺注。博采众说,开集注之先河。明清两代屡见重刻。《四部丛刊》本。

靖节先生集　清陶澍辑注。北齐阳修之序录。陶集行世的有三种本:一是八卷本,无序。二是六卷本,有序目。编次混乱,又缺少。三是八卷本,肖统编。陶澍博采群书。而以汤文清、李公焕、何孟春三家为主。字句同异,择善以存,其义不同,只作并存。卷首有例言、提要,诸本序录、卷末有靖节先生年谱考异。此书注释比较详明。

陶渊明诗文汇评　北大中文系师生编,参考了历代陶集、诗文选本、诗话、笔记、杂考等资料,以及单篇作品的评论文字,都加以辑集,为研究陶渊明提供资料,类似主题目录,围绕陶渊明的三些作品进行评述。中华书局 1961 年 8 月出版。

陶渊明集　逯钦立校注。以李公焕注本为底本,以其他本子为校本,作了一些订正补充。1979 年 5 月中华书局出版。

七、《谢康乐集》

谢灵运,陈郡阳夏人,今河南太康县附近。东晋名将谢玄的孙子,晋孝武帝时袭封康乐公,刘裕代晋,降爵为侯,起为散骑常侍,后为永嘉太守。好游山玩水,曾经带着数百宾客游山,被人疑为山贼,后被杀于广州,年四十九。

钟嵘《诗品》说："元嘉中，有谢灵运，才高词盛，富艳难踪，固已含跨刘、郭、陵轹潘、左。故知……谢客为元嘉之雄，颜延年为辅。斯皆五言之冠冕，文词之命世也。"时号"颜谢"，但颜诗不如谢诗。鲍照曾对颜说："谢五言如初发芙蓉，自然可爱；君诗如锦列绣，亦雕缋满眼。"在他以前有一派玄言诗很流行，是用要领的理论来写诗，谢使山水诗达到成熟阶段，代替了玄言诗。但由于他思想上的保守，他的诗只工于写景而缺乏思想性，价值不是像推崇的那么高。唐代李、杜、白很推重，与陶渊明田园诗并列。

版本有：

谢康乐集。《汉魏六朝百三家集》本二卷。《汉魏六朝名家集初刻》本五卷。

《鲍参军集》鲍照字明远。东海人（今山东南部和江苏北部一带）。出身寒微，少有文才。曾任临海王子顼的前军行参军。前军刑狱参军等官职。因此称为鲍参军。

八、《谢宣城集》

谢朓，字玄晖，是谢灵运同族，被称为"小谢。"少好学，有美名，竟陵王子良礼才好士。他被礼待，与萧衍、王融、任昉、沈约、陆垂、范云、萧琛七人，号为"竟陵八友"，一度出为宣城太守，又称为谢宣城。他是王敬则的女胥，曾密告王敬则欲反，王被杀，谢妻常怀利刃欲报父仇。以后他被诛时，常以此事为悔。当时齐东昏侯腐败，江祏等想废东昏侯而立始安王萧遥光，遥光想引用谢朓为党羽，谢不从，遂被诛，时年三十六。

谢朓的诗具有清新秀丽的特色，他继承了谢灵运描写自然景色逼真的长处，却避免了那种平板、晦涩的毛病。他有许多被人传诵的诗句，如："余霞散成绮，澄江静如练"等。他的诗对偶工整，很注意语言的修饰。他的一些短诗也很出色，遣词自然，音调和谐，读起来使人觉得意味无穷，开唐人绝句的先声。

版本有：

谢宣城集：齐谢朓撰。明汪士贤刻本。清吴骞仿宋刊本。

《四部备要》本五卷：《四部丛刊》作《谢宣城诗集》五卷。谢集在宋代时存十卷。南宋楼炤取其前五卷赋、乐府、诗刻之，还有五卷散文未刻，已散佚。

谢宣城诗注　　今人郝立权注。注释详密，可供参考。人民出版社本。

九、《乐府诗集》

宋郭茂情编。浑州须城人（今山东东平县），曾任侍读学士。

有《四部丛刊》和《四部备要》本。凡100卷，分12类：郊庙歌辞12卷，燕射歌辞3卷，鼓吹曲辞5卷，横吹曲辞5卷，相和歌辞18卷，清商曲辞8卷，舞曲歌辞5卷，琴曲歌辞4卷，杂曲歌辞18卷，近代曲辞4卷，杂歌谣辞7卷，新乐府辞11卷。辑录汉魏到唐五代的乐府歌辞，兼及先秦至唐末歌谣，包括民间歌谣与文人作品，以及乐曲原辞与后人仿作,其中相和、清商、杂曲、新乐府诸类,颇多优秀作品。全书各类有总序,每曲有题解,对各种曲词及歌辞的起源和发展都有考订。每题以古辞居前,后人仿作列后,资料很丰富。

乐府诗本来是民间的产物,后来被政府乐府之官采用。郊庙歌辞是朝廷举行祭祀大典时用的;燕射歌辞是朝廷宴会和谢礼时用的,文辞较古,属于贵族文学。鼓吹曲辞,最初是军乐,汉以后又转为雅乐,用于朝会、田猎、游行等场合,歌词今存"铙歌"十八篇,其中尚有民歌。横吹曲辞是来自西域的军乐,"梁鼓角横吹曲"是从北朝传来的,其中有北方民族的民歌。相和歌辞和杂曲歌辞是俗乐。民歌,叙事情占主要地位,但也有抒情诗,反映了当时的社会生活,是汉乐府中的精华。清商曲辞是南朝歌曲,分吴声和西曲两种,江南的子夜歌属于声歌曲。舞曲歌辞是配合舞蹈的,分雅舞和杂舞两种,前者用于郊庙,后者用于游乐。琴曲歌辞是由琴伴奏而作的歌辞。近代曲辞收的是隋唐两代的乐府作品。杂谣歌辞,包括历代民间谣谚和一些短歌。新乐府辞指的是唐代诗人所写的"即事名篇,不复倚傍"的歌行体乐府。由杜甫肇始,元稹、白居易大力提倡,不用古乐府曲名,与音乐无关,是一种新诗体。乐府诗继承了诗经中国风的现实主义传统,表达了人民的思想,在艺术创造上也有新的发展。

汉魏乐府风笺　　黄节笺释。选录了汉魏乐府诗156首。多录民歌。人民文学出版社本。

乐府诗选　　余冠英选注。全书分五部分:汉魏乐府合辞;南朝乐府民歌;北朝乐府民歌;汉至隋歌谣;汉魏晋宋文人乐府。将《乐府诗集》中的主要作品大部分选取出。

十、《遗山先生文集》

金元好问,字裕之,金太原秀容(山西忻县人),鲜卑族。曾在遗山(山西定襄县)读书,因号遗山山人,世称元遗山。金宣宗兴定5年(1212年)进士,任镇平、内乡、南阳县县令,后入朝为左司都事,转行尚书省左司员外郎。金亡不仕过20多年遗老生活,死年68岁。

他的文、诗、词、曲都有成就。他的诗尤好,深刻地反映社会现实,多悲壮苍凉之音,风格沉雄,意境阔远,有幽并之气。他的《论诗绝句三十首》是文艺批评方面的名著,提倡建安以来的优良传统,崇尚自然,清新刚健,慷慨壮怀,反对柔靡、雕琢,充分表现了他的进步文学主张,在文学批评史上颇有地位。

版本:

遗山先生文集　　金元好问撰。元张德辉编定《四部丛刊》本四十卷。书前有题辞、序,附录收有遗诗、传记以及各家评论。

元遗山诗集笺注　　清施国祁笺注。《四部备要》本14卷。收诗1362首。参考200多种书作注,虽简略,但对阅读元诗有很大帮助。

元好问诗选　　今人郝树侯选注,人民文学出版社本。从《元遗山诗集笺注》中选录出思想性和艺术性较强的作品 227 首，后记比较详细地介绍了元好问的生平和诗歌发展及成就，注释简明。

中州集　　金元好问编。书全名为《翰苑英华中州集》，是金代诗歌的总集，选录 249 人诗词，各系小传，间有评论。中华书局本。

十一、《关汉卿戏曲集》

关汉卿号已斋叟，元大都人，金末解元，后为太医院尹，入元不仕。与马致远、郑光祖、白朴称元曲四大家。他一生没做过高官，所以金元史中均无他的传记。大约生于 1210 年左右，死于 1928 年左右。他是 13 世纪中叶的伟大杂剧作家，一生作杂剧 66 种，被《录鬼薄》列为第一人，可惜至今只保存了 18 个剧本、套曲 10 余套、小令 50 余首。

他的作品大都暴露封建的黑暗腐败。他最善于写妇女，所写的女主角是多样的，有负屈含冤无可控诉的；有感情丰富、争春暗斗的；有侠义救难的，等等。有悲剧有喜剧，有生活，有性格，异常动人。如大悲剧《窦娥冤》尤为著名，法国、日本均有译本。其他如《救风尘》是关剧中代表性的喜剧，反映了下层妇女的奴隶地位、悲苦生活和斗争要求；《鲁斋郎》是关剧中较好的公案戏，包公杀了恶霸鲁斋郎；《单刀会》是著名历史剧。可见关汉卿戏剧题材是极为广泛的。

关汉卿影响很大。元代许多戏剧家如高文秀、杨显之、石君宝、康进之等都向他学习，形成与关汉卿相近的一个戏剧流派。

版本：

关汉卿戏曲集　　今人吴晓铃等编校，戏剧出版社排印本。编者对关汉卿的创作搜集得较全，不但搜集全部戏剧，而且对他的散曲和已散佚的戏曲也做了一些辑佚，有助于对关汉卿创作的全面了解。对关剧各种版本作了较精细的校勘。